本专著的出版得到了吉林省普通高等学校
人文社会科学重点研究基地重大项目(201029)的资助

高校社科文库
University Social Science Series

教育部高等学校
社会科学发展研究中心

汇集高校哲学社会科学优秀原创学术成果
搭建高校哲学社会科学学术著作出版平台
探索高校哲学社会科学专著出版的新模式
扩大高校哲学社会科学科研成果的影响力

邵喜武/著

多元化农业技术
推广体系建设研究

Research on Construction of Diversified
Agricultural Technology Extension System

光明日报出版社

序 言

农业技术推广服务体系建设是现代农业建设的重要组成部分。自上世纪70 年代末农村改革开放以来，我国公益型农业技术推广体系生死去留，几经曲折，至今初步形成了以公益型农业技术推广体系为主体，以商业型和农民自我服务型为辅助，多种主体参与的多元化农业技术推广体系，各类推广主体逐渐形成各自的分工定位，在农业现代化建设中显现其不可替代的作用。在多元化的农业技术推广体系建设发展的同时，关于农业技术推广体系建设的学术研究也在深入进行，开始形成一批与实践紧密结合的研究成果。

2012 年中央一号文件中关于我国农业技术推广体系的构成，明确提出了"一主多元"的说法，这既是实践发展的总结，也是经过反复探索得到的科学认知。自上世纪80 年代以来，我国公益型农业技术推广机构经历了从"下海"到"回归"的过程。但这个"回归"并不是回到原来的起点，而是在新的体制和机制平台上的重新成长。尽管目前的运行机制尚未成熟，存在诸多问题，但毕竟找到了应有的位置。以农业产业化龙头企业为主体的商业型农业技术推广体系是近二十多年来成长最快的一支重要力量，在畜牧业、特产园艺业和其他高效农业领域，为先进农业技术的推广应用做出了巨大贡献。就某些生产领域来说，农业产业化龙头企业是先进实用技术推广应用的领跑者。农民自我服务型的技术推广体系建设与发展，始自于上世纪80 年代末，在整个80 年代主要以农民技术协会为载体。《农民专业合作社法》实施后，农民专业合作社逐渐成为基本组织载体。虽然目前农民合作组织的覆盖还很有限，其作用的发挥还有相当大的距离，但从发展的角度看，农民合作组织在农业技术推广方面蕴含着巨大的潜力。此外，我国的大学和科研机构一直承担着科教兴农工作，以项目为载体，为农业科研成果的推广发挥了不可替代的作用。

邵喜武同志一直致力于农业技术推广体系建设问题的研究，至今已经持续十几年。他的硕士与博士论文选题均出自此研究领域，形成了系列研究成果。在国内知名学术杂志和核心期刊上发表了数量不菲的学术论文，本书即是他多年学术研究成果积累而成。邵喜武同志是国内较早关注多元化农业技术推广体系建设问题的研究者，而且持续研究，勤耕不辍，是国内在此领域积累较多研究成果的探索者。在关于多元农业技术推广体系建设上提出了若干具有见地的观点，对建设和完善我国农业技术推广体系具有很好的决策参考价值。

进入新世纪以来，我国现代农业建设进入了较快的发展时期。由于我国农业人口众多的国情，农业现代化的最终实现还要经历较长的历史进程。农业技术推广体系将在这个进程中发挥着重大的作用，同时其自身也将在这个进程中不断得到完善和提升。在这个进程中也将有许多与农业技术推广体系建设相关的若干问题需要深入研究，期望有更多的研究者关注此领域的问题，并能贡献出更有分量的研究成果。

郭庆海（作者系吉林农业大学粮食主产区农村经济研究中心主任，教授，中国农业经济学会副会长）

2013 年 1 月 22 日

CONTENTS 目 录

第一章

绪　论

自 2004 年以来，我国中央 1 号文件都集中在如何更有效地解决"三农"问题上，尤其是 2007 年中央 1 号文件中指出，"发展现代农业是新农村建设的首要任务，发展现代农业就需要现代农民、现代农业科技。推进农业科技进村入户，继续支持重大农业技术推广，加快科技入户工程"。2008 年中央 1 号文件中指出，"加强农业科技和服务体系建设是加快发展现代农业的客观需要，调动各方面力量参与农业技术推广，形成多元化农技推广网络。"2012 年中央 1 号文件提出"依靠科技创新驱动，引领支撑现代农业建设。"建设社会主义新农村，实现小康社会的宏伟蓝图，重点在农村，难点在农民，最基础的工作就是要促进农业增效、农民增收。而实现这一目标，关键是依靠科技进步和提高农民素质。

1.1　选题依据

作为农村先进生产力代表的农业技术是农业发展的技术基础，是农业现代化的重要内容和标志。建设现代农业，推进农业产业化与现代化，需要加快农业技术发展，建立完善的多元化农业技术推广体系。这既是提高农民生产生活条件和农业劳动生产率、巩固我国农业基础地位的重要措施，也是农业科技成果迅速转化为现实生产力的桥梁和纽带，是缩小城乡差距，推进农业和农村经济全面、协调、可持续发展的重要条件。

1.1.1　传统农业向现代农业转变的客观需要

自 20 世纪 90 年代，我国农业发展开始从以增加产量为主的生产主导型传统农业发展道路，转向优化产业结构、提高农产品质量、增强农产品国际竞争力、增加农民收入的技术主导型的现代农业发展道路。农业增长方式由主要依靠传统投入、劳动集约逐步转向日益依赖于技术和资本的投入；农业增长的技术依托，从以传统化学、机械技术为主开始转向传统技术与现代生物技术相结合，注重传统投入与资本集约和技术集约相结合的优化发展，使用现代投入品已经成为农业生产的基本前提；农业生产与农产品加工业的产业关联度日益提高，以专业化生产为特征、面向市场的商品化生产成为现代农业的主流，与此相对应，对农业技术的终端使用者农民的科技文化、科技素质也提出了新的要求。在农业发展的新阶段，农业技术推广体系面临着技术供给主体多元化、农业技术需求多样化以及农民科技素质整体提升的多重挑战，因此，在由传统农业向现代农业转变过程中，农业技术推广体系功能要重新定位，发展战略要适时调整，工作重心要及时转变。

1.1.2 农业科技成果由潜在生产力转化为现实生产力的需要

在现行家庭承包责任制的体制下，农户小规模生产与经济全球化发展的矛盾以及农业产业化发展，这一系列的问题都要靠农业科技创新和推广来解决。农业技术推广是科技成果转化为现实生产力的桥梁和纽带，是科学技术服务于农业生产的重要环节。农业技术推广体系是农业社会化服务体系和国家对农业支持保护体系的重要组成部分，是促进农业科学技术推广、转化的重要力量，多年来在服务农村经济发展中发挥了不可替代的作用。但我国农业技术支撑能力还较弱，农业技术水平总体上比世界先进水平落后 20～30 年。我国农业科研投入占农业 GDP 的 0.4% 左右，而美国达到 3.2%；我国农业技术推广经费占农业总产值的 0.2% 左右，而美国达到 1%。我国农民对现代农业技术接纳能力差，推广人员素质不高，影响农业新技术成果推广和转化。目前我国农业科技对农业发展的贡献率仅为 48%，农业科技成果转化率却只有 30%—40%，而美国的农业科技成果转化率却高达 80%—85%，其他农业大国，如英国、法国、德国等也都在 60% 左右[1]。我国农业科技体制和农业科技推广机制落后，应变市场的动力和活力不足，科技投入小，科技研发、转化和推广能力弱，农业资源消耗大，生产贡献率低，效益差等。农业经济的发展和新农村建设需要农业科技的创新和推广服务。我国的农业科技还不能更好地带动我国农村经济的发展，为新农村建设更好地服务。

1.1.3 解决粮食安全的需要

第一，人口增长，粮食需求量大。2009 年底中国大陆人口（不包括香港、澳门、台湾）达到 13.35 亿，约占世界人口总数的 20%。专家预计 2020 年，人口总量要达到 14.5 亿人，2033 年左右达到峰值 15 亿人。2009 年，我国粮食人均占有量是 398 公斤，人均消费量是 380 公斤。按照 2009 年人均消费量来计算，到 2033 年全国粮食消费总量将超过 5800 亿公斤，可能粮食缺口为 785 亿公斤。

第二，耕地减少。1996 到 2007 年我国耕地资源减少了 1.25 亿亩，年均减少 1136 万亩，耕地面积已经降到了 18.26 亿亩，人均耕地面积只有 1.35 亩，只相当于世界平均水平的 40%。根据国土资源部公布的相关资料显示，截至 2008 年 12 月 31 日，全国耕地面积为 18.25 亿亩，比 2007 年度减少 29 万亩。除了耕地面积减少以外，我们还面临着耕地质量下降的难题。目前，我国现有耕地中有 2/3 是中低产田。如吉林省产粮大县榆树市共有中低产田 15 万公顷左右，这些中低产田的产量与高产田差距很大，如果通过科技改造使这些地块达到高产地块的生产水平，榆树市粮豆总产可增加 5 亿公斤[2]。

第三，水资源匮乏。正常情况下，我国每年农业缺水在 300 亿～400 亿立方米，农业用水资源长期面临着不足的问题。而且水资源的时空分布不均，利用效率较低，影响了粮食增产。2009 年全年水资源总量 24180 亿立方米，比 2005 年减少 3873 亿立方米；人均水资源 1816 亿立方米，比 2005 年减少 336 亿立方米。

第四，气象灾害和生物灾害呈加重趋势。1998～2003 年，平均每年因自然灾害造成粮食损失大约在 700 亿斤，因灾损失粮食 2004 年是 610 亿斤，2005 年是 690 亿斤，2006 年是 894 亿斤。2007 年全年农作物受灾面积 4899 万公顷，上升 19.2%。其中，绝收 575 万公顷，上升 6.2%，因灾损失粮食是 1079 亿斤。除此以外还面临着种粮成本上升，种粮效益下降等问题，所以在这种情况下，要保持粮食生产的稳定发展需要农业技术推广功能更好的发挥。

第五，粮食单产低。我国粮食单产总体水平比较低，与国际先进水平差距较大。分品种来看，水稻单产只相当于国际先进水平的 85%，小麦和大豆仅为 55%，玉米和马铃薯不足 50%[3]。以玉米为例，2002 年美国玉米最高单产 1823.4 公斤/亩，平均亩产超过了 600 公斤，而 2008 年我国玉米平均单产 370 公斤/亩。现在我国多数粮食主产区玉米种植密度为每亩 3000 至 3300 株，而美国的玉米种植密度为每亩 5700 株，通过推广新技术，我国每亩地能增加 500 至 1000 株的玉米，可提高单产 50～100 公斤。通过加大农业科技研发和推广力度，提高单产水平，吉林省预计可增加粮食产量 30 亿公斤以上[2]。

我国粮食生产面临着诸多难题，这些难题的有效解决，不仅需要国家财政、政策上的有力扶持，还需要坚持不懈地加强农业技术推广体系建设，积极推进农业科技进步和创新，加强农业物质技术装备，通过保护耕地，提高耕地质量等积极措施提高粮食单产，保证国家粮食的有效供给。

1.1.4 破解农业技术推广体系突出问题的需要

就全国基层农业技术推广机构来说，一方面存在着管理运行机制僵化、农业技术人员知识老化、非专业技术人员过多、人员整体素质不高、经费投入低、办公条件有限等突出问题；另一方面，农技推广服务多采用以乡镇为单位的技术推广服务模式，缺乏与市场、产业的有效衔接和城乡经济发展的统筹规划，缺乏市、县、乡技术人才资源的共享和相关单项技术的集成创新能力，难以为农民生产增收提供市场信息预测分析、生产统筹谋化、产品结构调整和品质认证、市场准入和销售渠道等急需的产前、产中、产后服务，长期处于农民不认可、自身难发展、职工寻出路的尴尬境地。而且初步形成的多元化农业技术推广主体之间处于相互独立、各自为政的局面，资源配置不够优化。就农业技术需求主体——农民来说，虽然他们对科技极其渴求，但由于其仍处于弱势地位，害怕采用新技术所带来的风险，因而，在技术推广过程中，又表现出畏惧心理，缺乏采纳技术的积极性。破解上述问题，既需要充分发挥农业技术推广主体的作用，又要充分考虑到农民的实际情况，构建符合现代农业发展、农民积极参与的多元化农业技术推广体系。

1.1.5 基于农业大省、畜牧业大省战略地位的需要

席卷全球的粮食危机，让我们重新认识了国家粮食安全的重要性。2008年7月2日，国务院总理温家宝主持召开国务院常务会议，会议上通过《国家粮食安全中长期规划纲要》和《吉林省增产百亿斤商品粮能力建设总体规划》。会议指出，要通过实施《国家粮食安全中长期规划纲要》，使粮食自给率稳定在95％以上，2010年粮食综合生产能力稳定在1万亿斤以上，2020年达到10800亿斤以上，实现增加粮食产量1000亿斤的目标。会议同时指出，组织实施《吉林省增产百亿斤商品粮能力建设总体规划》，用五年左右时间，使吉林省粮食生产能力提高100亿斤以上，对于保障国家粮食安全具有重要战略意义。

吉林省是我国 13 个粮食主产区之一，每年生产全国 1/20 的粮食，提供 1/10 的商品粮、1/20 的国家专储粮和 1/2 的出口粮，是全国唯一人均占有吨粮的省份和 6 个粮食调出省之一，粮食商品率全国第一。2009 年，吉林省畜牧业生产稳中有升。牛出栏总量达到 283.8 万头，生猪出栏总量达到 1375 万头，家禽出栏总量达到 38500 万只。肉类总产量 224.5 万吨，禽蛋产量 98.6 万吨，牛奶产量 44.5 万吨。到 2009 年底，全省粮食加工量达 1450 万吨，畜禽屠宰加工量达 3.18 亿头（只）。吉林省主要农产品产量，见表 1 - 1。

表 1 - 1 吉林省主要农产品产量

tableI - I output of major agricultural products in Jilin Province

指标（总产量）	1978	1980	1985	1990	1995	2000	2005	2006	2009
粮食（万吨）	914.7	859.6	1225.3	2046.5	1992.4	1638.0	2581.2	2720	2460
蔬菜（万吨）			329.3	450.2	530.6	836.4	832.6	813.7	968.4
肉类（万吨）	15.6	246	29.9	43.4	96.7	163.8	213.2	315	224.5
鲜蛋（万吨）			17.6	25.0	48.9	80	100	101	98.6
牛奶（万吨）			6.1	11.7	10.2	14.3	29.4	34.5	44.5
水产品（万吨）	1.0	0.8	3.0	7.1	11.1	14.0	11.9	13.1	16.5
出栏生猪（万头）			322.6	419.6	837.8	1300	1950	2000	1375
出栏家禽（万只）						18479.3	19023	47420	38500

资料来源：吉林省统计年鉴

作为全国重要的商品粮基地，吉林省在保障国家粮食安全方面有着举足轻重的作用。同时，丰富的资源、适宜的地理位置、良好的基础环境，适宜大力发展畜牧业生产，吉林省理应承担起保障畜产品有效供给的重任。2007 年吉林省畜禽养殖产业实现 575 亿元，畜产品加工业产值实现 480 亿元，农民人均牧业收入达到 1030 元，占农民人均总收入的 28.1%，发展畜牧业是增加农民收入的重要渠道。2009 年《吉林省人民政府关于加快生猪、肉牛奶牛、家禽产业发展的意见》（吉政发［2009］1 号）中提出：到 2012 年，全省生猪、肉牛、奶牛、家禽饲养量分别达到 5750 万头、1380 万头、53.3 万头和 9.4 亿只，力争养殖基地对龙头加工企业的支撑能力达到 70%，农民牧业人均收入占农民纯收入的 33% 以上。随着人民生活水平的提高，人民对畜产品质量的要求越来越高，先进的饲养和加工技术的需求迫在眉睫。因而，无论是从农业大省，还是畜牧业大省角度看，都有必要加强农业技术推广体系建设。

1.2　相关研究文献评述

1.2.1　国外农业技术推广体系研究评述

研究农业推广的成果最早出现在美国，但是早期的研究缺少系统性和学术性。从 20 世纪 40 年代末至 60 年代初，对农业推广的研究不断深化，如路密斯（C. Loomis）著有《农村社会制度与成人教育》；罗杰斯（Rogers Beth，1963）著有《创新的扩散》；劳达鲍格（N. Raudabaugh）著有《推广教学方法》；凯尔赛（Kelsey L. D. 1955）著有《合作推广工作》；孙达（H. C. Sanders，1966）著有《合作推广服务》等。20 世纪 70 年代以后，对农民采用技术行为分析以及推广活动的技术经济评价方面有了新的突破，加之信息技术的突飞猛进发展，给农业推广的研究注入了新的活力，农业推广问题的定量研究和实证研究也不断得到加强；20 世纪 80 年代以后，农业推广研究进入了新的发展时期，注重从农业推广与农村发展的关系来研究农业推广学的理论与实践问题，研究方法上更加重视定量研究和实证研究，研究活动与研究成果从过去以美国为主逐步转向以欧美为主。随着农业研究和推广的发展，各国的农业推广体系也不断调整和日臻完善，在运行机制上，不断适应市场需求，实行政府与市场相结合的推广机制。如美国实行的农业推广与教育、科研"三位一体"的推广体系，并通过立法不断加以调整和完善。

学者阿彼派·法沃尔（O. Pipy Fawole）通过对尼日利亚家禽饲养户的调查，得出结论：家禽饲养户 68% 的信息是通过电视获得的；需求最多的是动物健康信息，占 52%；家禽饲养户的性别和教育水平与采用何种信息资源密切相关。因此，他认为建立农户与农业信息之间的联系是非常重要的[4]。学者约瑟夫·阿格穆（Joseph U. Agbamu）通过对印度尼西亚、日本、韩国、墨西哥、尼日利亚、坦桑尼亚和台湾等 7 个国家和地区的研究，指出，研究和推广之间存在五种连接模式[5]。学者安尼·范登（Anne W. van den Ban）认为，被提供资金支持的推广组织做出某一决策，是与推广组织的目标、目标群、使用的推广方法、推广的信息、内部组织以及和促进农业发展的其他组织间的合作等因素有密切关系[6]。

从 20 世纪 90 年代开始，传统的公益性农业推广日益受到公共业务上的国家预算减少，对推广无益信息的增长，传统的自上而下的推广模式的分权倾向等等压力。因而，学者吉姆汉森（Jim Hanson）和理查德·吉特（Richard Just）认为，农业推广教育方案既要考虑到公众利益（促进环境），又要考虑到公众分组利益（增加贫困农民的收入）[7]。学者爱德华·尼特福（Edward Ntifo‑Siaw）、罗伯特·阿甘哲（Robert A. Agunga）认为，在发展中国家，农业推广主要是通过农业部门来实施的，其主要目的是增加自然经济条件下的农产品产量。因此，需要通过建立健全"培训→推广"体系来丰富和完善传统的农业推广方法，以促使他们技术革新[8]。

国外学者在论述中涉及了影响农业技术推广的诸多因素，如性别、受教育水平、传统推广模式的分权倾向等，指出应在农户与农业研究、推广之间建立必要的紧密的联系，不断完善农业技术推广体系和农业技术推广方法。

1.2.2 国内农业技术推广体系研究评述

1.2.2.1 农业技术推广的内涵、特征及发展方向研究

1993年《中华人民共和国农业技术推广法》指出：农业技术推广是指通过试验、示范、培训、指导以及咨询服务等，把农业技术普及应用于农业生产的产前、产中、产后全过程的活动。高启杰（1994，2001）指出，现代农业推广是一项旨在开发农村人力资源的农村教育与咨询服务工作，推广人员通过沟通及其他相关方式与方法，组织与教育推广对象，使其增进知识，提高技能，改变观念与态度，从而自觉自愿地改变行为，采用和传播创新，并获得自我组织与决策能力来解决其面临的问题，最终实现培育新型农民、发展农村产业、繁荣农村社会的目标[9][10]。张广胜（2001）指出，农技推广是交流和非正规教育相结合的双重过程，将新观念、新科学、新技术、新成果、新品种、新信息，采用试验、示范、培训、交流等方法与手段，传授、传播、传递给广大农民，即一方面是向农民传播交流有益的信息，另一方面是帮助农民获得必要的知识、技能，以提高其经济收入与自我决策能力[11]。卢敏（2005）指出，农业推广是一种发展农村经济的农村社会教育和咨询活动。通过试验、示范、干预、沟通等方式，组织与教育农民，增进知识，改变态度，提高技能，不但使农民采用和传播农业新技术，而且使其自愿改变行为，以改变其生产条件，提高产品产量，增加收入，改善生活质量，提高智力与自我决策能力，从而实现培养新型农民、促进农村社会经济发展的目的[12]。相重扬（2004）指出，农业科技推广具有地区性、稳定性、草根性、伙伴合作性、综合性、多元化和

信息化等特点[13]。

王洪宇等人（2003）指出，农业科技推广发展方向主要有：①农技推广工作的目标由增加产量向以经济效益、社会效益和生态效益为中心转移，并逐步发展到以农村、农业、农民生产的发展与生活的改善为农技推广的总目标；②农技推广工作的内容将由产中服务向产前、产后纵深拓展，并逐步发展成为农业推广咨询服务；③农技推广的对象不再只是农民，而应当是全体农村人口；④农技推广的策略方式将由自上而下行政指令驱动方式向以由下而上自愿参与咨询式为主、并辅以其他方式过渡；⑤农技推广的组织体系将进一步向多元化综合型方向发展；⑥农技推广的手段和方法将不断更新，沟通将成为农业推广咨询的基本方法，计算机网络及大众传媒将广泛应用[14]。高启杰（2007）认为，农技推广的基本发展趋势：一是推广工作的内容已由狭义的农业技术推广拓展到生产与生活的综合咨询服务；二是推广对象的范围扩大，不只限于农民、农村妇女、农村青少年、农村老年等农村民众，还包括农业经营者、农村基层组织和一般消费者；三是推广人员与组织机构多元化[15]。

以上学者的论述都在不同程度上反映了农业推广的内涵、对象、目标、内容、方式与方法及发展趋势等，但多数都集中在对农民进行技术培训的论述上，过多地强调进行技术的普及，而忽视了农民如何应用技术等根本问题。随着农村经济结构调整优化、现代农业取得突破性进展，农业技术推广的发展趋势是突破原有的区域限制、推广主体的限制、推广内容的限制，建立一个以适应现代农业发展为目标，以国家农业科技创新与推广体系为主体，涉农公司、农民合作经济组织、供销社以及各类民间组织为补充，农业科技创新与推广、教育紧密结合，旨在塑造"有文化、懂技术、会经营"的新型农民的现代农业科技创新与推广体系。

1.2.2.2 农业技术推广模式研究

程静，王云峰（2005）指出，现阶段我国农业科技推广模式主要有政府主体推广模式、科教单位推广模式、团体协会推广模式和公司企业推广模式等，并对这些模式的主体构成、推广动机、经费来源、技术种类、推广方式、模式优缺点进行分析评价[16]。马春艳（2007）根据对一些农业生物技术企业的重点调查发现，在我国农业生物技术推广过程中出现了一种将企业、科研教学单位及政府推广网络紧密联系的技术专家领衔办企业的农业生物技术推广模式。这种模式的最大特点是技术专家具有双重身份，其既是科研单位的员工，又是企业的兴办者。作者认为：这种模式可以充分体现农民现实需求，是适应目前农业生物技术产业发展及高新技术特征，充分利用农业技术推广系统资源的较好模式[17]。谢永坚（2004）指出，"一站两制"式推广模式，即农技推广部门以技术直接入股或控股，逐步向留一部分精干力量完成国家公益性推广事业，另一部分从事兴办科技生产联合经济实体，并为农民提供系列化服务；"科技中心户"模式，即以县市农业推广中心为龙头，直接送项目、技术、物资、培训到科技中心农户，共同承担新品种、新技术的试验示范和农用物资经销，推广中心作为技术指导和管理部门盯住市场，坚持实际、实用、实效原则，作好参谋、信息、指导和服务[18]。随着经济和社会发展，农业技术推广必然会出现更多的、更新的推广模式。张克云等人（2005）以国欣农研会为个案，探讨了农民专业技术协会的农业科技推广机制，认为研究与推广相联系、农民对农民的水平技术传播策略相结合是农村专业技术协会特有的农业技术推广机制。同时，勾画出国欣农研会的科技服务组织体系[19]，见图1-1。

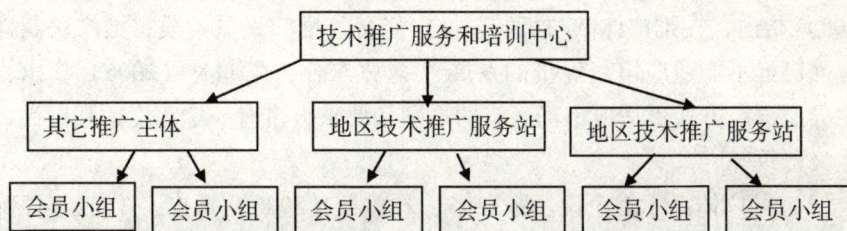

图1-1 国欣农研会科技服务组织体系

Fig. I - I the technology service organization system of Guoxin agriculture research society

学者们的研究并没有把农业技术推广体系中推广主体的职责和功能进行科学系统的界定，没有阐释清楚农业技术推广体系之间的内在逻辑性，农业技术推广体系之间尚缺乏有效的协调和运行机制。这些学者归纳了世界各地现有农业技术推广体系，但这些划分类型过于细化，不利于具有公共品特性的农业技术更好的推广。所以，基于公共品视角，农业技术推广体系大致可以分为两大类：一类是以政府农业推广机构为主体的推广体系；一类是非政府农业推广机构推广体系，具体包括以大学为基础的推广体系、商品专业化的推广体系、一些协会所属的推广机构、私人推广体系以及其他形式的推广组织。概括而言，就是"6W2H"，即由哪些推广主体（推广机构）推广、在什么时间、什么地点（推广环境），以怎样的推广方式和推广模式（推广机制或模式），向谁推广（客体－农民）、推广什么内容、推广多少技术，客体接受多少技术，又以怎样的形式进行更有效的信息反馈等。

1.2.2.3 国内农业技术推广体系的现状与问题研究

（1）市场经济冲击说。李桂丽等人（1999）在《重塑农业科技成果推广体系》一文中认为，"市场经济使农民与政府的行为目标不断异化，造成政府型农业科技推广体系功能严重萎缩；市场经济刺激农业科技产生主体不断强化其成果的产销一体化，使政府型推广机构面临严重危机；市场经济条件下，政府型农业科技推广体系原有的自上而下意识松懈。"[20] 符仕、王君（2007）指出，在农业科技推广过程中，存在着各种风险，如自然风险、市场风险、技术风险、决策风险、信用风险、素质风险、信息风险、协作风险等。按时间的推移把农业科技推广风险分为技术风险、转化及传播风险和市场风险，并依据不同风险类型分析各种风险产生的过程以及带来的后果[21]。由于我国现行农技推广管理体制与运行机制，是在长期计划经济体制下逐渐形成的，袁纪东等人（2005）指出，在推广体制与机制、推广经费、推广人员素质、推广法制建设等方面已远不能适应市场经济的发展[22]。张东伟、朱润身（2006）指出，政府主导型推广方式不适应市场经济的规则和要求，带有一定程度的强制性，形式主义严重等[23]。

（2）推广体系不健全说。张东伟、朱润身（2006）指出，"线断、网破、人散"，基层农技推广机构已基本处于瘫痪状态，同时，谢芳等（2005）人认为，基层农技推广体系崩溃的根本原因在于当前体制存在弊端[24]。改革开放以来，虽然对各级农业技术推广体系进行了调整和加强，但祁永忠（2004）指出，我国农业技术推广体系至今仍然存在着农科教相互独立，各成系统，各行其是，缺少综合功能。整个农业技术推广体系出现了"上实下虚"、"头重脚轻"的现象[25]。

（3）推广主客体素质低说。殷英（2001）指出，农业科技推广人员"知识面窄，结构单一，难以适应现代农业以市场经济为导向的综合生产要素"[26]。学者姚麒麟等（2001）认为，长期为种植业服务的农科人员，在推进种植业结构调整中暴露出"四个不适应，即思想观念不适应，知识结构不适应，竞争能力不适应，研究方式不适应[27]"。张玉珍、尹振君（2007）指出，农技推广人员总量相对不足，分布不合理。从农技推广人员的分布和相对比值看，在县城工作的占总数的75.3%；在乡镇任职的占总数的24.1%；在村任职的占总数的 0.5%。平均每 7587 名农业人口中才有 1 名农技推广人员，每 966.7hm2 耕地才拥有 1 名农技推广人员[28]。周新庄（2005）指出，我国农民对现代农业高新技术接纳能力差，并且缺乏采用新技术的需求动力，影响农业新技术成果推广转化质量[29]。

（4）脱节说。兴连娥（2005）认为，"农业科研、教育、推广部门之间联系松散，缺乏足够的信息交流，形不成强大的合力，农业科研成果与农业生产者实际经济利益脱节"，是农业科技推广体系建设中存在的主要问题之一[30]。田静（2006）指出，长期以来，农业科研、推广基本上是以提高农作物特别是粮食作物的产量为主要目标，是建立在"地区目标群体的社会经济条件具有完全同质性"这一假设基础之上的，推广目标单一，未能充分发挥推广的作用，自然不能同农户的生产需求相适应[31]。陈娟（2007）认为，我国农技推广体系存在"传导机制僵化，信息传递效率低"的问题。从现有主要的推广渠道来看，农业科技成果产业化过程没能改变由农业科研教育单位向政府要课题，研究出成果后交给政府，科研成果由政府农业推广机构推广的局面[32]。

（5）推广经费不足说。《中国农业技术推广体制改革研究》课题组（2004）指出，农技推广投资严重不足，主要表现在：①农技推广总投资年增长速度缓慢，其中项目经费增长又慢于总经费的增长；②农技推广经费主要被用来发工资；③大多数专业技术推广站没有技术推广项目；④有限的经费常被截留[33]。据统计，县级推广机构中财政全额拨款的占 86.4%，差额拨款的占 8.9%，自收自支的占 4.7%。县以下推广机构中财政全额拨款的占 69.8%，在财政全额拨款的机构中，人员经费和工作经费均由财政保证的仅占 36.8%，只保证人员经费的占 50%。2007 年仅有 13.5% 的县以下推广机构获得了财政项目支持。2007 年县以下农技推广机构财政全额拨款比例比 2005 年提高了 5.3%，其中种植业、畜牧兽医、水产、农机化、经营管理分别提高 4.4%、5.1%、6.6%、5.0% 和 10.8%，行业之间存在一定的不平衡性。畜牧兽医行业县以下机构全额保障程度仅为 48.9%，有 1/3 的机构属于自收自支。

这些学者的论述从不同角度、不同方面提出我国农业技术推广体系存在的诸多问题和制约因素，但未能从公共物品理论、农业技术有效供给和有效需求角度进行系统分析，从而为本书的系统深入研究提供了空间。

1.2.2.4 农业技术推广体系建设的对策研究

（1）准确界定农业技术推广的职能范围。李忠国（2004）认为，科学、准确界定公益性与经营性（非公益性）职能范围，要慎之又慎，既不能一味强调稳定而夸大公益性的范围，也不能为了减轻财政负担而把本应由国家承担的职能随意推向市场[34]。李艳军（2004）指出，我国传统的农技推广很大程度上带有政府官员直接管理社会事务的色彩，政府农技推广机构都是农技推广服务的主要提供者，由此导致农技推广的低效率，因此，应适当地在农技推广体系中引入竞争机制，实施市场化营运[35]。吴春梅（2003）认为，我国公益性农业技术推广要"顺应市场机制规则，实现公益性农业技术由传统的成果管理向专利管理转变；合理引入市场竞争机制，政府确保公益性农技推广主体的经营利益"[36]。

（2）以市场为杠杆，重塑新型农技推广系统。李桂丽等人（1999）指出，重塑新型农业科技推广体系——"2124"体系，即"两"级管理：中国农业部农业科技推广管理总局和省级农业科技推广管理中心；"一"级协调：县级农业科技推广协调中心；"两"个系统为推广主体：农业科研系统和农业教学系统为主体进行农业科技推广；"四"种不同的推广模式：市场型推广模式、园区型推广模式、产业型推广模式和协作型推广模式[20]。谢方等人（2005）指出，农业技术推广机构要"按综合农业区划设置，彻底摆脱行政干预"，要"精简机构，组建农业综合服务区域中心站，避免多头管理"，要"监督成立农技推广基金委员会，确保专款专用"，要"对各级农业综合服务区域中心站的人员实行定编定岗，有效控制人员基数"等等[37]。孙贵荒（2004）提出"要制定扶持农村技术经济合作组织发展的优惠政策，加大财政、信贷资金的支持"，"要本着边发展、边完善、边提高的策略，形成多门推进、多主体参与、多类型组建、多模式发展的格局"[38]。兴连娥（2005）认为，建立和完善以政府农业科技推广为主导，以农业科研教育部门、农民合作组织、供销社、企业组织、有关群众团体等共同参与的多元化农业科技推广体系，加强农民和农业科技推广人员的科技文化知识培训，培植一批强有力的农技推广队伍，是传播和推广农业先进技术的先决条件，是农业依靠科技进步，农业增效，农民增收的有利途径[30]。由于缺乏一个有效的信息系统以及信息不畅，严重影响了我国农业科技成果的转化率。因此，要改变这样的现状，李秀峰等人（2003）认为"需要建立农业科技成果推广平台"[39]。在这个平台中，农业科技成果推广信息资源应包括成果信息、行政管理信息和推广服务信息等三方面内容。学者李传忠指出，要"建立以公益性为主市场调节为辅的双轨体系"[40]，政府应承担起推广体系的主导者、决策者、管理者、主要责任者的责任，走出农业科技推广改革的认识误区，完善以行政主管部门为主体的推广系统，以市场为杠杆，建立农业科技推广经营性服务体系，完善法规，确保推广资金投入的增加。

（3）加强农业技术推广队伍建设，提高农技推广人员素质。农业科技推广人员在农业科技推广中具有非常重要的作用，其素质高低直接影响着农业科技的推广。因此，李冬青（2004）指出，农业技术推广人员必须具有良好的心理素质，需要具备"五心"，即信心、专心、耐心、虚心和爱心[41]。杨永德（2003）以广西省"农业基层技术人员再教育与农业技术推广相结合运行模式"为个案，指出，这种模式的核心是在加强基层技术人员培训教育，完成教学任务的同时，要求受教育者坚持理论联系实际，开展生产实践和社会实践，该推广模式具有明显的社会效益和经济效益，将成为现在乃至今后相当一个时期内农业技术人员教育培训工作的方向[42]。张进忠等人（2005）指出，应"实行农技推广人员资格准入制度，提高推广人员的服务能力"[43]。翟印礼（2004）提出，要"做大做强农民科技经纪人队伍"[44]。

（4）以农民为中心，充分发挥大专院校、科研院所的技术推广功能。曹建国、孟德（2005）指出，应建立一种"以农民为中心的、对农户技术与服务需求反应敏感的、为农民提供技术和市场信息全系列公共服务的、自下而上的农技推广运行机制"[45]。张东伟等（2006）指出，充分发挥大学和农业科研单位的人才和技术优势，促进农科教结合，产学研一体，形成农业推广的合力[46]。

（5）增加农技推广投资，多渠道筹措资金。张进忠等（2005）指出，政府要加大财政投资力度，确保公益性农技推广人员的工资和办公经费支出，增加农业技术推广业务经费的使用[43]。卓亚男等（2004）指出，政府农技推广机构的事业人员可转为公务员，这样既可缓解财政压力，又使农技推广人员的工资待遇、工作条件有了保障[47]。蒋和平等（2005）指出，政府应该制定政策引导和鼓励三资资本（民营资本、外资资本和工商资本）进入农业技术推广领域，充分发挥其优势[18]。

这些学者所提出的对策及建议对本书的撰写提供了许多帮助，但其研究尚缺乏系统性，未能考虑到：农业作为一个外部性很强的特殊产业，特别是我国农业生产经营规模超小化导致农业技术创新推广成本与风险相对较高、农业技术创新与推广巨大的社会效益与广大小农有限收益之间的矛盾长期存在等等，具有长期性、战略性、公共物品性的科技投资和推广任务应由国家承担，同时政府应积极引导和推动企业成为农业技术创新主体，并大力扶持农民合作经济组织发展，鼓励民间组织等社会力量积极介入进来，形成以政府科技推广机构为主导，龙头企业、农民专业合作组织以及其他社会力量广泛参与、优势互补、共同发展的多元化农业技术推广体系。

1.3 研究的目标和程序

1.3.1 研究目标

1.3.1.1 总体目标

以技术创新扩散理论、农民行为改变理论、绩效管理理论、系统理论等为分析基础，运用经济学相关理论知识，以吉林省为实证，通过对政府农技推广机构农业技术推广、农业产业化龙头企业农业技术推广等纵向体系的建设和多元化横向农业技术推广体系建设的研究，构建多元化农业技术推广体系运行总体框架。

1.3.1.2 具体目标

（1）通过对多元化农业技术推广体系互补功能的定位和分析，构建其内在的逻辑关系和优化多元化推广主体的运行机制。

（2）针对不同的农业技术推广体系，对其相应的推广模式和服务效率进行评价。

（3）通过对影响农民技术接受的多因素分析，提出农民技术承接能力和技术利用效率提高的对策。

1.3.2 研究程序

为构建多元化农业技术推广体系的总体框架，按以下程序开展研究工作。

1.3.2.1 收集美国、日本、泰国等国外的农业技术推广资料以及国内的关于农业技术推广体系方面的文献资料，构思研究框架。

1.3.2.2 调查吉林省农业技术推广总站、前郭、大安和东丰等县市的农业技术推广中心及其部分乡镇农业站的技术推广情况和收集相关资料，通过设计调查问卷，调查农民对不同农业技术推广主体的态度和看法以及农民对技术的需求层次和心理。

1.3.2.3 调查皓月、德大等龙头企业农业技术推广的相关情况和收集相关资料，政府农技推广机构、农民合作经济组织等农业技术推广情况。

1.3.2.4 调查吉林农业大学、吉林省农科院等农业技术创新主体的技术推广和转化途径等情况。

1.3.2.5 资料整理、数据分析。

1.3.2.6 针对写作过程中缺失的资料，进行补充调研，进一步完善。

1.4 研究的概念界定、主要内容和研究方法

1.4.1 研究的概念界定

1.4.1.1 农业技术推广

农业技术推广，是指通过试验、示范、培训、指导以及咨询服务等，把农业技术普及应用于农业生产产前、产中、产后全过程的活动。传统的农业技术推广内容只是注重种植业方面的技术，而忽略了畜牧业和特产园艺业方面的技术，对农机化技术推广论述过少，因而，本书拟拓宽研究范围，强调种植业、畜牧业和特产园艺业等诸多方面的技术推广，并针对农机化技术推广体系建设作深入研究。

1.4.1.2 农业技术推广体系

目前，我国农业技术推广体系正由 20 世纪 90 年代以前的政府部门为主体的单一农技推广体系逐步向主体多元化的农业技术推广体系发展。本书旨在研究以国家农业技术推广机构为主导，农业产业化龙头企业、农民合作经济组织、大专院校和科研院所等单位多元参与的农业技术推广体系。因此，农业技术推广体系的内涵，不仅包括农业技术同一推广主体的纵向体系，也包括不同农业技术推广主体之间的横向体系。所以，本书既对纵向农业技术推广体系建设进行研究，也对横向农业技术推广体系建设和优化进行研究。

1.4.2 研究的主要内容

第一部分 国内外农业技术推广体系建设的历史与现状

横向比较有利于经验借鉴，纵向梳理有利于展望未来，所以本部分主要介绍美国、日本、泰国等国家农业技术推广的历史及其体系的建设与发展，具体

包括推广机构的设置、运作机制、推广经费的来源等，从中提炼总结出各国农业技术推广的经验并加以借鉴。介绍中国农业技术推广体系历史脉络，通过梳理中国农业技术推广的整个历史过程，探寻当今农业技术推广及其体系建设中可借鉴之处。通过实地调研整理资料，分析吉林省农业技术推广体系建设的整体现状和存在的问题，为后文的研究和解决方案提供基础信息。

第二部分　农业技术推广主体

本书界定了政府农技推广机构、农业产业化龙头企业、农民合作经济组织、大专院校和科研院所、农业生产资料公司等作为农业技术推广主体进行研究。

当前和今后较长的时期内政府部门的农业技术推广都会占有主导地位，会承担大量公益性推广任务。第五章从农业发展的时代背景、农业的比较利益、农民的经济基础以及公共物品理论等对政府部门承担农业技术推广的公益性职能进行分析，通过调研了解吉林省政府农业推广机构农业技术推广体系的现状、主要推广模式及运行机制，找出影响技术推广的关键性问题和制约因素，有针对性地提出提高政府农技推广机构农业技术推广效率的对策。

农业产业化龙头企业技术推广是产业组织行为，有其自身的特点，所以第六章运用交易费用理论、博弈论等经济学相关理论对农业产业化龙头企业农业技术推广的特点、龙头企业农业技术推广的主要模式及农业技术推广存在的主要问题进行分析，最后提出提高龙头企业农业技术推广效率的对策。

农民合作经济组织是农民自发形成的自我服务组织，并且近些年发展迅速，一定程度上保护了农民自身的利益。农民合作经济组织技术推广既不同于政府推广机构农业技术推广，也不同于龙头企业技术推广，它不仅是技术推广的主体，也可充当其他推广主体的中介。所以第七章运用交易费用理论、成本理论等经济学理论，分析农民合作经济组织发展的现状、农民合作经济组织农业技术推广的主要模式、农民合作经济组织自身发展存在的主要问题，提出加强农民合作经济组织农业技术推广的对策。

大专院校、科研院所、农业生产资料公司等农业技术推广主体，是我国农业技术推广体系不可或缺的组成部分。第八章介绍了大专院校、科研院所农业技术推广，以及农业生产资料公司农业技术推广，分析了这些推广主体的推广模式、存在的主要问题，提出建立与其他推广主体之间的协作模式等对策。

第三部分　农业技术需求主体（推广客体）

农民是农业技术需求的主体，农业技术推广的对象，只有真正了解农民的技术需求、掌握农民的心里特点、分析农民采用技术存在的实际问题，并针对农民的文化素质进行技术推广才能提高技术推广的效率。所以第九章介绍农民素质概况、并对农民技术需求结构、农民采用技术的心理学和经济学进行分析，通过贝叶斯网络，研究影响农民技术采用的因素，最后提出提高农民技术采用率的对策。

第四部分　农业技术推广体系建设优化对策

在前面分析的基础上，结合农业技术推广体系存在的问题和对技术推广主体及技术需求主体的深入分析，运用系统理论对农业技术推广主体要素进行优化配置，尤其是政府技术推广部门、大专院校、科研院所等由政府提供技术推广经费的技术推广主体构建一体化的技术创新推广运行机制，提出统一管理的创新措施和各种保障措施及运行机制，以使农业技术推广横向体系和纵向体系得以建设和完善。

1.4.3　研究的技术路线

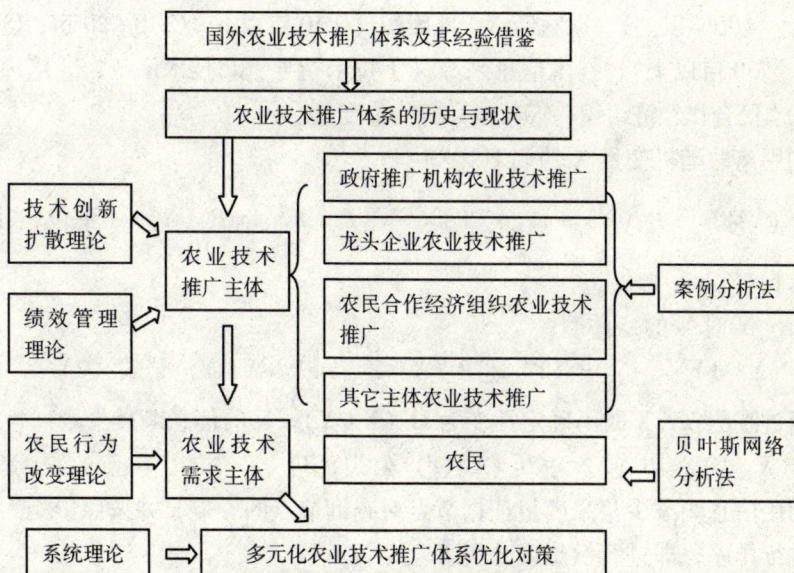

图 1 - 2　本书研究框架

Fig. I – II research frame of paper

1.4.4 研究的主要方法

根据本书的研究内容和特点要求，在研究方法上主要采用了贝叶斯网络分析法和案例分析法。

1.4.4.1 贝叶斯网络分析法

本书采用贝叶斯网络分析法，在吉林省农安、榆树、永吉、前郭、宁江、大安、梅河口、梨树等八个市县进行农户首选技术需求调查。

确定农民首选技术需求为施肥技术、病虫害防治技术、产后贮存加工技术、农机具使用技术、棚膜技术、良种技术、化学除草技术以及其他技术等。

选取农户（户主）年龄（①20~30岁、②30~40岁、③40~50岁、④50~60岁、⑤60岁以上）、性别（男、女）、教育程度（①小学以下、②小学、③初中、④高中、⑤大专及以上）、身心健康状况（健康、较差）、居住地区（农村、城郊）、外出务工经历（有、无）、身份（干部、非干部）、党员（是、否）、家庭年人均收入（①3000元以下、②3000~4000元、③4000~5000元、④5000~6000元、⑤6000元以上）、非农收入比重（①10%以下、②10%~20%、③20%~30%、④30%以上）、家庭经营土地面积（①10亩以下、②10~20亩、③20~30亩、④30亩以上）、技术信息来源（①技术指导、②技术示范、③培训或讲座、④农民合作经济组织、⑤其他）等作为变量。

利用离散随机变量 X 的熵 H（X）：

$$H（X）= \sum_x P（X）\log \frac{1}{P（X）} = - \sum_x P（X）\log P（X） \quad （单位：比特）$$

公式（1）

给定 Y 时 X 的条件熵：

$$H（X \mid Y）= - \sum_Y P（Y）\sum_x P（X \mid Y）\log P（X \mid Y） \quad 公式（2）$$

通过观测 Y，X 的不确定性变为 H（X｜Y）。X 的信息熵减少量：

$$I（X, Y）= H（X）- H（X \mid Y） \quad 公式（3）$$

利用信息熵减少量来衡量证据节点对查询节点的影响，并按照影响大小对证据进行排序，即进行敏感度分析。

在整理调研数据的基础上，利用贝叶斯网络软件（美国 Norsys 公司开发的 Netica 软件），构建贝叶斯网络，通过熵减少量和敏感度分析，来确定影响技术采用（接受）因素的顺序。

1.4.4.2 案例分析法

本书结合数量分析方法收集相关数据，调查吉林省镇赉县、通化市、前郭县、长春市农业技术推广中心和各个地区的部分农户，通过调查农户的种植种类、数量、投入成本和收益，分析采用技术的农户及采用的情况和没有采用技术的农户成本收益进行比较分析，说明农业技术推广给农民带来增收、农业增效、农村经济增强的实际效果。通过调查长春皓月、吉林德大公司、长春大成公司等作为龙头企业农业技术推广模式及其经验等形成系统案例，说明诱致性制度变迁促进了农业产业化龙头企业的技术推广；通过调查典型的农民合作经济组织中农户在生产和流通环节支出的成本和费用与市场化运作的农户的生产和流通环节支出的成本和费用相比，说明农民合作经济组织降低了交易费用。通过实例说明政府农技推广机构、农业产业化龙头企业、农民合作经济组织是我们倡导的三大推广主体。

1.5 本书创新点

1.5.1 运用人力资源管理中的绩效考评理论，建立绩效考核指标体系，对技术推广人员进行考评，以提高技术推广的效率和效果。

1.5.2 运用贝叶斯网络分析法对影响农民采用技术的多因素进行分析。

1.5.3 运用系统论中优化理论、协同理论和耗散结构理论，创建农业技术推广主体之间的优化配置运行机制。

1.5.4 构建现代多元化农业技术推广体系运行框架。

第二章

农业技术推广的相关理论

2.1 技术创新扩散理论

创新成为一种理论是从 20 世纪开始的。美国哈佛大学教授约瑟夫·熊彼特第一个从经济学角度系统提出了创新理论。他于 1912 年出版的代表作《经济发展理论》中提出了创新的概念并赋予全新内涵，创新是指建立一种新的生产函数，即把一种从来没有过的关于生产要素和生产条件的"新组合"引入生产体系以获得"超额利润"的过程。

2.1.1 创新理论内涵

创新通常在两种意义上使用：一是作为体现科技进步的创新活动过程和结果；二是作为管理职能的创新，它是科技与管理的结合点。从体现科技进步创新活动的过程和结果角度考察，创新是人们在改造自然和改造社会过程中方法、手段和结果质的飞跃，即引进发明新技术、新品种，开发新产品，开拓新市场，采用新材料、新组织。作为管理职能的创新是社会组织为达到科技进步的目的，适应外部环境和内部条件的发展变化而实施的管理活动。

技术创新理论是从 20 世纪 50 年代开始逐步从熊彼特创新理论中分化出来的，经过 50 多年的发展已经形成较为完整的内涵。技术创新是指新思想、新技术、新品种、新产品、新服务、新方法等的发明、创造和变革，以及应用到实践的过程。这是一个不断构思、研究、发明、创造、试验、推广、应用的过程，是为不断提高生产的经济效益、社会效益和生态效益的过程[49]。

熊彼特认为创新发生的根本原因在于社会存在着某种潜在利益，创新的目的是为了获得这种潜在利益[50]。在熊彼特看来，技术创新是企业内生的，是技术进步推动着经济的长期增长，企业是创新的惟一动力源。

熊彼特的创新模型是技术推动模型，在其后，创新理论出现了两种比较典型的学派：一是以曼斯菲尔德、施瓦茨等为代表的技术创新学派。曼斯菲尔德认为，在一定时期内，一定部门中采用某项新技术对企业影响的程度受模仿比例、采用新技术的企业的相对盈利率和采用新技术需要的投资额三个因素影响；门斯在其代表作《技术的僵局》中指出，当经济陷入危机时，只有新的基础创新和新的产业部门才能使经济走出危机，缺乏创新是导致经济萧条的主要原因；卡米恩和施瓦茨认为，决定技术创新的变量在于竞争程度、企业规模和垄断力量。技术创新学派侧重产品、工艺创新研究，从技术的创新、模仿、推广、转移的关系角度对技术创新进行了深入研究，形成技术创新理论[51]。二是以道格拉斯·诺斯等为代表的制度创新学派。诺斯在其著作《制度变迁与美国经济增长》、《制度、制度变迁与经济绩效》等中指出，制度创新是使创新者获得追加利益的对现存制度安排的一种变革，通常通过个人、自愿合作性的安排和政府的安排来实现；经济学家拉坦认为，对制度变迁需求的转变是由要素与产品的相对价格的变化以及与经济增长相关联的技术变迁所引致的，对制度变迁供给的转变是由社会科学知识及法律、商业、社会服务和计划领域的进步所引致的。制度创新学派将创新与制度结合起来，研究制度因素与企业技术创新和经济效益之间的关系，强调制度安排和制度环境对经济发展的重要性。

1966 年施穆克勒在《发明与经济增长》一书中指出，市场成长和市场潜力是发明活动速度和方向的主要决定因素，从而形成技术创新的需求拉动说；1979 年英国苏塞克斯大学科学政策研究所"SAPPHO 项目"组提出，科学、技术与市场之间的关系是复杂的、相互作用的，而且是多方向的，主要驱动力量随时间和工业部门不同而有所变化[52]，形成了创新的"交互作用"模式；1986 年克莱因和罗森堡引入了集成观和并行工程观，视技术创新为多路径、多回路、各环节并行的过程[53]，形成了"链环—回路"创新模式；20 世纪 90 年代以来，产品生命周期越来越短，技术创新过程是交叉职能联结过程，技术创新在新型的网络组织之中得以实现，形成了系统集成与网络创新模式。

20 世纪 70 年代末，我国引入了创新理论，许多学者在国外研究的基础上，从不同的角度对技术创新进行了深入细致的研究，提出了多种技术创新概念。虽然学术界对技术创新还没有统一的定义，但技术创新必须实现产业化应用却是学术界共同的认识。

朱广其（1997）指出，农业技术创新可表达为在农业生产体系中引入新的动植物品种或生产方法，实现农业生产要素重新组合和生产效率提高的非惯例化行为，包括新品种或生产方法的研究开发、试验、推广、生产应用、扩散等一系列前后相继、相互关联的技术发展过程。农业技术创新可以是节约生产成本的生产手段、农艺方法的变革，也可以是新品质的动植物品种的改良以增加市场收益[54]。

2.1.2 技术创新主体的类型和特点

随着社会的进步和技术的广泛应用，目前技术创新主体已呈现多元化的格局和发展趋势。

一是大型龙头企业。它们具有较强的经济实力和生产销售能力，技术创新具有针对性、实用性特点，但技术创新范围具有狭隘性，推广目的具有明显的功利性，技术推广的周期具有不确定性，其技术推广的主要对象是农民。企业是以经济效益为主要追求目的的组织，技术推广主客体的地位和实力具有不对等性，龙头企业面临较大的市场风险。随着龙头企业市场开拓能力的提高，其技术推广的面积增大、辐射能力增强。

二是大专院校、科研院所。它们具有明显的人才优势、科技优势，由于学科专业较多，创新具有广泛性，但实用性不强，技术创新扩散带有明显的区域性特点，推广面积小，辐射半径短。在资金方面需要政府财政以项目、课题等为载体大力支持，因此技术创新缺乏主动性，技术成果不易商品化，并且缺乏将商品化的技术创新成果进行大面积推广的能力。

三是农民（农民合作经济组织）。农民是技术创新主体中的弱势群体，技术创新能力弱，创新的技术主要在户际间、村际间扩散。农民合作经济组织是其他农业技术推广主体的中介组织，发挥着桥梁和纽带的作用，本身技术创新能力较弱，多处于被动状态。

四是政府农业技术推广机构。政府作为创新主体是农业技术创新链条中前期活动的组织者，政府为实现既定的农业目标，根据农业资源特点及农业科技进展，产生技术创新偏好和方向，通过对农业科技研发、试验、推广等前期创新活动的投资和人、财、物等资源的配置，不断开发出适宜的农业技术。同时，通过制度安排、经济和法律手段的采用，诱导农户不断采纳新技术，从而形成有效的技术需求[54]。技术推广人员技术创新能力不强，创新机制不完善，工作以技术推广为主，推广的技术以学习、引进和工作经验的总结为主。但是，目前和较长一段时间内的公益性农业技术推广主要由政府农业技术推广机构承担。

大专院校和科研院所以及大型龙头企业是主要的技术创新主体；政府农业技术推广机构和农民（农民专业技术协会）虽然有一定程度的技术创新，但以技术引进和推广为主。不同的技术创新和推广主体各具特点，各具优势，各有不足，如果各个农业技术推广主体构成了相互补充和相互配合的完整的推广体系，农业技术推广体系内部能够做到资源优化配置，那么整个系统就能发挥更大的效率和效益。

2.1.3　技术创新在农户中的扩散过程

技术创新扩散（推广）是指技术创新通过一定的渠道，采用一定的方法，在较大面积和范围内的潜在使用者中推广、采用、模仿的过程。技术创新扩散（推广）过程中涉及到的主体主要有三个——技术创新推广主体、采用技术创新主体和中间传递主体，见图 2－1。

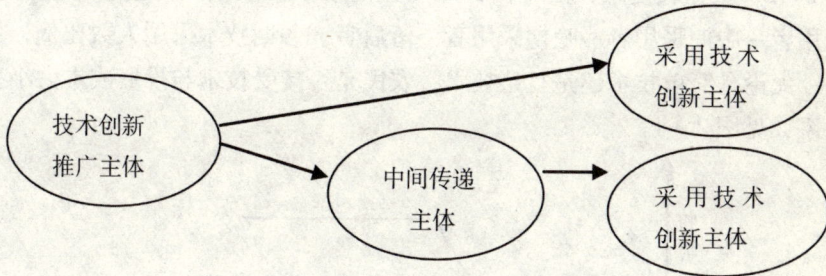

图 2－1　技术创新扩散主体关系

Fig. II－I Relations of technological innovation diffusion sentities

技术创新推广主体往往是技术创新主体（并不等同）。政府技术推广机构以推广技术为主，大专院校技术创新又推广是其职能之一，科研院所技术创新又推广是主要工作；龙头企业技术创新又推广出于自身的经济利益考虑；农民专业技术协会不是主要技术创新主体，推广技术往往是通过学习或引进的。采用技术创新主体主要有企业和农民，技术创新在同行业中产生了良好经济效益，其他企业就会纷纷引进模仿，处于主动地位。这一般不需要中间传递主体，而农民在采用新技术时，由于新技术的接受是以风险和成本为代价的，所以农民非常小心谨慎，往往需要中间传递主体发挥作用。推广给农民的技术中间传递主体主要有种植大户、养殖大户、科技示范户、农民专业技术协会等，还包括乡（镇）政府和村委会，他们起桥梁和纽带作用，充当裁判主持公道，所以乡（镇）政府，村委会要树形象，讲信誉，为老百姓办实事，办好事。

个体农户的技术接受过程一般分为五个阶段：

①认知阶段，即农户见到或听到一项技术时，对该技术的了解认识过程；

②说服阶段，即推广人员用有劝说力的语言，让农户接受新技术；

③决策阶段，即农户根据自己对技术的了解和推广人员的劝说（加上观察），决定是否接受新技术；

④实施阶段，即农户接受新技术并予以实施；

⑤确认阶段，即农户根据技术实施结果进一步印证技术接受的正确性或错误性。

农户群的技术接受过程：

操作简单，成本低，风险小的技术扩散模式为创新采用者→众多采用者，见图2－2；操作较复杂，成本高，风险大的技术扩散模式为创新采用者→早期采用者→中期采用者→晚期采用者→落后者。各期技术采用人数比例，见图2－3；无论是简单技术还是复杂技术，农民是否接受技术与投资成本大小有直接关系，见图2－4。

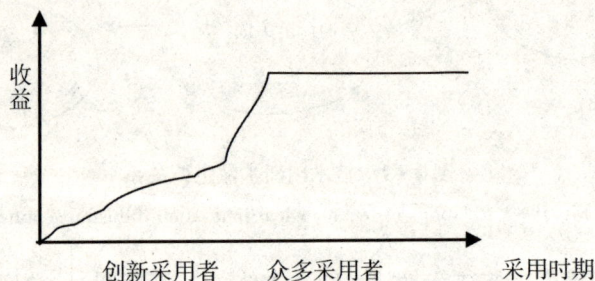

图2－2　成本低、风险小的技术扩散模式

Fig. II – II Technological diffusion model with low cost and little risk

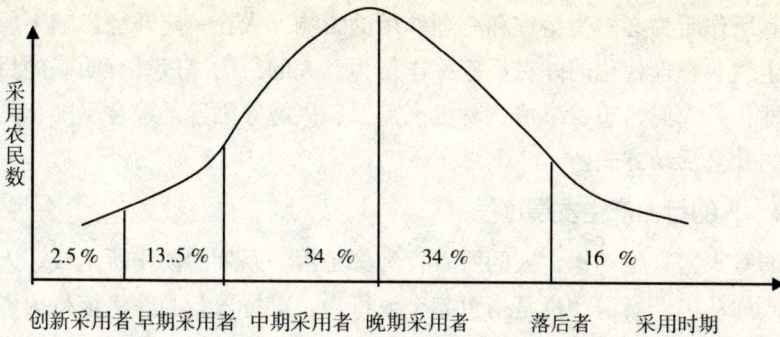

采用农民数

| 2.5 % | 13..5 % | 34 % | 34 % | 16 % |

创新采用者 早期采用者 中期采用者 晚期采用者 落后者 采用时期

图 2－3 技术采用者分类及其分布

Fig. II － III classification and spread of technological utilizer

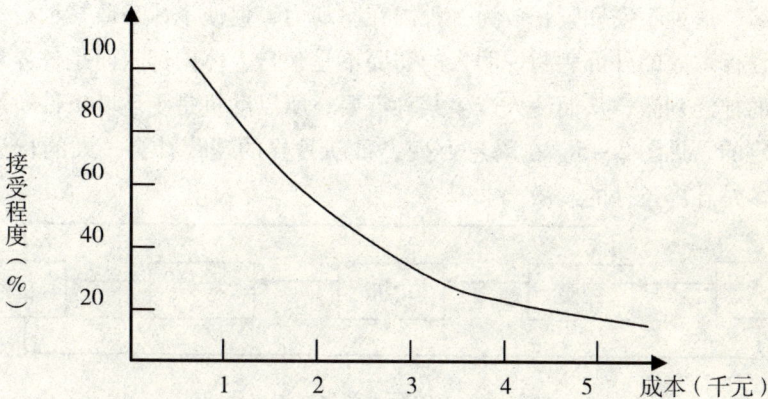

接受程度（％）

成本（千元）

图 2－4 投资成本与技术接受程度

Fig. II － IV investment cost and degree of accepting technology

2.2　农民行为改变理论

2.2.1　行为的定义

　　行为，简单地讲就是在人类日常生活、工作中所表现出来的各种动作。从心理学角度讲，行为起源于人脑神经的辐射，形成精神状态，即所谓的意识，由意识表现于动作时，便形成行为。人都是在一定的自然和社会环境下生活和工作的，其所作所为必然受生理和心理作用的影响。人在一定环境影响下所引起的内在生理、心理变化的外在反应称作行为。人的行为一般具有明确的目的性和倾向性，是人们思想、感情、动机、需要、兴趣等因素的综合反映，是人类所特有的社会活动方式。

2.2.2　人的行为产生发展过程

行为的基本因素是动作，人的所有行为都是由一系列的动作所组成，人的动作来自人的动机。所谓动机是指引起个人行为，维持该行为并将该行为引向某一目标的直接原因，即动机是促使个人产生行为的直接原因，而动机的主要来源有二：一是人的内部需要；二是人的外部刺激。人的内部需要说明人的动机是受需要支配的，当人们产生某种需要得不到满足时，心理上便产生了一种不安情绪，这种不安和紧张成为一种内在驱动力，促使个体采取某种行为达到一定的目标。人的外部刺激说明人的需要不是来自人体内部，而是外界环境条件对人的神经刺激，从而使人产生某种需要，所以动机是受环境条件所形成的需要决定的，见图2－5。在瞬息万变、日新月异的现代社会，人的行为产生的原因多是外界条件的刺激。

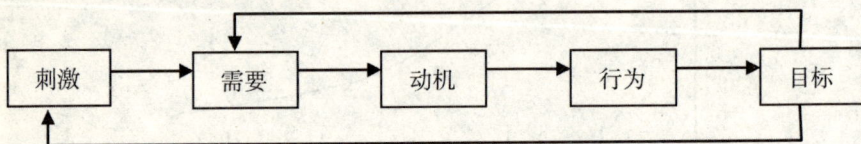

图2－5　人的行为产生发展过程

Fig. II－V Evolution of beginning and development of human behavior

2.2.3　行为改变规律

人的行为改变是遵从一定的规律进行的，见图2－6。农业技术推广的目的是通过引导和促进农民行为的自愿改变来促进农业和农村发展。在整个推广活动中，农民的行为变化由知识改变到态度改变，由个人行为的改变到整个群体行为的改变。

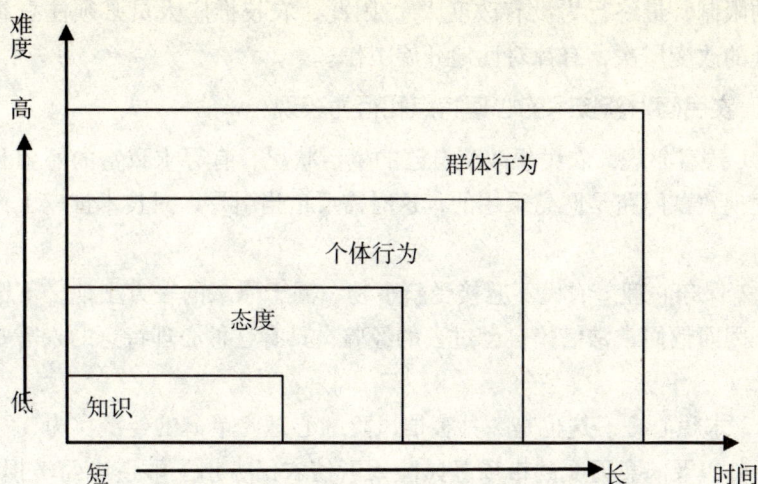

图2-6 不同行为层次改变的难度及所需时间

Fig. II－VI difficulty and time of different behaviors changed

一是知识的改变。这是行为改变的第一步，即由不知道向知道的转变，难度低，需要时间短，只需通过宣传、教育、培训、咨询、交流等手段就能使人们得到相关知识并改变其知识结构，从而增加知识，丰富见识。

二是态度的改变。这是行为改变的关键一步，即由知道向自愿接受的态度转变，是人们在经历遵从、同化及内化过程而达到了对事物评价倾向的改变，是人们对事物认知后在情感和意向上的变化，难度较大，需要时间较长。

三是个人行为改变。即个人在行动上发生变化，由于受技术采用的需要、动机、态度、物质条件、自然条件等因素影响，因此，改变难度更大，所需时间更长。

四是群体行为改变。即某一区域内大多数人的行为改变。由于农民群体具有经济、文化、生理、心理等方面的较大差异，因此改变农民群体行为难度最大，所需时间最长。

推广某项新技术，在经过一段时间的推广之后，那些对技术接受较快、个体条件较好的农民，可能改变了个人的行为，但也存在着个别未改变行为的现象；在未改变的群体中，不同农民可能又会停留在不同的行为改变层次上。有的农民知识改变了，但未改变态度；有的农民知识、态度都改变了，但由于受某些条件的限制，最终行为没有改变[12]。因此，农技推广人员必须注意到不同农民所处的改变层次，有针对性地开展工作。

2.2.4 农民面对新技术的心理特点和行为表现

2.2.4.1 致富心理。农民想改变自己的生活状况，有寻求致富的愿望和心理。一旦发现致富门路是愿意采用的，这时需要适当引导，对技术推广工作是有利的。

2.2.4.2 保守心理。农民不愿接受新事物，囿于原来的一方土地，不愿刻意去改变，因而他们常常信赖自己过去的经验，具有这种心理特点的人需要耐心开导。

2.2.4.3 求稳心理。这也是一种害怕风险的心理。单薄的经济实力，不稳定的自然条件以及瞬息万变的市场等风险因素使农民害怕失败造成经济损失。求稳心理的农户相对容易接受风险小、收入稳定的技术。

2.2.4.4 从众心理。具有这种心理的农民看到多数人采用了某项新技术，取得了可观的经济收入，于是自己也会随大流而采用，所以这种心理的农民不是推广人员的主要工作对象。

2.2.5 改变农民行为的方法策略

2.2.5.1 银行贷款、政府补贴。可以解决部分农民无资金投入或不愿意投入过多成本而拒绝采用新技术的行为。

2.2.5.2 选好农村科技致富的带头人。要求带头人有创新精神，在当地有一定影响力，带头人新技术的采用可以达到星星之火燎原的目的。

2.2.5.3 大力扶持专业大户，树立农民致富的榜样。专业大户较高的经济收入必然诱导部分农民走上致富路。

2.2.5.4 通过行政方法，让部分乡村干部带头搞试点。农民认为，眼见为实，耳听为虚，说得再好不如实际做得好。试点成功也可以引导一部分农民采用新技术。

2.2.5.5 加强农民培训，提高农民的知识、技能和思想素质。

2.2.5.6 乡镇政府组织农民代表参观考察发达地区农村，让农民开阔视野，提高认识，转变观念。

2.3　绩效管理理论

绩效管理一词产生于20世纪70年代的美国，90年代传入中国。绩效管理由于它能提高员工的能力和素质，改进与提高员工个人和公司绩效水平，在中国的部分大中型企业中已被尝试和应用。

2.3.1　绩效管理的概念

绩效是指具有一定素质的员工围绕职位应付责任所达到的阶段性结果以及在达到过程中的行为表现。所谓绩效管理是指管理者与员工之间在目标与如何实现目标上所达成共识的过程，增强员工成功地达到目标的管理方法以及促进员工取得优异绩效的管理过程。绩效管理是一种管理行为，它贯穿于工作的全过程。绩效考评是绩效管理活动的一个重要环节，是绩效管理的核心和重点，它是考评者按照特定程序，采用一定方式方法，根据预定的量化指标和标准，对员工个人或团队的行为和结果进行测量、考核、评价的过程。它在绩效管理的全过程中居于举足轻重的地位，成为绩效管理系统运行的重要支撑点。

绩效管理经常采用的手段为PDCA循环管理模式。PDCA循环又叫戴明环，是美国质量管理专家戴明博士首先提出的，它是全面质量管理所应遵循的科学程序。PDCA是英语单词Plan（计划）、Do（执行）、Check（检查）和Action（处理）的第一个字母，PDCA循环就是按照这样的顺序进行质量管理，并且循环不止地进行下去的科学程序，见图2-6、2-7。

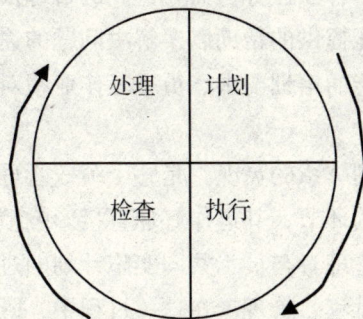

图2-7　PDCA循环基本框架

Fig. II - VII the basic framework of PDCA cycle Fig.

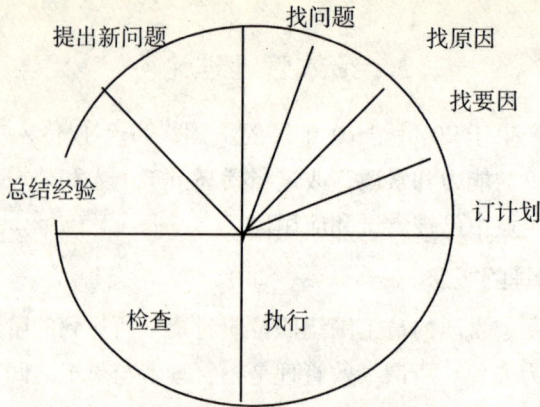

图 2 - 8   PDCA 循环的 8 个步骤

II - VIII the eight steps of PDCA cycle

2.3.2   绩效管理的基本流程

绩效管理是一个完整的系统，包括绩效计划、绩效沟通、绩效考评、绩效诊断和绩效总结五个部分。它们紧密联系，互相影响。

2.3.2.1   绩效计划

绩效计划是一个确定组织对员工的绩效期望并得到员工认可的过程，具有前瞻性，其作用在于帮助员工认清方向明确目标。

绩效计划是经过管理者与员工共同讨论确定的，对员工在考评期间内应该承担的工作职责、权限、各项任务、需要达到的目标及完成时间，可能遇到的困难和障碍、管理者可能提供的帮助以及解决问题的途径方法，绩效考评的标准，掌握新技术、新技能的培训要求、员工工作业绩对组织的影响等。

2.3.2.2   绩效沟通

绩效沟通是绩效管理体系的灵魂，是整个绩效管理过程中的中间环节，是绩效管理循环中最关键的环节，其运作好坏直接影响绩效管理的成败。

绩效沟通过程就是管理者与员工共同实施计划的过程，是双方保持不断联系、交流并产生互动的过程。管理者在这一过程中，既可以及时对下属的工作进行必要的指导，帮助下属解决工作中遇到的困难和问题，又能够有组织有系统地收集员工工作活动和组织绩效信息。如组织目标和标准达到的信息、员工工作完成情况、员工奖惩情况、管理者和员工的谈话记录等。

2.3.2.3 绩效考评

绩效考评是绩效管理活动的中心环节，是考核者与被考核者双方对考评期内的工作绩效进行全面回顾和总结的过程。绩效考评包括工作结果考核和工作行为评估两个方面。其中，工作结果考核是对考核期内员工工作目标实现程度的测量和评价，工作行为考核是针对员工在绩效周期内表现出来的具体行为态度进行评估。

2.3.2.4 绩效诊断

绩效诊断是对绩效管理过程中各个环节和工作要素进行全面监测和分析的过程，具体包括：对绩效管理制度的诊断、对组织绩效管理体系的诊断、对绩效考评指标体系的诊断、对考核者全面诊断、对被考核者全面诊断等。

2.3.2.5 绩效总结

绩效管理的目的是为了促进组织与员工的共同提高和发展。在每一轮绩效管理活动结束时，都要对绩效计划、绩效沟通、绩效考评、绩效诊断等各项活动过程进行全面深入的总结，通过总结，以达到发扬成绩、纠正错误、以利再战的目的。

2.3.3 绩效考评的内容和方法

2.3.3.1 绩效考评的内容

绩效考评主要从能力素质、态度、业绩等方面进行考核，细化成若干个二级指标，建立完善的绩效考核指标体系，赋予相应权重，运用公式计算出被考核者的综合分值，确定相应考核等级，实行奖励和惩罚。

2.3.3.2 绩效考评的方法

（1）360 度考评方法

①上级考评。由被考核者的直接上级对被考核者考评。

②同级考评。由彼此了解的同事进行考评。

③下级考评。由被考核者的直接下级对被考核者进行考评。

④自我考评。自己对自己的工作能力、工作态度和工作绩效进行考评。

⑤外人考评。由服务的工作对象或相关人员进行考评。

各个考核主体考核所占的比例应根据团队的文化和团队精神具体确定，不管怎样被考核者的服务对象的考核应占有一定的比例。

（2）关键绩效考核指标（KPI）方法

关键绩效指标是选择能够反映员工主要工作业绩的指标来对员工进行考

核，如果所设的指标被考核者很容易达到，没有起到促进和绩效提升的作用，考核指标的设计就没有意义，也就不是关键绩效指标考核方法。关键绩效指标的特征是可考核性和具有激励性，指标必须是能够量化的，如果难以量化也必须是行为化的。

（3）平衡记分卡

平衡记分卡是使用财务指标、顾客指标、内部业务流程指标和学习成长指标来反映员工和组织绩效的比较全面的考核指标体系。这四方面的指标虽然各自有特定的评价对象，但彼此之间存在着密切的联系，共同构筑了一个完整的评价体系。

（4）强制分布法

强制分布法是指在对员工进行考核时，将员工按一定比例归到事先定好的不同种类中。比如说，按照绩效把员工划分为五个档次，每个档次员工数目比例设定；杰出（5%）、优秀（20%）、良好（40%）、及格（30%）、较差（5%），对不同档次的员工，组织采取不同的处理方式。

需要说明的是每一种方法并不是单独使用的，针对不同考核对象多种方法结合使用效果更好。

农业技术推广在提高农民素质，增加农民收入、提高农业科技成果的转化率等方面具有着重要作用。农业技术推广的效率关系着农业科技成果转化为现实生产力的速率。农业技术推广人员是农技推广体系中的核心。因此，加强农业技术推广人员的绩效管理，提高农技推广人员工作效率至关重要。

2.4　系统理论

系统论是研究系统的一般模式、结构和规律的一门新兴科学。1952 年，美籍奥地利人、理论生物学家贝塔朗菲（L. Von. Bertalanffy）在发表的《抗体系统论》一书中首次提出了系统论的思想；1968 年贝塔朗菲发表的专著《一般系统理论基础、发展和应用》（《GeneralSystemTheory；Foundations，Development，Applications》，确立了这门科学学术地位。系统论一般认为，系统是由若干要素以一定结构形式联结构成的具有某种功能的有机整体，包含了要素与要素、要素与系统、系统与环境三方面的关系。

2.4.1 系统优化理论

系统是指由两个或两个以上相互联系、相互作用的要素组成，在一定环境中，具有特定功能的有机整体。在自然界和人类社会中，一切事物都是以系统的形式存在的，任何事物都可以看作是一个系统。系统原理的基本思想是世界上的任何事物，无论部门、单位或个人都不是孤立的，都处在一个特定的系统之内，和其他要素发生相互作用；同时又在自己系统之内，与其他系统发生相互影响，相互制约的联系。系统优化原理就是指在系统分析的基础上，针对系统要素之间的相互关系及要素与系统之间的关系以整体为主进行协调，局部服从整体，追求整体优化效应。总之，系统要素的优化组合目的就是使整个系统产生更大功能，追求管理系统的最优。

从系统优化的实质来说，就是放大被管理系统的功效，即系统的功能不等于要素功能的简单相加，而是往往要大于各个部分功能的总和，即 $1 + 1 > 2$，简言之，和的功能大于功能的和。总体功能的产生是一种质变，它的功能大大超过了各个部分功能的总和。因此，系统要素的功能必须服从系统的整体功能，否则，就要削弱整体功能，从而也就失去了系统功能的作用。

2.4.2 耗散结构理论

耗散结构理论是由比利时物理学家伊里亚·普利高津（Ilya Prigogine）教授，在其本书《结构、耗散和生命》中首次提出。该理论认为，一个远离平衡态的开放系统通过不断地与外界进行物质、能量、信息的交换运动，当外界环境的条件变化达到一定域值时，系统会自发从无序状态转变为一种在时间上、空间上或功能上的有序状态，在外界条件继续变化时，系统仍会保持一系列新的有序状态。这些需要耗散物质、能量或信息才能维持有序状态的结构就是耗散结构。

耗散结构理论认为，系统的开放性是形成耗散结构的必要条件。所谓的开放系统就是与外界环境自由地进行物质、能量或信息交换的系统[55]。根据热力学第二定律，一个封闭或孤立的熵要随时间增大直至极大值，此时对应最无序的平衡态，也就是说孤立系统不会出现耗散结构。而开放系统可以使系统从外界引入足够强的负熵流来抵消系统本身的熵产生而使系统减少或不变，从而使系统进入或维持相对有序的状态。

耗散结构理论认为，远离平衡态是形成系统进化的必要条件之一，相对应的平衡态是孤立系统经过无限长时间后稳定存在的一种最均匀无序的状态，系统的这种超稳定的平衡状态是"死寂"的，系统是不能够进化或发展的。系统只有远离平衡态，处于不稳定的状态中，系统才有可能演化为有序结构[56]，出现进化、发展的状态。

耗散结构理论认为，非线性作用是新的有序结构形成并得以保持的有力条件。系统在线性的相互作用下是不会远离平衡态的，只能在近平衡态徘徊，要使系统远离平衡状态，系统内部的各要素必须是非线性相互作用。所谓非线性作用，就是指不具备均匀性和叠加性的作用。系统要形成新结构，构成系统的各要素之间既不能是各自孤立的，也不能仅仅是简单的线性关系，只有它们之间存在非线性的相互联系和作用，才能产生复杂的相干效应和协同动作，进而形成区别于原有系统结构的新的有序结构。

耗散结构理论认为，涨落是诱发系统进入有序状态的重要机制。涨落是指系统中某个变量或行为对平均值所发生的偏离。按照耗散结构理论，涨落是耗散结构形成的"种子"和动力学因素，达到或超过一定阈值的有效性"巨涨落"，是使系统形成新结构的关键。当系统中的涨落运动所引起的扰动和振荡达到或超过一定的阈值，就会破坏原有系统的结构，从而为出现新的有序结构提供可能。

2.4.3 协同理论

协同理论（synergetics）亦称"协同学"或"协和学"，是20世纪70年代以来在多学科研究基础上逐渐形成和发展起来的一门新兴学科，是系统科学的重要分支理论。其创立者是德国著名物理学家哈肯（H·Haken）。

协同理论认为，千差万别的系统，尽管其属性不同，但在整个环境中，各个系统间存在着相互影响而又相互合作的关系。如不同单位间的相互配合与协作、部门间关系的协调、企业间相互竞争的作用以及系统中的相互干扰和制约等，这些通常的社会现象也包含其中。协同论指出，大量子系统组成的系统，在外参量的驱动下和在子系统之间的相互作用和协作下，以自组织的方式在宏观尺度上形成时间、空间或功能有序结构的条件、特点及其演化规律。

在协同理论中，哈肯描述了临界点附近的行为，阐述了慢变量支配原则和序参量概念。哈肯认为，事物的演化是受序参量控制的，演化的最终结构和有序程度决定于序参量。当系统逐渐接近于发生显著质变的临界点时，变化慢的状态参量的数目就会越来越少，有时只有少数几个或甚至一个。这些为数不多的慢变化参量就完全确定了系统的宏观行为，并且能够表征系统的有序程度（序参量）。那些为数众多的变化快的状态参量就由序参量支配，并可将它们消去。协同理论揭示了物态变化的普遍程式——"旧结构不稳定性新结构"，即随机"力"和决定论性"力"之间的相互作用，把系统从旧的状态驱动到新组态，并且确定应实现的那个新组态。由于协同论将其研究领域扩展到许多学科，并且试图对似乎完全不同的学科之间增进"相互了解"和"相互促进"，无疑，协同论就成为软科学研究的重要工具和方法。

耗散结构理论和协同理论具有如下理论共同点：一是只能在远离平衡的开放系统中，即与外界环境存在着大量的物质和能量交换的情况下，在内部结构协同作用下，当表征该系统的某一物理量达到某个特定阈值时，才能形成"活"的高度稳定有序的耗散结构。二是在远离平衡的开放系统中，由于系统要维持与外界不断交换物质和能量，可能形成一种负熵流，从而产生一种促进系统内部各子系统相互间更好协同作用的力量。三是系统内各子系统之间，总是存在协同作用力的。协同力为正时，可促进系统内部各系统之间的协同作用；协同力为负时，会破坏系统中子系统间的协同作用，造成系统混乱或无序。要使系统中协同与竞争自觉地发生积极影响，推动系统的深化发展，就必须使系统处于开放状态[57]。

农业技术推广是一个长期过程，符合系统论的观点。农业技术推广系统是由推广子系统（农业技术推广机构或推广人员）和目标子系统（农民）组成，是一个开放的系统，可以随时与外界进行物质、能量以及信息的交换。对于推广子系统来说，推广人员存在着年龄、知识结构老化，推广方式单一落后，推广内容滞后，推广机制不畅等（熵增加）一系列问题。因此要想保持一种有序的结构，就必须不断加强队伍自身建设，积极引进人才，并且使推广人员经常参加业务培训以更新知识，不断更新推广内容和推广手段，建立完善的推广机制和管理机制，保障系统的健康运行。对于目标子系统，推广人员只有不断地向农民提供新知识、新信息、新技术或者新产品（负熵流），才能使目标子系统保持有序结构。从系统生存和发展的角度看，农业技术推广系统本身只有不断地根据自身变化和环境变化进行相应的变革，促使系统各要素重新组合变革，从而使其有序地发展，最终达到推广系统进化优化的目的。

第三章

国外农业技术推广体系及其经验借鉴

尽管不同国家对农业技术推广的理解和诠释有别，但内涵基本相同，即通过培训、指导、交流、咨询等非强制的科技活动，来帮助农民解决技术问题，从而达到全面提高农民素质、发展农村经济的目的。借鉴国外农业技术推广体系的成功经验，研究和探索市场经济条件下公益性和市场化农业技术推广协调运行的组织机构、运行机制、方式和途径，对于改革和完善我国农业技术推广体系具有重要意义。

3.1 美国"三位一体"的农业推广体系

美国十分重视教育、科研和农业推广工作，经过长期实践，美国已经形成了一套有效的教育、科研、推广三结合的推广体系。

3.1.1 美国"三位一体"农业推广体系的组织机构、职责和推广内容

美国农业推广体系是政府领导下的，以州立大学农学院或赠地学院为主体的，农业教育、科研、推广三结合的一体化农业推广体系。美国的农业技术推广体系是一个立体结构，其组织机构由联邦农业部推广局、州立大学农学院或赠地学院、县级农业技术推广站及自愿服务人员等多方面组成，而且每个层次的农业技术推广机构都有适合其特点的组织结构模式。联邦政府——州——地方三级合作的农业推广体系，是一个庞大的全国协作网，包括了130多所农业大学，59个农业试验站、县级农业技术推广站，63家林学院，27家兽医学院，42所家庭消费院校，各县的所有专业人员、预备人员以及在合作推广人员训练和指导下的300万帮助推广农业技术的志愿服务人员[58]。

联邦农业部推广局是全国农业推广工作的管理机构和宣传教育机构，下设农业科学技术管理处、青年发展处、管理经营处、推广研究和培训处、家政

处、信息处、销售和应用科学处、经济发展和公共事业处等 8 个处，其主要职能是管理和领导全国农业推广工作，负责协调各州之间的关系；执行有关农业推广的法律和规章，指导联邦推广局推广经费的分配，指导各州推广教育部门制订和执行推广计划。联邦农业部推广局通过提供优质的信息服务、教育手段以及能够解决问题的合作推广项目等方式，确保整个推广体系的高效率。

各州的州立大学农学院或赠地学院（相当于中国的农学院），是美国推广体系的重要组成部分。州立大学农学院或赠地学院的农业推广中心是美国推广工作的州级管理机构，主要负责落实联邦政府和州政府之间的推广协议，州推广计划的制订和工作安排以及推广人员的调配、管理和培训指导，评估推广工作业绩，分配推广资金；协调州级农业推广、教学和农业试验站之间的关系，与农村社团建立和保持联系等。同时，要及时地向联邦推广局通报影响美国农业推广发展的信息。州农业推广中心的学科专家为州推广员，主要提供新的科学技术和情报信息服务，并负责培训县级推广员。美国州级农业推广组织上对州立大学农学院或赠地学院和农业部推广局负责，下对本州农场及公众负责，是美国合作推广体系的真正核心[59]。赠地学院教师既承担教学工作，又进行科研与推广工作，充分保证了教学、科研与推广的结合，其科学研究重点放在实用技术研究开发上。科研成果一旦经过试验和示范取得成功后，就立即向农民推广。赠地学院的农业试验站，既要从事研究，又要通过试验示范向农民推广新技术，以聘用的试验专家（这些专家同时受聘于试验站和推广中心）为纽带，加强与州推广中心的联系和协作。

县农业技术推广站是美国农业合作推广体系的基础，是联邦农业推广局和州农业推广中心在地方上的代理机构，一般设在县政府所在地。县推广站与农学院共同负责当地的农业推广工作。县推广员主要从事本县的推广工作，他们直接与农民接触，负责向当地农民介绍推广新的技术和信息，帮助农民改善经营管理及耕作方法、饲养方法等。

美国农业推广的内容包括农业技术、家政和 4H 俱乐部（旨在带领青少年参加一些于 head 大脑、heart 心灵、hang 操作能力和 health 健康有益的活动的农村青少年组织）三个部分。农业技术推广的主要对象是农村中的成年男子，通过举办农业科技讲座和短期培训班以及提供技术咨询，推广农业新品种和新技术。家政服务的主要对象是农村中成年妇女，通过家庭示范和家务咨询等方式向农村妇女推广饮食、营养、健康、编织、料理家务、美化环境等知识，以提高人们的生活质量。4H 俱乐部是农村青少年组织，通过与农村学校配合，向 20 岁以下的农村男女青少年推广有关农业科学知识，培养他们对农业科技和生产劳动的兴趣。随着美国农场规模的扩大、农业的发展，美国农业推广的内容和范围逐步拓宽，增加了包括农产品的市场营销，自然资源保护、利用和开发，农场管理，社区建设，资源综合利用等内容。

3.1.2 农业推广队伍建设

美国的农业推广人员分为三类：一类是推广工人和助手；一类是项目专家，其主要任务是教学或研究，在某些情况下身兼教学、研究和推广三种职责；一类是管理和监督者。美国对农业技术推广人员的素质有严格的要求，对农业技术推广人员的任用资格作了明确的规定，见表 3 - 1。同时还规定，农学院、高级农业职业学校毕业生有 3 年以上农业试验推广或农村指导服务经验者，需参加考试合格才能被录用。如果是农学院毕业，在过去 5 年中，有 3 年以上农业试验研究经验者或在过去 7 年中有农业科技推广或乡村指导工作 5 年以上的服务经验者可免试[60]。美国对农技推广人员实行分级管理，对不同职务的推广人员专业水平的要求不同，州以上的推广人员一般都是专家，拥有较高的学位，50% 以上为博士，其余多为硕士，少数为学士；县级推广员中，学士学位占 50%。美国县级推广员受州立农学院领导，并以联邦农业部和州立农学院工作人员的身份，在全县范围内开展工作。这些推广人员的罢免，均需取得州立农学院和农民团体的同意[60]。

表 3 – 1　美国县级农业科技推广人员的任用资格

Table III – I appointment qualification of

county – level agricultural extension workers in USA

项目	要求
背景	1. 乡村经济 2. 农场经营经验，家庭管理经验 3. 教学经验 4. 机关服务经验
训练	1. 农学院毕业 2. 进修农业科技推广有关课程 3. 其他有关技能
特征	1. 教育能力 2. 计划能力 3. 知识与领导能力 4. 同情心 5. 独立思考与系统的想法 6. 表达能力 7. 与人相处的技巧 8. 热诚 9. 诚实与勇敢 10. 完美与独立的人格

　　资料来源：黄天柱，中国农业科技推广体系改革与创新

3.1.3　推广经费来源及使用

　　教育、科研与农业推广三结合的推广体系，有效地保证了美国农业有条不紊的迅速发展。美国每年用于农业推广的经费约 10 亿美元，联邦政府提供的资金占 20% ~ 25%、各州提供的相应资金占 50%、地方或私人投资占 20% ~ 25%。另外，还有以实物形式的捐赠等。按照《史密斯—利弗联邦推广法》确定联邦资金的分配和使用原则，即根据每个州的农村人口占全国农村总人口的比例进行分配。为了提高资金使用效率，法案指出，如果浪费或滥用资金，则停止拨付，并由其他有关州取代。法案中详细规定了资金不能用于购置、建筑、维护或修理任何建筑物或建筑群，购置或租赁土地等。

3.1.4　农业推广立法

　　美国的农业推广体制是运用法律、法规形式逐步固定形成的科研、教育与农业推广三者紧密结合的一体化农业推广体制。在长期的发展过程中，通过农业推广立法，不断制定新的法案或修正案，巩固并推动了农业推广事业的发展。1862 年，美国国会通过了《莫里哀赠地学院法》，规定：拨给各州一定面积的联邦公有土地，通过拍卖公有土地筹集资金，目的是为了在每州至少成立或维持一所开设农业和机械课程的州立农学院，负责本州的农业教学、科研和

推广工作。该法案促进了农业教育的普及，为广大农村青年提供了受教育的机会。1887年通过的《哈奇农业试验站法》中规定：为了获取和传播有价值的农业信息，促进农业科学研究，由联邦政府和州政府拨款，每个州都要建立一个由赠地学院领导的农业试验站。该法律密切了教学和科研的关系，标志着农业技术推广制度的初步形成，促进了美国农牧业学科及相关学科的发展。1914年的通过《史密斯—利弗联邦推广法》，奠定了美国农业推广的基础。该法案规定：由联邦政府和各州县共同出资，建立合作推广服务体系，推广服务工作由农业部和农学院合作领导，以农学院为主，从而形成了美国赠地学院教学、科学试验和农业推广三位一体的农业技术推广体系。

3.1.5 经验总结

一是健全农业社会化服务体系，从农民的利益和全社会的效益出发，为农民和消费者提供良好的信息及技术服务。

二是推广经费多渠道筹集，加强经费使用监管。

三是明确推广人员职责，提高专业化程度。

四是科研、教育、推广三者密切协作，形成庞大的、协调运行的技术传递网络。

五是推广内容丰富，涉及农业、农村、农民和青少年相关知识、信息和技术。

3.2 日本的协同农业普及事业

日本的农业推广事业主要通过政府的农业改良普及事业和农协进行。政府的农业改良普及事业是由中央和都、道、府、县在技术、资金、物资、政策等方面协调统一建立推广体系，并作为双方的共同事业予以推进和实施，因此被称为协同农业普及事业。这部分推广力量在农业推广中处于主导地位，和农协一起，成为连接农业科研机构与农户间的桥梁和纽带。日本协同农业普及对日本农业生产改良、农业技术推广和农民生活改善等方面，起着积极作用，推动了日本农业的发展。

3.2.1 农业推广机构设置

日本协同农业普及体系包括政府的农业普及体系、农协营农指导体系及农業企业咨询服务体系三部分。

政府协同农业普及体系包括农林水产省农业普及机构、地方普及事业机构和区域农业改良普及中心，见图3-1。

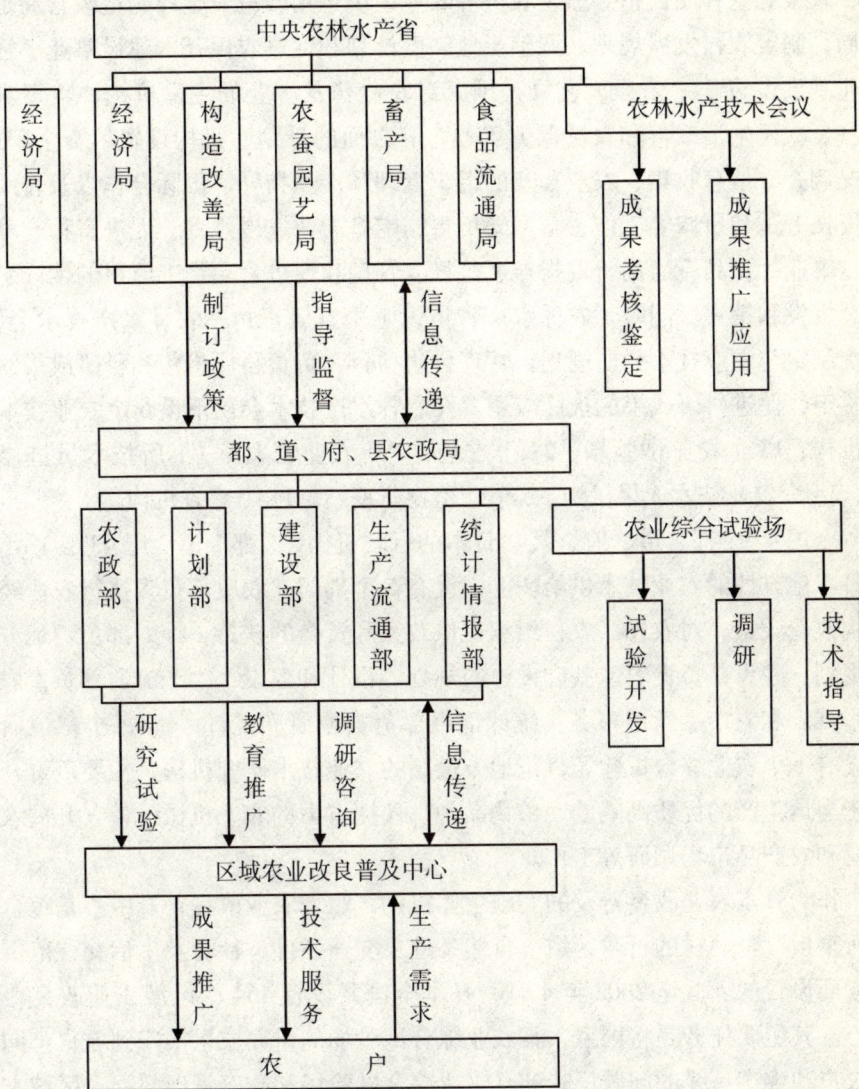

图3-1 日本政府协同农业普及体系运行机制

Fig. Ⅲ-Ⅰ operational mechanism of government collaborative agricultural popularization in Japan

中央农林水产省，内设1个大臣官房（相当于办公厅）和5个事务管理局。经济局负责管理农业现代化政策资金，审核和支付政策补助金、政策贷款、政策利息补贴，指导监督农协等农业组织运用政策资金；构造改善局是执行局，制定农村发展规划、调整土地制度计划和促进农田基本建设事业、管理农业基础设施[61]；农蚕园艺局是国家对农业普及事业的主管机构，负责农业改良、农民生活改善和农村青少年教育等方面的计划、机构设置、资金管理、情况调查、信息收集、农业普及的组织管理和活动指导、国际合作以及普及员的资格考试和研修等工作；畜产局负责制定畜产业发展规划，促进畜种、草场改良事业；食品流通局负责指导、监督、管理和促进食品加工原料的生产、流通、批发和销售。同时，农林水产省下设1个直属机构——农林水产技术会议，负责制定与农业技术科研规划，管理科研项目，负责科研机构和科研成果的考核鉴定，促进科研成果的推广应用。在农林水产技术会议下设6个农业技术科研机构，13个农业试验场，27个农场，1所农业者大学，1所技术员进修学校，14个农业技术成果机构，5个动植物防疫站，11个审查机构。

全国47个都、道、府、县（日本的行政机构，1都1道2府43县）承担了日本地方性的农业技术供给职能，设有5个部门。农政部负责执行农业经营结构改造政策，对农民、农村组织提供政策和资金的扶持；计划部负责地方发展规划；建设部负责农业基础设施的规划、设计和建设；生产流通部负责农业技术推广和农产品营销事务；统计情报部负责调研和统计[61]。每个都道府县都设有1个农业综合试验场，是地方最高的农业技术研究机构，主要负责开发适于当地生产的优质高效的动植物品种、便捷省力的农业机械设备，开展农户经营和农产品市场调研等工作。

作为日本农业改良普及的实施主体机构，区域农业改良普及中心是综合考虑所辖市、町、村的行政区域、自然条件、交通条件、社会及生活交往范围等因素而设置的。截至2002年4月，日本全国共设置464个区域农业改良普及中心。其主要任务是将国家、县农业综合试验场的研究成果推广到农户，同时将农户和生产一线的问题反映到县农业综合试验场和政府管理部门。区域农业改良中心的工作重点是落实技术供给政策，根据不同农村的地区特性进行指导、定期提出说明农业经营及农家生活改善情况的工作报告等。

日本的"农业协同组合"（农协），是依据1947年公布的《农业协同组合法》而成立的自主性的农民合作组织，主要从事与农业技术和经营改善有关的教育活动及制订农村文化和生活改善的相关措施等。

　　农协的全国性组织，是农协机构中的最高形态，它既是全国农协的指导和管理单位，又是面向全国的综合性服务机构，协助政府进行农业政策的研究和制定，负责农协的指导、调解、监察、提供信息等工作，开展对农协工作人员的业务教育和培训活动，向行政部门提出建议等。农协的县一级组织，在机构设置上基本上与全国性机构相对应，主要任务是对各基层农协进行指导和监督。农协的基层组织，是指导农民生产和经营管理的实体，其主要任务是制定全年农业生产计划，进行农产品的储运和销售，指导农户农业生产经营，为农户提供生产资料和生活资料。日本农协设有营农指导员，与政府机构的农业改良普及中心配合，分片深入到农户，进行农业技术、农业经营管理、生活改善的指导，是日本农业改良普及事业的一支重要力量。

3.2.2　农业推广队伍建设

　　在政府推广系统内，资深精干的专门技术员队伍和受过专门培训经考试择优录用的改良普及员群体是日本协同普及事业的中坚力量，他们都是都道府县的公务员。截止2004年4月底，全国共有区域农业改良推广中心447个，专门技术员约600人，改良普及员8765人[60]。改良普及员直接与农民接触，从事农业及农家生活改善等技术、知识的普及指导工作。专门技术员是更高层次的普及人员，他们的主要任务是与科研部门保持密切联系，开展调研活动、培训和指导改良普及员。

　　日本农业普及人员有较高素质，专门技术员和改良普及员都必须具备一定资格。在《农业改良助长法》中，明文规定了两者的任用资格及考试办法，并指出"如果不是具有政令资格的人，不得录用为专门技术员或改良普及员"。有关部门重新制订了普及员资格考试方案，考试难度加大，并且明确规定不同学历者要有相应年份的实践工作经验。专门技术员资格考试由农林水产省负责组织，报名者需具备10～15年推广工作经历。普及员资格考试由都道府县农村部组织，报名者需农业大学毕业或具备同等学历水平者。在严把农技推广人员的任用同时，还加强了培训工作。如以新参加工作的改良普及员，新上任的普及中心领导、生活领导等为对象的职务培训；以提高农业技术普及活动效果为目的的技术提高培训；以学习新知识、新技术为目的的新技术培训。对改良普及员的培训主要包括：农业生产技术、经营管理知识、组织和计划能力、综合指导能力和普及活动管理能力等。由于农业普及员的工作环境相对较差，为了稳定普及队伍，政府建立了正常的普及员与农业行政、研究、教育等部门的人事交流制度，并对普及员设立了普及岗位津贴制度。改良普及员的月"普及津贴"数额为工资的 12%，专门技术员月津贴为工资的 8%。而且，在新的《农业改良助长法》中取消了普及员津贴上限，各地可根据本地实际情况自主确定津贴比例。同时，政府还严格规定，禁止让普及员从事与普及活动无关的其他工作。这样，既调动了普及人员工作积极性，也保证了普及工作的有效实施。

农协营农指导体系在人员任用上，不论是一般职员、营农技术员还是生活指导员，都必须经过都、道、府、县中央会的考试合格后才可任用。营农指导员的培训，由都、道、府、县中央会和经济连具体负责。主要培训指导事业方针、农业振兴方案、栽培管理作业技术、农机操作技术、调查分析和计划能力、经营和流通方面的实务和理论知识等内容。

3.2.3　农业推广经费及应用

根据《农业改良助长法》的规定，日本农业改良普及事业的经费，由国家和地方共同负担。全国每年普及经费约 750 亿日元（约合 6.3 亿美元），国家农林水产省约负担其中的 50%，余下由都道府县负担。国家通过有关国税税种征收的财政收入，每年根据各地区的农业人口数、耕地面积和农业情况，拨给一定的"交付金"给各地用于农业普及事业。这些固定普及经费由县级单位使用到普及员工资，普及中心及职员的日常活动，县农业者大学、普及员的培训及培养基层干部、所需仪器设备等。除此之外，中央还补助各县一定的特殊业务所需要的经费。相应的，地方再根据自己的情况，给予一定比例的配套经费，一般不低于国家交付金数额的经费，主要用于其他各项普及事业的经费支出。

农协营农指导的经费，不同地区、不同规模的农协，费用不同。但经费来源基本相同，主要来自于地方公共团体和上级农协、会费收入，其他事业盈利收入（盈利收入占 50% 以上）等，主要用于组织活动、营农改善、文化生活、教育、农业政策等。

3.2.4　农业推广立法

为了保证农业推广事业持续、健康地发展，日本于 1948 年 7 月颁布了

《农业改良助长法》，并在长期实践中逐步完善，从而为农业推广提供了法律保障。为了使《农业改良助长法》顺利实施，1952 年颁布了《农业改良助长法施行令》并在以后实施中进行了六次修改补充。为了改善农业经营和农民生活以及培养农村青少年需要，发布了《农业改良资金援助法》（1950 年 5月）、《农业改良援助法的有关规定》（1950 年 6 月）。为了确保农业普及事业有计划运行，农林水产省根据《农业改良助长法》和各时期农业形势，每年制定一套《协同农业普及事业运行方针》，其主要内容包括普及指导课题、普及职员配置和培训管理，普及指导方法等。每年，各地结合当地实际，制定本地区的实施方针、年度计划，这些计划由改良普及所组织实施。

3.2.5　经验总结

一是加强农业技术推广队伍建设，如普及员的资格考试、教育培训、薪酬津贴制度等，都作了相应的规定。

二是完善农业技术供给立法，使农业技术推广体系运行良好。

三是充分发挥地方能动性，自主推进农业技术推广工作。

3.3　泰国农业技术推广体系

3.3.1　政府管理农业技术推广模式

泰国实行政府管理的农业技术推广体系，从中央到各府、县，各级都有农业推广管理组织，形成一套完整的推广体系。

3.3.1.1 中央农业推广局。泰国中央农业推广局下设 12 个处和 6 个大区推广办公室、省级推广办公室、专区推广办公室。负责农业技术普及与推广的中央级机构，隶属于农业部领导。其主要职能是向农民提供意见；推动农业知识和技术转化，帮助农民解决田间问题；促进农产品的生产；促进和鼓励农户建立农民机构和生产组织，并通过这些组织进行销售和收入的合理分配；协同部里的其他部门，在农场传播关于作物生产、畜牧、渔业和林业的技术知识；协同有关的政府和私人机构，促进农业朝着有利于农民和国家的方向发展。

3.3.1.2 大区农业推广办公室。全国共分 6 个大区（东北区、北部区、西部区、中部区、东部区、南部区），是中央政府的派出协调机构，每个大区的推广官员一般在 30 人左右。6 个大区均设有农业推广办公室，负责大区内各级农业推广办公室的工作协调。主要职能：研究和拟定农业推广计划，协调作物生产、农业贸易以及农民研究机构之间的各种关系；培训省级推广官员、技术人员及农民组织的领导；指导、支持和监督省级推广工作。在各大区设 1 个植保中心，每个植保中心管辖 4 ~ 6 个植保站，负责将病虫动态信息和防治技术措施传授给农民。

3.3.1.3 省级农业推广办公室。全国共有 76 个省级农业推广办公室，每省都设置农业推广办公室，推广官员一般为 20 人左右，受中央农业推广局和省政府的双重领导。主要职能：指导全省的推广工作；培训地区和小区推广官员；协同地区推广部门的工作。

3.3.1.4 区级农业推广办公室。全国共有农业推广办公室 802 个，负责区内各级农业推广办公室的工作，并负责培训农民，一般有 3 ~ 5 人。

3.3.1.5 亚区级农业推广办公室。一般设有 1 名农业推广员，隶属于区级农业推广办公室，对农民进行实地指导、定期访问、培训、咨询和提供帮助。

各级农业推广办公室有明细的全年工作日程，全年任务具体化，按每周、每日制定出工作内容和工作时间，然后由工作人员通过抽签的形式，明确每个人的工作任务和地点。国家和政府的厅、局经常直接派人到某一点上进行检查工作；县局本身对工作人员也随时考核检查，按工作日程进展情况衡量每个人的工作，推广工作人员定期回局或到府集训、汇报工作。

3.3.2 农业推广方法

从 1977 年开始改革旧体制，泰国不断总结和完善农业推广方法，大致经过了三个发展阶段：

第一阶段：1977 ~ 1983 年，引进并采用孟加拉国的"培训 + 访问法（TVS）"，即科研 + 推广 + 农户直线联系方式。通过访问和培训的方式，推广人员将从科研单位或机构获得的各级农业科研成果迅速有效地推广给农民及涉农企业，使其尽快发挥提高生产方面的经济效益。泰国农民很重视采用最新的农业科研成果，如泰国利用一些学科的学术年会举办各种展览，会上展出各种新品种、新农药、新机械、新型肥料、除草剂等各种农产品样本供与会者参观使用。每年举办一次"开耕节"，届时农学院各系的农场实验室、温室及畜牧场对外开放，并有专人进行现场讲解或示范。

第二阶段：1983 ~ 1993 年，全国投资了 25 亿多泰铢，改进孟加拉国式的"培训 + 访问法"为泰国式的"培训 + 访问"推广方法，即由上级推广部门进行每月 1 次、每次 2 周的农技推广人员培训，科研人员与农户直接见面，建立推广部门、科研人员和农户三者间的信息交流和反馈机制。推广人员不定期地召集农民开会传授科学技术，推广科研成果。农民生产中遇到技术和经营管理问题，可随时打电话向推广人员询问，或要求他们进行现场指导。推广人员有责任给以满足，不允许附加任何特权。推广人员每周有 3 天时间要巡回监测示范户或农民中心，通过做示范向农村农技员和农民传布信息。同时，泰国农业技术推广站还定期或不定期出版各种专业的科技资料和技术小册子，主要详细而具体地介绍该省、分区栽培水稻、玉米等适宜品种、播种时期、栽培技术、灌溉、植物保护、生物防治技术、土壤保护、机械装备及成套设备流水线等，用以指导各项农业生产。

第三阶段，从 1993 年开始，改进上述直线式为循环式推广。在该体系中，科研人员、推广人员、农民三者之间有机结合、互相关联，农民组织、社区、政府机构、非政府机构等积极参与。推广人员由单纯的"传译"作用上升到"指导"作用。泰国在农业推广工作中利用培训班和个别访问相结合的"双向交流"法，向农民传授先进的农业技术。为了确定推广人员所提出的农业问题是否就是当地农民真正存在的问题，泰国的推广部门强调"双向交流"，即推广人员一面把问题的基本内容传达给农民，同时又根据不同地区、不同类型农民所反映的"补充问题"进行区分和调整。将存在的问题分析明确之后，推广人员和专家讨论新技术推荐方案，即选出突破点。突破点应当是适于当时当地情况的关键性技术措施，它必须能增加农民的收入或减少农场的损失。然后，再通过当地的推广人员和科研人员讨论产生"完整的技术方案"。讨论时，邀请农民参加评议方案的实用性程度，有时吸取他们的某些生产经验。然后再把广泛征求过各方意见的推广方案发给基层推广部门。

3.3.3 农业推广实施策略

泰国的农业推广实施策略由农业部农业推广局制定并执行，经历了三个发展阶段：

第一阶段（1967～1975 年）：部门发展，依靠大型示范片或在省里举办竞赛、展览等形式推广技术。

第二阶段（1975～1977 年）：推广策略与国家政策相联系。这一阶段，泰国农业发展重点在于：增加稻谷生产以满足出口及国内消费的需要；通过促进土地利用，获得最大限度的投入产出效益来提高人们的生活水平；提高灌区的生产水平；政府贷款用于灌溉设施的建设等等。因此，泰国农业技术推广工作重点：通过任命农业推广员作为项目主任的方法以改进推广体系和方法；对农业推广员提供材料、设备方面的支持性服务；选择农民，对其进行农业知识的培训，使其将获得的知识传授给其他农民，以成为农业推广人员的帮手；为农民举办示范以便掌握最新技术。

第三阶段（1977年~）：增加农业推广员服务对象（农户）的比例，鼓励农业推广员去亚区级工作；改革行政管理体制，调整总部、省、区、亚区各级农业推广办公室之间的职能；改进农业推广例行公事式的日/时/地访问、示范片及田间试验方式；改进科研与推广之间的联系及协调，促进有关信息和研究成果的交流，共同解决农民的困难和问题；为农业推广人员提供交通工具、通讯设备、视听设备、住房及其他方面的支持服务；建立有效的机制来指导、监督、评估推广人员的成绩。

3.3.4 经验总结

一是体系完整，管理规范，农业推广工作有计划，有步骤，有监督。

二是建立有效的农技推广人员的指导、监督、评估机制。

三是适应生产需要，不断改进推广方法。

3.4 国外农业推广体系经验借鉴

借鉴美、日等发达国家和泰国等发展中国家的农业推广体系的经验，对于改革和完善我国农业推广体系具有重要的作用。

3.4.1 加强政府对农业推广体系的领导和支持

加强农业技术推广体系建设，是世界各国政府保护农业、实现工业反哺农业、关心农民利益的一种表现，是提高农业科技转化率和贡献率、增强农业竞争力的主要途径之一。美国、日本、泰国等国在推广机构建设、人员培养、立法等方面都有健全的制度，并在价格、信贷、物资供给等方面给予许多优惠政策。在财政支持上，日本农业技术推广体系主要依靠中央政府的财政支持中央与地方按照四六的比例承担全部的推广经费；美国的推广体系是以州级政府为主体，联邦、州、地方各自按照30：50：20的比例来承担推广费用。[62]。

对农业推广工作的领导和支持是政府的重要职责。多年来，我国政府也非常重视农业推广工作及推广体系的建设。但是目前我国的推广体系仍存在许多问题，亟待进一步改革与完善。因此，必须强化政府对农业推广的领导和支持作用，积极研究和探索市场经济条件下的农业技术推广体系的运行机制、方式和途径，增强服务意识和功能，逐步建立起一个有中国特色的、适合中国国情的、稳定高效的多元化农业技术推广体系。

3.4.2 农业推广内容多样化

随着经济发展和社会进步，世界各国农业推广体系所涵盖的业务范围十分广泛，功能定位更为全面，不仅涉及农业生产技术、生产经营管理、市场信息、农产品加工等生产经营领域，而且涉及家庭生活、卫生健康、法律、农村社区建设等农村文化、社会生活的方方面面。如美国农业推广包括农业科技服务、家政服务、4H青年服务、自然资源和农村地区开发方面的服务。日本农协，除传授技术外，还为农业生产提供资金、农用物资生产保险以及经营、产前、产后指导等服务。

目前，我国农业推广内容还很狭窄，主要集中在农业生产实用技术和农用生产资料的推广，提供给农户的各种服务有限，而旨在提高农民科学文化素质、改善农民生活质量、美化农村社区、保护环境资源等方面的推广内容更是微乎其微。

3.4.3 加强强制性的农业推广经费投入

发达国家以法律的形式规定了农业推广经费的投入，以保证农业推广的顺利进行。如1914年，美国《史密斯—利弗联邦推广法》规定，推广经费由联邦政府农业部、州政府、县政府合作承担，其中20%～25%经费由国家承担，50%经费由州政府承担，20%～25%经费由县政府承担，私人捐款仅占一小部分，从法律上保障了农业推广所需资金。日本的农业协同普及事业经费也是由中央政府和地方都道府县共同承担的，一部分为由中央政府拨付的固定金额的"交付金"，一部分为地方政府提供的补助经费，其余经费由县级承担。目前，日本推广经费中央与地方的支付比例为6：4。

目前，我国农业推广经费投入有限，投资渠道狭窄，因此，需要建立完善的农业推广法律，以法律形式确立各级政府的推广经费投入角色，积极鼓励企业投入与私人捐助等形式。

3.4.4　加强农业教育、科研、推广部门的协作

为使农业科技成果尽快转化为现实生产力，许多国家在实践中逐步形成一套适合自己国情的农业推广体系，其基本特点是教育、科研和推广三结合。如美国"三位一体"的农业推广体系是政府领导的，以州立大学农学院或赠地学院为主体的农业教育、科研、推广三结合一体化的农业推广体系。泰国成立专门的协调委员会，协调教育、科研、推广部门的关系。

目前，我国农业教育、科研、推广部门三者缺乏有效的协作，教育、科研部门只专注科学研究，不问科研成果是否推广；推广部门只关注推广技术，忽视推广的质量和效益。因此，应建立教育、科研、推广三者密切合作机制，以促进三者资源优化配置，效益达到最大化。

3.4.5　充分发挥农民合作经济组织等组织的农业推广作用

发达国家在发挥政府推广职能的同时，也充分发挥了农民合作经济组织和农业产业化龙头企业（涉农企业）的作用。日本的农业协同组合、法国的农业发展协会、荷兰的农协组织等，在农业推广体系中具有举足轻重的地位。同时，各国的农业企业（涉农企业）也在农业推广中发挥着重要作用，许多生产农业机械、农药、化肥和种子的公司，在推销产品的同时，向农民传授农业技术，加快了新产品和新技术的推广。如美国孟山都、先锋、嘉吉等大型企业集团，利用自己的技术优势，向农户推广良种、化肥和农药等，在推广技术的同时，增加企业收益。

目前，我国农民合作经济组织和龙头企业也逐渐地强化了其在农业技术推广过程中的作用发挥，但由于目前绝大多数农民合作经济组织和龙头企业还处在发展的初级阶段，组织结构松散，缺乏政府强有力的支持和指导，因此，我国政府应需要尽快建立一套规范、高效的运行机制、组织体系和保障制度，大力扶持、引导农民合作经济组织和龙头企业等市场组织，将其纳入正常有序的农业推广体系中来，以发挥它们在农业技术推广中的作用。

3.4.6　加强推广队伍专业化建设，建立完善的激励机制

科技成果的迅速转化需要一批高素质推广人员，发达国家都注重推广人员的素质问题。如美国的推广人员，绝大多数具有硕士学位。日本为了保证推广队伍的基本素质，实行严格的资格考试制度，规定只有取得一定资格的人员，才允许从事推广工作，并作为一种法律固定下来。

世界各国对从事农业推广的人员，在待遇、奖励等方面，制定了有关优惠政策，以鼓励和稳定他们从事农业推广工作。如日本对农业推广人员实行"普及津贴"制度，工资高于其他部门同等工作人员。日本的农业推广人员是地方公务员，享受公务员的同等工资待遇。泰国对农业推广人员提供材料、设备等多方面的支持性服务，解决农业推广人员的后顾之忧。

我国的农业推广部门，尤其是基层推广部门工作条件艰苦，待遇差，社会地位低，使得农业院校毕业生不愿到推广机构工作，基层推广队伍甚至出现"线断、网破、人散"的局面，一些有专长的推广人员被迫另谋出路。因此，我国政府应用法律形式固定财政拨款中用于农业推广人员的金额比例，保证推广人员的工资、津贴；同时，为推广人员提供优惠政策，通过严格的考核制度选拔优秀推广人员。

3.4.7 改进推广手段，提高推广效率

美国农业推广以引导启发为主，采取了自下而上的咨询推广，采用宣传培训、示范表演、印发资料、讲座、访问农民等推广方式，若遇到专门问题还要举行小组讲座、县级会议、区域性会议，旨在帮助人们运用科技知识解决实际问题。国家在各级推广机构都配有较先进的仪器和宣传教育设备。随着科学技术的迅猛发展及农业现代化水平的不断提高，农业越来越多地应用高新尖端技术，电视网、电子音像、电子计算机也被应用在农业推广中。美国、日本等国家，农业推广机构已形成全国性的计算机信息网络，从而使推广手段更加现代化、科学化，可以最大限度地满足农户对农业科技的需求。

我国目前广播电视等大众传播媒介，已成为部分农民获取技术信息的主要渠道，通过互联网实现信息的快速传递，已在一些农业大户中出现，这就要求农业推广部门要不断加强农业信息化的建设，提高农业推广的效率。

3.4.8 发展农村职业技术教育，不断提高农民素质

广大农民是农业生产的主力军，他们对农业科学技术的认识、接收和应用的能力与程度，直接关系到农业推广的效果和质量。日本农业教育的主要任务是培养农业接班人、经营者和技术指导员。在学校建设上，采取了各级政府、农业改良中心、农业团体、民间组织联合办学的机制，对青年农民开展短期教育培训，鼓励青年农民不断提高自身知识水平。泰国对农民的培训略府农业推广部门组织进行，通常一轮培训时间为 5 天，共 30 课时，培训地点一般安排

在各府下属的培训基地，培训采用课堂教学和田间实践相结合的方式。

为了使先进科技完整而有效地推广到千千万万个农业劳动者的生产实践中，尽快改变农村劳动力素质普遍低下的状况，必须十分重视和加强农村职业教育工作。

3.4.9 不断完善农业推广立法

美国、日本等国家，都有农业推广的立法，并在实践中不断加以完善。日本的《农业改良普及法》自颁布至今，已做过八次大的修改，最近一次修改是在 1994 年，通过实践不断地加以完善。

我国的《中华人民共和国农业技术推广法》自 1993 年颁布以来，不断出现如政策性、机制性及关联性等新问题和新情况。由于出台该法时仓促，对许多重要问题只做了原则性规定，实施主体不明确，可操作性不强，在现实执行中往往有法难依；关于农业技术商品化问题，更没有涉及。因此，需要尽快修订该法律，并制定农业推广管理条例和实施细则。同时，要加大执法监察力度，真正作到有法必依、执法必严和违法必究，把农业推广工作落到实处。

第四章

农业技术推广体系建设的历史与现状

4.1 中国农业技术推广体系建设的历史与现状

农业技术推广活动是伴随农业生产活动而发生发展起来的一项专门活动，在中国有着悠久的历史和演变过程，大致可以分为以下几个阶段：

4.1.1 中国农业技术推广体系建设的历史与现状

4.1.1.1 古代农业推广活动

相传开创于神农时代的"教稼"，具有推广的含义。"稼"指种植谷物，"教稼"就是指导人们种植谷物。当时，教稼的内容十分简单，主要是传播粗放的烧荒、垦荒种植技术和原始驯养技术。农业知识与技术经验的传播扩散主要是通过部落内部人们的共同劳动与集体生活，以观察、模仿、言传身教等方式世代传习；同时也通过各部落间的迁移、接触或争战，以相互影响、仿效的方式进行波浪式的传播。直到4000年前的尧舜时代，原始农业阶段的教稼，才由自发传播转向自觉推广，并开始逐步形成行政推广体制。自汉初开始采取的劝农政策，在继续保持教导稼穑之外，更加强调以行政手段劝勉农桑，以贯彻进行农本治国的政策。我国现存最古老的农书为西汉初年的《氾胜之书》，书中详细讲述了种子穗选的方法，是我国早期农业推广的重要内容和范例。11世纪初，"推广"一词开始用于我国农业活动。元朝政府编写了《农桑辑要》一书，注重农业生产。明清时期出现了不少农业推广者。如明末清初的陈振龙家族，康乾时期的杨屾等。

4.1.1.2 清末至新中国成立以前的农业推广活动

当西方国家进入资本主义社会时，我国仍停滞于封建社会，鸦片战争后逐步沦为半殖民地半封建社会。在这种背景下，19世纪末期，清政府先后颁布一系列兴办学堂章程，兴办农业教育，旨在培养农业技术和推广人才。1902

年在河北保定建立了综合性的直隶农事试验场；1906 年在北京创立了我国第一个国家级农业科研机构——中央农事试验场；1909 年创建了我国第一所专业性农业科研机构——上海育蚕试验场。历经曲折发展，我国农业科研体系逐步形成，并在培育良种、改良农具、改进生产技术方面取得重要成果。民国政府成立以后，为了促进农业发展，制定和公布了一系列有关农业推广的法规，建立各级农业推广机构。如 1929 年 1 月由农矿、内政、教育三部共同颁布了我国最早的农业推广基本法规《农业推广规程》。《农业推广规程》中指出，农业推广业务包括优良农作物种子、种苗、树苗、种畜、鱼苗等推广及栽培与饲养指导，土壤肥料改良、农机具、植物病虫害及禽畜疫病等十六项技术指导与推广业务。同时，规定由农政主管机关负责种子、种苗、种畜之推广及植物病虫害与家畜疫病防治所用农药、兽药等项推广，由行政院农业委员会会同教育部、内政部监督农业技术推广业务活动。1929 年 3 月国民党第三次全国代表大会上通过"中华民国之教育宗旨及设施方针案"，其中规定了农业推广须由农业机关积极实施。1930 年国民党政府通过了《省农业推广委员会组织纲要》《农业专科以上学校推广组织纲要》《模范农业推广区组织章程》等法律法规。1932 年，国民党政府在南京设立中央农业实验所，下设农艺、园艺、森林、畜牧、兽医、蚕桑等系。从 20 世纪 20 年代末至 40 年代，实业部所属中央农业推广委员会总管全国农业推广。同时，在部分省份陆续建立省农业推广会（处、站、所），在少数县建立县级农业推广所或县农业改良场，从而形成了一个全国性的推广组织系统网，以中央、省、县以至区乡各级农业推广委员会作为主管机关，由农科大学、实验所、试验场形成的实验研究系统提供推广材料，由农业学校、推广实验区、乡村农会直接实施农业推广示范。从横向而言，农业推广与行政界、金融界、教育界、实业界以及国际农学界等保持联络和获得支持[63]。但由于历年战乱，民不聊生，推广体制混乱，推广人员少、经验不足，加之经费缺乏，推广工作成效不大。

4.1.1.3 新中国成立以来的农业推广活动

（1）形成期（20 世纪 50 年代初—50 年代末）

1951 年国家首先在东北、华北地区试办农业技术推广站。1953 年，农业部颁布了《农业技术推广方案》（草案），要求各级政府设立专业机构，配备专职人员，逐步建立起以农场为中心、互助组为基础、劳模和技术员为骨干的技术推广网，提出了《关于充实农业机构，加强农业技术指导的意见》，规定在区一级设立技术推广站，开展农业技术指导。1954 年农业部正式颁布《农业技术推广站工作条例》和《关于农业技术推广站工作的指示》，对农业技术推广站的性质和任务等做了具体规定。到 1954 年底，全国已建立农业技术推广站 4549 个，配备干部 32740 个，涉及全国 55% 的县和 10% 的区。这些工作方案和条件的制定与实施，极大地促进了农业生产的发展，全国粮食总产量由 1950 年的 11318 万吨上升到 1956 年的 19274.5 万吨。到 1957 年，全国共建农技站 13669 个，有农技人员 9.5 万人[64]，初步形成了中央、省、县、乡四级以技术推广、植物保护和良种繁育为主要功能的农业技术推广体系。

在建立各级农技站的同时，政府农业主管部门也开始进行职能部门的建设。1950 年在农业部内设立了土壤肥料局（简称土肥局）、植物保护局（简称植保局）。在土肥局内设立了土地勘测设计院和有关业务处，开展了耕地调查等相关业务。农业部于 1951 年成立病虫防治司，成立之初就提出了全国病虫测报站建设规划，并开展了植物检疫工作。1955～1956 年国务院三次发文，批准在 27 个省、区、市建立了植物检疫站，在 115 个重点地区建立了基层植物检疫站。1957 年，经国务院同意，农业部印发了《国内植物检疫试行办法》。1956 年，农业部合并种子业务，成立种子管理局，实行行政、技术、经营三位一体的管理体制，有计划地开展了农作物新品种的区域试验和生产试验，并指导全国各地陆续建立了农作物良种示范繁殖场 2000 多处，耕地面积 13.33 多万公顷。到 20 世纪 50 年代末，已初步形成以县良种场为骨干，公社良种场为桥梁，生产队种子田为基础的良种繁育网。

（2）低谷期（20 世纪 60 年代初—1978 年十一届三中全会）

这一时期，中国农业技术推广体系先后遭受了两次大冲击。

第一次冲击是"三年自然灾害"期间。随着农业集体化的发展和人民公社的普遍建立，乡农业技术推广站改为人民公社农业技术推广站。受"共产风"冲击和"三年自然灾害"影响，一些地方农业技术人员被下放回乡，农技推广体系基本解体，致使 1960 年粮食总产量下降至 14350 万吨，不及 1951 年水平。党和政府及时调整、充实、加强了农业技术推广工作，1961 年 12 月农业部在全国农业工作会议上提出了整顿三站（农技站、种子站、畜牧兽医站）的意见，开始在县级建立、恢复农业技术推广站，隶属县农业局领导。1962 年底，农业部又下发了《关于充实农业技术推广站、加强农业技术推广工作的指示》，对农技站的任务、工作方法、人员配备、生活待遇、奖励制度以及领导关系等又再次作了明确规定。根据农业生产发展的需要，很多县在农业技术推广站的基础上发展形成了植保站、土肥站、种子站（种子公司）等专业技术站。这些专业技术站在指导公社农技站、推广新技术成果、培训乡村干部、传播农业技术、进行农情监测等方面发挥了重要作用。1965 年，全国粮食总产量达到 19453 万吨，比 1962 年增长了 36%；1967 年粮食总产量增至 21782 万吨。

第二次冲击是"文化大革命"期间。极"左"思潮对农技推广工作冲击很大，农技推广工作被迫中断，直至 1972 年再次兴起。1969 年湖南省华容县开始创办县办农科所、公社办农科站、大队办农科队、小队办实验小组的"四级农业科学试验网"，即"四级农科网"。1974 年 10 月，经国务院批准，农林部和中国科学院在湖南省华容县召开了现场会，大大推动了"四级农科网"的建设，到 1975 年，全国"四级农科网"达 1100 多万人[64]，但由于受"左"的思想影响，工作中出现了一些形式主义和脱离实际的倾向。

（3）恢复发展期（1979 年—20 世纪 90 年代中期）

这个时期的主要特点是：农技推广适应农村家庭承包经营体制和农业农村经济发展需要，建立了相应的推广体系，实现了恢复发展，并逐步形成了以国家扶持与自我发展、有偿服务与无偿服务相结合的机制[65]。1979 年农村改革，人民公社开始解体，此时农技推广体系又出现了"线断"。为了探索新形势下的农技推广体系的框架，农牧渔业部 1979 年率先在 29 个县试办了农业技术推广中心。农技推广中心在组织上把种植业各专业站合并在一起，在功能上将试验、示范、培训指导、推广结合起来，以发挥整体优势。1982 年中央一号文件决定办好县一级推广机构，标志着我国农技推广体系进入了一个新的发展时期。

1982 年，在国家行政机关改革中，为了加强农技推广工作，农牧渔业部组建了全国农业技术推广总站，将原来的植保局转变为事业性质的全国植物保护总站；将种子局转变为全国种子总站并与中国种子公司合署办公，1987 年又将全国种子总站与中国种子公司分开；1986 年，组建了全国土肥总站。各省、市、县农业部门也相应建立了专业站。因此，到 20 世纪 80 年代中后期，在种植业范围内基本建立了种子、植保、土肥和综合技术推广四个专业的技术推广体系。1983 年，中央 1 号文件明确指出："农业技术人员除工资收入外，允许他们同经济组织签订承包合同，在增产部分中按一定比例分红。"1983

年，农牧渔业部颁发《农业技术推广条例》（试行），对农技推广工作的机构、任务、编制、队伍、设备、经费和奖惩做了具体规定。1984 年，农牧渔业部颁发了《农业技术承包责任制试行条例》，号召广大农技人员深入基层，深入农村开展技术服务，技术承包活动，促进技术成果的转化，促进科技兴农，粮食总产量由 1978 年的 3 亿吨上升至 1984 年的 4 亿吨。

1985 年颁布的《中共中央关于科学技术体制改革的决定》中提出："要推行联系经济效益计算报酬的技术责任制或收取技术服务费的办法，技术推广机构可以兴办企业型经营实体。"1987 年 4 月，农牧渔业部颁布《关于建设农业技术推广中心的若干决定》后，县农技推广中心迅速发展，在全国形成了以县级农业技术推广机构为中枢、乡级农技推广为纽带、村一级技术服务小组为基层的推广网络。1989 年，国务院发布了《关于依靠技术进步振兴农业加强农业技术成果推广工作的决定》，为农技推广体系的改革和发展起到了很大的作用。到 1991 年，全国种植业系统共有技术推广机构 59501 个，推广人员 32.77 万人[64]。此后，技物结合、系列化服务在全国兴起。

在 20 世纪 80 年代末期，随着计划经济向市场经济的转变，农业推广体系又出现了一次挫折，出现了"断奶"、"网破"、"线断"、"人散"的局面。党和政府及时总结了历史经验教训，国务院于 1991 年 10 月 28 日下发了《国务院关于加强农业社会化服务体系建设的通知》（国发〔1991〕59 号）。之后，党中央、国务院、农业部又下发了一系列文件，对农口"五站"进行了"三定"（定性、定编、定员）工作。1992 年 1 月 3 日，国家农业部、国家人事部联合下发《关于颁布＜乡镇农业技术推广机构人员编制标准（试行）的通知＞》，重新颁布了乡镇农业技术推广、乡镇畜牧兽医、农业机械管理、农村合作经济经营管理、水产等机构的人员编制标准，为充实乡镇推广队伍提供了政策依据。1993 年，农业部、林业部、水利部、人事部、国家计委、财政部联合下发的《关于稳定农业技术推广体系的通知》中指出，乡镇农业技术推广机构的管理应坚持条块结合、双重领导的体制，并分清县、乡两级政府的管理职责。1993 年 7 月，国家颁布了《中华人民共和国农业技术推广法》，对推广工作的原则、推广体系的职责、推广工作的规范和国家对推广工作的保障机制等重大问题做出了原则规定。这部法律的出台使农业技术推广有了法的依据。1995 年 8 月，农业部将全国农业技术推广总站、全国植物保护总站、全国土壤肥料总站、全国种子总站合并，组建了全国农业技术推广服务中心，使其成为全国种植业技术推广的龙头。至此，我国已形成了全国农技推广服务中心、省级农技推广总站、县级农技推广中心、乡（镇）农技推广站的完整的农技推广体系。

（4）调整重构期（20世纪90年代中期至今）

自20世纪90年代中期，农技推广体系建设的指导思想主要是"抓稳定"。1996年，为贯彻《中共中央国务院关于"九五"时期和今年农村工作的主要任务和政策措施》，农业部下大力气落实乡镇农技推广机构的"三定"（定性、定编、定员）工作，并取得了突出成效。到1996年底，全国乡镇种植业、畜牧、水产、农机、经营管理五个推广系统共有机构16.6万多个，定编75万人，编内实有人员近69.7万人，而在岗不在编的人员超过30万人。1997年，国务院决定在全国开展"农业科技推广年活动"。1998年6月，中共中央办公厅和国务院办公厅发出《关于当前农业和农村工作的通知》，明确在机构改革中推广体系实行"机构不乱，人员不散，网络不断，经费不减"的政策，并要求推广体系要解放思想，强化市场观念和服务意识，逐步完善市场经济条件下的运行机制，增强活力。1998年10月，中共中央十五届三中全会作出了《关于农业和农村工作若干重大问题的决定》，提出了"以家庭承包经营为基础，以农业社会化服务体系、农产品市场体系和国家对农业的支持保护体系为支撑"的农村经济体制框架，并要求加强县乡村农技推广体系建设。这两个文件对稳定我国农技推广体系、深化农技推广工作的改革指明了方向。1999年8月，国务院办公厅转发农业部、人事部、财政部等部门《关于稳定基层农业技术推广体系意见的通知》，在地方机构改革即将全面推开的特殊时期，重申了农技推广体系建设方面的有关政策，对在各级机构改革中稳定农技推广体系有着重要意义。2000年10月，农业部在北京召开了全国农业技术推广体系建设经验交流会，会议的主题是提高认识，统一思想，促进农技推广体系在稳定中创新，在创新中发展。截止到2000年底，五个系统的省、地、县、乡四级农技推广机构达到21.4万个，实有农技人员达到126.7万人。其中乡镇农技推广机构18.7万个，实有农技人员88万人。

进入21世纪，农技推广体系建设的指导思想发生了重大改变，即从"抓稳定"转变为"促改革"。为配合农村税费改革试点，各地相继开展机构改革。2000年12月《中共中央办公厅国务院办公厅关于市县乡人员编制精简的意见》提出：要将乡镇设置过多、过散的"站、所"归并成综合性的"农业服务中心"，有条件的地方要走企业化、社会化的路子。2001 年 4 月，国务院印发的《农业科技发展纲要（2001～2010 年）》提出："积极稳妥地推进农业推广体系的改革，大力调动农民、企业等社会力量参与农业技术推广工作，逐步形成国家扶持和市场引导相结合、有偿服务与无偿服务相结合的新型农业技术推广体系。"同时，提出推广要实行"推广队伍多元化、推广行为社会化、推广形式多样化"。2002 年 1 月，《中共中央国务院关于做好 2002 年农业和农村工作的意见》中，指出要"继续推进农业技术推广体制改革，逐步建立起分别承担经营性服务和公益性职能的农业技术推广体系。"这一时期，各级农技推广机构和人员数量呈现下降趋势，而乡镇农技人员数量下降最快。截至 2007 年底，全国（除西藏区）种植业、畜牧兽医、水产、农机化、经营管理五个系统，共有基层农技推广机构 12.6 万个，其中县级 2.4 万个，县以下（指区域站和乡镇站，下同）10.2 万个，其中区域性推广机构 3817 个，实有农技人员 85.05 万人，其中县级 30.88 万人，县以下 54.17 万人，其中区域站 2 万人，乡镇站 52.17 万人，其中县级 30.88 万人，县以下 54.17 万人，其中区域站 2 万人，乡镇站 52.17 万①。较 2001 年，我国基层农技推广机构减少 5 万多个，实有农技人员减少 37 万多人。2007 年底，基层农技推广机构国家编制内人员中，具有大专及以上学历的占 45.9%；具有专业技术职称的占 59.7%。但目前我国基层农技推广体系仍存在着几个主要问题：一是农技推广队伍建设问题。我国基层农技推广机构中，2003 年以来有近 60% 的没有农口院校毕业生进入，每年仅 8.7% 的农技人员能得到培训，其中培训时间在 3 个月以上的仅为 2.04%，而接受培训的大多是县级农技人员，且参加的多为短期项目培训，其中受训乡级的农技人员仅占受训总数的 25.3%。二是经费保障问题。2007 年，在财政拨款的机构中，人员经费和工作经费均由财政保证的仅占 36.8%，财政只保证人员经费的占 50%，仅有 13.5% 的县以下推广机构获得了财政项目支持。三是工作条件问题。2007 年底，全国乡镇农技推广机构中，95% 的没有试验示范基地，70% 的没有固定的办公用房，50% 以上没有专用电话，近 70% 的没有计算机[66]。

经过多年的建设和发展，我国农技推广体系逐步完善，在推广先进适用新技术、新品种，防治动植物病虫害，提高农民素质，促进农业发展，增加农民

---

① 数据来源：农业部基层农业技术推广体系改革联席会议办公室

收入等方面作出了重要的贡献。20 世纪 80 年代，我国农业产业化龙头企业、农民合作经济组织、大专院校、科研院所等推广主体相继界入到农业技术推广领域，并且发挥着越来越重要的作用，逐渐成为我国农技推广体系的重要组成部分，我国农业技术推广体系正逐步由政府部门为主体的单一农技推广体系向主体多元化的农业技术推广体系发展完善，见图 4-1。

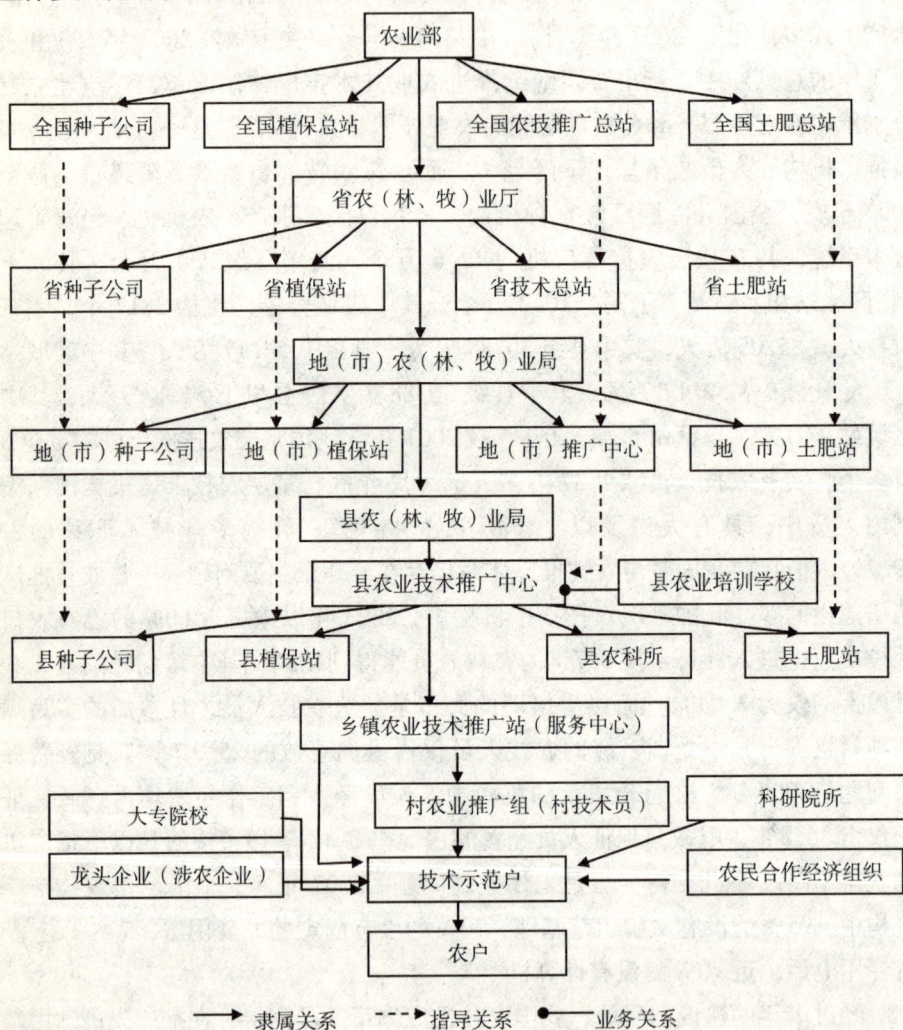

图 4-1 中国农业技术推广体系

Fig. IV－I agricultural technology extension system of China

4.1.2　中国农业技术推广体系结构

4.1.2.1　我国农业技术推广体系的技术结构

农业技术推广体系的技术结构是指以农业技术类型为依据而组成的系统结构。我国农业技术推广体系的技术结构包括农作物综合栽培技术推广体系、良种繁殖推广体系、土壤肥料推广体系、植保技术推广体系、畜禽技术推广体系、水产技术推广体系、农机技术推广体系、农用物资供应技术推广体系、农产品加工技术推广体系和林果特蔬技术推广体系等等。

4.1.2.2　农业技术推广体系的业务活动结构

农业技术推广体系的业务活动结构包括技术示范、咨询、培训、技术承包、技术入股、技术转让、技术开发以及开发技术市场等。农业技术示范是农业技术研发（推广）组织或专家结合当地的资源禀赋，通过将研发出的农业新技术、新品种在划定的区域内种植或养殖，以达到推广该项产品的目的，其主要做法是建立农业科技示范区（场）。农业技术咨询是农业技术推广组织根据农业生产者的意向和要求，运用已掌握的技术知识、信息、经验、设备，以口头或书面形式向生产者提出结论性的意见，供生产者参考，主要包括生产决策咨询、管理咨询、信息咨询、市场咨询、农艺咨询、生产技术咨询等。农业技术培训是根据农业生产的要求，对服务对象进行提供技术知识、基本技能培训，以促使技术普及的一种方式。其具体途径有两种：一种是开班式的技术培训，即在课堂上对服务对象进行教育；另一种是伴随式培训，如在技术咨询、技术推广、技术转让过程中对服务对象进行技术培训。农业技术承包是农业技术组织及技术人员与农业生产单位（乡政府、村委会、农户等）围绕农业生产过程中出现的技术问题，签订技术性服务合同，主要包括种子供应、病虫害防治、田间管理、配方施肥以及产品产量、利润等方面的整体性的技术承包内容。技术承包可分为个体承包、集团承包、租赁承包等多种形式，承包范围可涉及种植业、养殖业、林果业、加工业等领域。农业技术入股是农业技术机构利用其技术力量优势，进行智力投资、技术入股，与农业生产单位合股经营。生产单位出场地，负责产品的生产与销售，技术机构则负责提供先进的技术产品和技术服务，利润按规定的比例分成。农业技术转让是农业技术供应者通过各种方式把生产技术、管理技术、新产品、新农艺、新农药以及有关的权利有偿地转让给农业生产者（技术受方），以达到推广技术的目的。农业技术开发则是根据农业生产、技术、科学一体化趋势，把农业技术成果通过研究和生产性试验，创造出地域上适用，经济上合理，实践上可行的农业技术，进行大面积推广，从而实现技术并入生产的整个活动过程。农业技术推广的业务活动结构多样，但以技术示范、培训和咨询为主。

4.2　吉林省农业技术推广体系建设的历史

4.2.1　形成期（20世纪40年代—50年代）

1948年10月11日，吉林省政府农业厅成立。当时，农业技术推广工作隶属农业厅管辖，农业厅内设农业技术推广科，主要负责：①农业技术指导，增加农作物产量；②收集农民的发明创造，总结农民的先进适用的农业生产经验，研究试验、普及推广农业科学技术，提高农作物栽培水平；③利用农村剩余劳动力，发展副业生产，掌握全省推广使用新式农具情况，检查鉴定新式农具制造规格及质量，指导新农具使用、保管方法；④了解农作物病虫害及推广有效的防治方法；⑤分配及指导农药使用等服务职能。

1950年2月，为贯彻落实中共吉林省第一次代表大会精神，吉林省农业厅组织召开了农业技术推广会议，会议确定推广6种新式农业和实验并推广水稻、大豆等优良品种。

1951年3月，按照吉林省人民政府的指示，吉林省人民政府农业厅增设农业处，农业处内设农业技术推广科，负责农业技术推广工作。

1952年12月25日，经省农业厅请求省政府同意，成立吉林省农业技术推广队，省农业厅直接领导，至此，吉林省省级农业技术推广机构正式成立。省级农业技术推广机构主要负责总结农民群众农业丰产经验，研究实验先进农业生产技术，推广应用适用的丰产方法，推广新式农具、新农药、作物新品种，防治农作物病虫草害及预防灾害性天气，为增加农作物产量，获得农业丰收出谋划策等业务职能。随着吉林省农业技术推广队的正式建立，全省各地亦相继建立起农业技术推广站。截至1952年底，吉林全省共建立农业技术推广站103个。1954年，农业技术推广站发展到387个，其中县农业技术推广站46个，区农业技术推广站341个，共有干部2977人。

1955年4月1日，国家农业部发出《关于农业技术推广站工作的指示》，对农业技术推广站的工作性质和功能做进一步强调。《指示》指出，农业技术推广站是农业部门总结农民生产经验，推广农业科学技术，帮助农民提高农作物产量，增加收入，促进农业合作的基层组织，是当地党政领导农业生产，改进农业技术的助手。办好农业技术推广站，并充分发挥其作用是贯彻各项农业增产措施的基本环节。《指示》还强调"农业技术推广站是综合性的"。

1956年4月，吉林省农业厅举办了农业技术推广站站长训练班和农业技术推广站干部训练班，共训练农业干部604名，其中站长195名，受训人员回到地方，又协助各地举办各种训练班，共训练农具技术员37700名，畜牧技术能手17715名，特产专业技术员1361名。到1963年，全省有农业技术推广站588个，其中县级站45个，公社基层站543个，共2866人，其中技术干部2280人。

4.2.2　低谷期（20世纪60年代—70年代）

农业技术推广服务体系在"文化大革命"伊始，在"横扫一切""打倒反动学术权威"的极左思潮冲击下，吉林省农业技术推广服务体系被冲散，许多技术推广人员被下放劳动改造，办公用户被挤占，仪器设备和技术档案资料散失，技术推广工作陷入瘫痪状态。

1970年4月，吉林省下发了《关于建立农村人民公社农业科学实验站的通知》，《通知》要求"各县应对原有的农业技术推广站进行整顿，在农村人民公社普遍建立农业科学实验站。农业技术人员可视需要，调回农业科学实验站工作。"《通知》成为农业技术推广工作重新启动的标志。

1974年吉林省开始学习并推广湖南省华容县建立"四级农业科学试验网"的经验，即县设农科所，公社设农科站，大队设农科队，生产队设农科组的经验。这期间，由于强调以"阶级斗争为纲""政治可以冲击其他"，致使农业技术推广工作引向了用政治代替一切的邪路，表面上轰轰烈烈，但实质元气大伤，组织机构不健全，技术力量薄弱，大多"四级农业技术网"流于形式。

4.2.3　改革完善期（20世纪80年代至今）

20世纪80年代至今是吉林省农业技术推广体系不断健全和完善，并取得显著成效的时期。

1980年3月14日，省编委批准长春、吉林、四平、通化、延边、白城等6个市（州）建立土壤肥料工作站，列事业编制50名。1981年8月21日，省编委批准成立吉林省农业技术推广站，编制10人。其主要任务和职责是：安排重大农业技术试验示范和推广项目；总结交流技术推广工作经验；统一分配使用仪器和推广经费；抓好技术联产承包责任制；负责技术推广体系建设和站务管理等。全省各地的农业技术推广站也在恢复和建设中，经过各级农业部门的努力建设，农业技术推广体系在改革中稳步发展。到 1982 年，全省有各级农业技术推广站 992 个，其中省级站 2 个（农业技术推广站、植物保护站）；地（市、州）级站 17 个（农业技术推广站 6 个、土肥站 6 个、植物保护站 5 个）；县级站 68 个（农业技术推广站 46 个、土肥站 6 个、植物保护站 16 个）；公社级农业技术推广站 905 个（27 个公社未建站）。共有职工 3754 人，其中技术干部 2744 人。1983 年 3 月，省农业技术推广站、省植保站、省病虫测报站、省生物防治站合并为吉林省农业技术推广总站，同时增设吉林省土肥工作站，自此，基本形成了省、地、县、乡四级农业技术推广体系。

1981 年 6 月 20 日，吉林省政府决定把"县级农业机械化研究所"改名为"农业机械化技术推广站"，原县（市）农业机械（具）研究所的科研任务，由省、地两级农业机械化研究所承担。从此开始，农业机械经营方式发生了急剧变化，进入了农民办机械化为主的阶段。1982 年，吉林省农民购买和经营的农业机械总动力 218162 千瓦，占全省农业机械总动力的 5.5%；购买经营拖拉机的农户猛增到 14173 户，拥有拖拉机 14602 台，占全省农用拖拉机保有量的 23%。1983 年，全省 955 个乡镇中，已有 922 个农机管理站，服务项目涉及供油、供件、修理、代耕代运和培训、技术推广等。1983 年 5 月 6 日，吉林省政府决定成立吉林省建设商品粮基地县领导小组，把建设重点放在农业技术推广体系、良种繁育体系、农业机械化服务体系和小型农用水利设施等方面，产生了明显的效果。"七五"期间，28 个商品粮基地县的粮食平均亩产由"六五"期间的 225 公斤，上升到 324 公斤，增长 44.0%，粮食总产量由 57.6 亿公斤增加到 77.4 亿公斤，增长了 34.4%。

20 世纪 80 年代初，为了促进农业推广在实践中产生实效，一种新型农业技术推广方式——农业技术联产承包责任制，在吉林大地应运而生，不断完善并逐步推广。1981 年 7 月 13 日，省农业局局长徐棠在全省农业局长会议上指出："从试行的情况看，实行技术推广联产责任制是运用经济规律，推广农业技术的一种好形式，是一种普及推广科学技术新的有效形式。"

在国家颁布一系列促进农业技术健康稳定发展的法律法规的前提下，1997 年 7 月，吉林省人大常委会颁布了《实施＜农业技术推广法＞办法》，标志着吉林省农技推广事业真正迈入法制轨道，有效地稳定了基层农技推广体系。农业技术推广体系建设，改善了基地县农业技术推广的工作环境和基本手段，使基地县形成了以县农业技术推广中心为龙头，乡（镇）农业站为基础，村技术员为纽带，技术示范户为骨干的农业技术推广网络。

进入 21 世纪，国家开始进行事业单位改革。为了贯彻落实党中央、国务院有关支持和保障农技推广体系的政策精神，保证农技推广机构在事业单位改革中稳定发展，破解障碍因素，强化公益性职能，2001 年吉林省起草制定《吉林省市县乡农业技术推广体系改革指导意见》。同时，为了适应农村改革和小城镇建设的新形势，突出区域化特点，吉林省起草制定了《吉林省乡镇区域站建设指导意见》，明确了区域站建设规划、内容、规模、管理方式、建设方法和步骤，为体系建设和发展创新了有利的外部环境。2002 年，在通化县启动了建立乡镇区域性农技推广站的改革试点，按照"区域建站、双轨运行、垂直管理"的模式，打破了原有一乡一站的作法，把资源相近、产业相同的临近区域的 2～3 个乡镇农业技术推广站合并，成立一个区域农业技术站，实行技术推广和经营服务彻底分开，将区域站直接划为县级农业行政主管部门管理。2005 年，全省在 60 个县（市、区）进行了乡镇机构改革，全省撤乡镇 291 个。在总结试点经验的基础上，农业、农机等农业技术推广事业站所，一般都按区域建站设置，进一步完善和创新了农业技术推广体系，适应现代农业发展要求的、运转灵活、上下对应、服务高效的技术推广新机制框架已基本建立。

除了以政府农技推广机构为主体的农业技术推广体系外，1984 年吉林正大饲料公司向养殖户提供饲料和养殖技术，1991 年吉林德大公司向养殖户提供饲料和肉鸡饲养技术，标志着农业产业化龙头企业技术推广工作正式开始；1990 年高等院校和科研院所的科技兴农标志着高等院校和科研院所农业技术推广工作的开始；农民合作经济组织也在 20 世纪 80 年代开始萌芽，多元化农业技术推广体系的雏形开始形成。

经过多年的建设，吉林省逐步形成了以政府农业技术推广机构为主，相应科研院所、大专院校、行业协会、涉农企业为辅的横向多元化农技推广体系，省、市、县、乡纵向层级化推广体系，形成了公益型、公益与市场有机结合型、市场型的多样化农技推广局面。吉林省农业技术推广主体多元化，不仅促进了农业投入的持续增长，也有力地推动了农业科技的不断进步，提高了农业科技进步贡献率。农业机械总动力由 1978 年的 89 万千瓦增加到 2009 年的 2001 万千瓦，增长了 22.5 倍，农业机械化程度达到 37%；化肥施用量由 1978 年的 66.69 万吨增加到 2009 年的 359 万吨，增长了 5 倍；主要农作物良种覆盖率达到 95% 以上；农业科技进步贡献率由 1978 年的 20% 提高到目前的 51.10%①。吉林省农林牧渔总产值由 1978 年的 37.8 亿元增加到 2009 年的 1734 亿元，增长了 45.9 倍。吉林省粮食总产量由 2001 年的 1953.4 万吨增加到 2009 年的 2460 万吨，粮食单产由 2001 年的 5125 公斤/公顷增加到 2009 年的 6266 公斤/公顷，人均粮食产量由 2001 年的 741 公斤/人增加到 2009 年的 904 公斤/人；肉类产量由 2001 年 172.7 万吨增加到 2009 年的 224.5 万吨，人均占有量增加 17 公斤；禽蛋总产量由 2001 年 83.0 万吨增加到 2009 年的 98.6 万吨，人均占有量增加 5 公斤；奶产量由 2001 年 16.0 万吨增加到 2009 年的 44.5 万吨，人均占有量增加 10.4 公斤；水产品总产量由 2001 年 11.0 万吨增加到 2009 年的 16.5 万吨，人均占有量增加 2 公斤。农民人均纯收入由 2001 年的 2100 元增加到 2009 年的 5266 元。农技推广在促进农林牧渔总产值增加、粮食增产、改善人民生活等方面发挥着重要作用。

4.3 吉林省农业技术推广体系建设的现状及存在的主要问题

4.3.1 吉林省农业技术推广体系特点

4.3.1.1 推广主体多元化，形式多样化

经过多年的建设，目前，吉林省推广主体已呈现多元化特点，既包括政府农技推广机构，也包括农业产业化龙头企业、农民合作经济组织、大专院校科研院所、农业生产资料公司等为代表的非政府农业技术推广组织，形成了技术宣传与普及、示范、培训、咨询、承包、开发、转化等形式并存的农技推广业务活动格局。截止到 2007 年，吉林省已建立各类具有一定规模、水平较高的农业科技示范场 110 多个，示范展示面积达 8 万余亩。2007 年全省种植业农技推广部门共开展各类农业技术培训 1.67 万次，培训农业技术推广人员、农民技术员、科技示范户 408.76 万人次②。

吉林省采取集中办班、举办科普大集、开通专家热线电话和"农技 110"等多种有效方式，拓宽了农业培训、示范、指导的途径和方式，从而使推广形

---

① 数据来源：潘鸿，刘刚. 吉林省农业科技进步与经济增长实证分析 [J]. 东北亚论坛，2009 (6)：96~105.

② 数据来源：吉林省农业委员会

式更加多样化。1996～2006 年，吉林省共举办了 5000 多场农业科普大集，有 1000 万人次参加，发放科技书报刊资料 500 多万册，科技培训 500 多场，培训农民达到 6 万多人，科技人员下乡 3 万多人次，已有数百个生产厂商和代理商参展，共接待参观农民 30 余万人次①。2007 年，通过开展千人科技入户行动培训专业技术人员 4000 人次，普及牧业技术 100 余项，通过 1000 个科技示范户，辐射带动 10000 个农户，使全省牧业科技成果转化率达到 55%，牧业科技贡献率达到 52%。2007 年，吉林省各级农机技术推广机构召开现场会 224 个，举办各类培训班 440 次，组织科技下乡活动 2415 次，发放科技资料 41.5 万份[66]。

4.3.1.2 政府公益性农业技术推广为主导

政府农业技术推广体系一直以来是我国农技推广的主要力量。截至 2007 年底，吉林省共建立省、市、县、乡四级农技推广机构 2568 个，其中种植业技术推广机构 823 个，畜牧兽医技术推广机构 1091 个，农机化技术推广机构 594 个，渔业技术推广机构 60 个。全省已拥有一支由 26622 人组成的农技推广专业队伍，各学科专业人员较为齐全，业已形成了比较健全完善的农业技术推广服务网络，重点推广增产保产技术。

4.3.1.3 非政府农业技术推广组织作用凸显

非政府农业技术推广组织是我国农业技术推广体系中不可或缺的重要力量。在非政府农业技术推广活动中，推广对象占据着核心位置，使得非政府农业技术推广组织能够更主动地了解农民的需要，更能恰当地提供农民所需要的帮助。非政府组织的参与给农业技术推广工作带来了许多生机，形成了多样化的农业推广组织创新模式，如"公司＋农户"、"协会＋农户"、"科技示范户＋一般农户"等[67]。

自 20 世纪 80 年代，非政府组织参与到农业技术推广工作中，吉林省农业技术推广进入了新的历史发展阶段。吉林省农业产业化龙头企业技术推广逐渐形成了"公司＋农户"、"公司＋技术员＋农户"等推广模式，到 2007 年底，吉林省农业产业化龙头企业建设粮食生产基地 3490 万亩，优质畜禽基地养殖量 4.5 亿头（只），带动农户 248.3 万户，户均增收 1633 元。经过多年的发展完善，吉林省农民合作经济组织农业技术推广活动，形成了典型示范、试验推

---

① 数据来源：吉林省科学普及与科技创新关联度研究（吉林省科技厅项目）

广、技术培训、咨询服务等多种技术服务模式，截至 2008 年末，吉林省加入农民合作经济组织的农户达到 72 万户，带动农户 135.7 万户，入社成员年人均纯收入达 5800 元。大专院校、科研院所农业技术推广日益完善，截止到 2008 年底，吉林省已经建设了 133 个专家大院，工作在农村生产第一线的科技特派员 760 名。非政府农业技术推广组织业已成为促进农业科技成果转化、发展地方经济、带动农民增收致富的重要力量。

4.3.2 吉林省农业技术推广体系建设存在的主要问题

4.3.2.1 各农业技术推广主体衔接不紧，缺少协同

农业科研创造知识，出成果；农业教育传授知识，出人才；农业科技推广应用知识，出效益[60]，三者是紧密联系的。但由于我国的农技推广体系是以政府领导、农业行政部门主管、以政府名义兴办各级农业推广机构来组织协调实施各项推广工作的，农业科研、农业教育和农业推广分别由不同的部门管理，致使各个部门各自独立，各成系统，缺乏有效的联结机制。政府农技推广机构主要考虑能否完成全年的农业计划和任务，工作重点以增产、确保粮食安全为主，省、市、县各级农业技术推广机构分工过细，各行其事，缺少综合和整合功能；大专院校、科研院所围绕政府的意图从事农业项目研究，对农民和市场需求缺乏深入了解。技术推广与创新是在农民的生产实践中融为一体的，据调查，吉林省部分基层农业技术推广站与科技创新单位及技术人员没有直接业务往来，与大专院校、科研院所没有直接往来。政府农技推广部门与创新主体——大专院校和科研院所之间缺乏有效的联结机制，政府推广机构缺乏技术源泉，大专院校、科研院所研发的技术又缺少推广的平台，农技推广模式缺乏多样化和创新[68]。同时，专业农技推广部门相对独立，存在着资源浪费，配置不够优化等问题，使得农业科研项目中真正实用的科技成果不多，而农技推广中急需解决的技术难题却无法列入科研计划。加之，农业产业化龙头企业技术推广主要考虑的是自身利益最大化，怎样能够为公司发展提供稳定高质量的加工原料；农民合作经济组织技术服务能力较弱，与其他技术推广主体紧密联系度不够。农民合作经济组织、农业产业化龙头企业、涉农企业与农业科研、教育、推广部门之间缺乏有效的协作，使得这些企业组织缺乏有效的技术指导服务，在档次、规模上还很难适应农户的多样化需求。从事农业技术推广的各行为主体目标不一致，造成各推广资源的割断，很难发挥协同效应。

4.3.2.2 供需脱节，农业技术推广效率低

长期以来，中国农村公共品的供给是由政府决定的，农业技术推广机构属于政府的事业单位，执行政府的农技推广职能，农业科研机构设置仍延袭着封闭的行政条块分割，寻找能够切实有效解决"三农"问题的科研项目主动性较差。在行政命令式的农业技术推广工作中，在推广初期，在经济较为落后、人员素质较为低下、领导和技术人员素质较高的情况下，使用强制性手段提早增加创新采用人数的方法极其有效。目前，行政性农业技术推广模式在中国经济落后地区，在公共技术的推广方面仍然极其有效。但在技术推广中后期，由于使用行政权威时，忽略了农民的动机，一旦这种行政措施撤离，或者农民产生抵抗情绪后，扩散曲线开始减退到达图4-2所示的T1点时，外部影响下的扩散率反而比自动改变状况下的扩散率低[60]。由于缺乏主动了解农民及市场对技术需求的积极性，推广活动通常是带任务、带指标进行，常以技术为中心，而不是以农民为中心，因此技术推广与农民技术需求之间存在脱节，契合度不高的问题。根据走访调查，吉林省部分农民认为，推广的农业技术并不能够完全符合其增收致富的需求，与当地的农业生产脱节，如无水稻栽培地区推广超级稻栽培技术，技术培训多是培训组织机构根据参加人员情况自行确定，事前未征求当地农民的意见。同时，农业技术供给和需求信息反馈渠道不畅，尚未形成良好的供需信息及服务质量信息反馈机制。这不仅阻碍了农业新技术的推广应用，制约了农业技术的潜力发挥，阻碍了农业科技进步的速度，影响了农业技术成果转化。

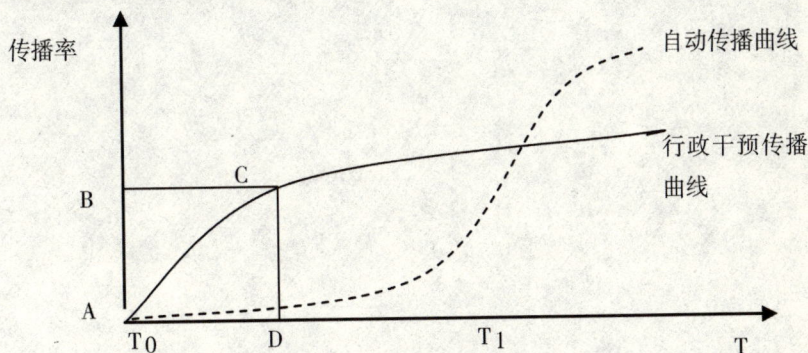

图4-2 行政影响下的S曲线

Fig. IV-II S-curves under the influence of administration

参见：黄天柱，中国农业科技推广体系改革与创新，2008

4.3.2.3 农业技术推广服务能力不强

目前，政府农业技术推广的主要力量是县级农业技术推广机构，但由于农业技术推广人员数量不足，非专业技术人员过多，知识断层、老化，加之推广的技术整齐划一，缺乏针对性、实效性，并且技术推广方式以典型示范为主，方式方法过于单一，从而影响农业技术推广的效率。农业产业化龙头企业空间布局不均，产业分布与区域资源条件吻合度不高，并且龙头企业以追求经济效益为中心，选择的区域和地点比较固定，技术受益面窄。农民合作经济组织处于发展阶段，数量有限，并且分布不均，平均2.39个村才有1个农民专业合作社，因此，能够有效接受技术服务的农户数量少。大专院校和科研院所以项目为依托，有项目就工作，无经费或少经费就疏于技术推广，因而造成推广活动不确定，周期不确定。农业生产资料公司以销售产品为主，对技术推广的关注度不高。上述情况的存在，导致了农业技术推广服务能力弱。

第五章

政府推广机构农业技术推广

以政府为主导，由省、市、县、乡四级农业技术推广站（中心）组成的公益性农业技术推广服务体系是农业技术推广的主体之一，是农技推广体系的中坚力量，是目前农业科技成果转化的重要渠道。正确理解和认识政府农技推广机构的公益性职能，分析和解决其农技推广过程中存在的问题，有利于提高政府农技推广机构的运行效率。

5.1 政府推广机构承担农业技术推广的公益性职能分析

5.1.1 政府推广机构农业技术推广体系职能定位

我国政府农业技术推广体系中，每一层级有比较清晰的职能分工，上下级之间的联系具备行政命令和业务指导两条主线；在横向职能上，形成了技术推广、植保、种子、土肥、农机化等多种功能的管理和推广操作的职能分工。政府推广机构农业技术推广体系的主要功能体现在其承担的公益性职能方面，公益性职能的定位，有利于更好的服务现代农业。省级政府推广机构负责全省的农业技术推广活动的方案制订、监督、管理、人员培训、业务指导、绩效考评等工作；市级政府推广机构积极配合上级推广机构工作，负责全市范围的农业技术推广相关工作；县乡两级是我国农业技术推广体系的主要力量，承担着大量先进、适用的农业新技术、新品种的示范推广工作，负责本地的农民教育培训等工作，具体见表5-1。

表 5 - 1　政府推广机构公益性职能定位

Table V - I commonweal function orientation of the government promotion agency

政府推广机构类别	公益性职能
1 省级	1. 贯彻执行国家农业法律、法规、政策方针，发挥上传下达作用； 2. 制订全省农业技术推广实施方案、计划，并组织实施； 3. 建立健全省农业技术推广组织机构，并使之形成有效的农业推广网络； 4. 负责全省农业技术推广队伍培训与管理； 5. 负责全省重大科技成果和先进技术的示范推广工作； 6. 负责全省农业技术推广工作的评比和奖励，交流经验； 7. 指导下级农业技术推广机构和农业技术人员的农业技术推广活动； 8. 积极配合农业产业化龙头企业、农民合作经济组织、农业院校、农业科研院所等的农业技术推广活动。
市级	1. 积极配合上级农业技术推广机构工作； 2. 制订本市农业技术推广实施方案，并组织实施； 3. 负责县级、乡级农业技术推广中心（站）的业务指导。
县级	1. 关键农业技术引进、农作物新品种的试验、示范以及对已经鉴定的农业科技成果的推广应用； 2. 农作物病虫害及灾情的监测、预报、防治和处置； 3. 农产品生产过程中的质量安全检测、监测和强制性检疫、检验； 4. 农业资源、农业生态环境和农业投入品使用监测； 5. 农业新品种、新技术以及各种农业信息的服务； 6. 农业技术咨询的解答以及农民的公共培训教育等； 7. 组织实施动物防疫、监督和动物疫病的预防、控制和扑灭以及饲料、兽药、畜禽等养殖管理； 8. 组织协调农机作业及作业质量监督，组织农机安全生产监督管理和农业机械管理； 9. 承担主管或上级农业部门委托的其他任务。
乡（村）级	1. 贯彻执行上级部门下达的农业技术推广任务； 2. 制订本乡的农业技术推广计划，并组织实施，进行有效监督； 3. 协助上级部门做好本区域农业技术指导和服务； 4. 走访调查农户技术需求、意见和建议，并及时向上级反馈； 5. 负责本地种植业、畜牧业等年度统计报表工作。

5.1.2　政府推广机构承担公益性职能的原因分析

5.1.2.1　农业技术具有公共物品属性

公共物品具有非排他性和消费的非竞争性特点，对于具有公共物品属性的农业技术，无法限制人们对部分农业技术的无偿消费，私人物品可通过市场机制达到资源的最佳配置，具有公共物品性质的农业科技覆盖的消费者人数越多，搭便车问题就越严重，公共物品由私人提供的可能性就越小。如果完全由市场按照价值规律提供农业技术，由于提供者不能及时得到合理的补偿，那么提供数量必然会低于社会需求。小生产条件下农业技术的保密性差，加之农业技术市场没有得到充分发育、农业知识产权保护体系不健全，诸多农业领域的科技投资靠企业无法达到最佳的投入水平[69]。例如，大垄双行地膜覆盖技术、水稻育苗和插秧技术等等。公共物品本身的特性使市场无法提供最优数量的农业科技，只能由政府相关部门提供。

由于农业技术推广活动本身具有公共物品特征，私人或私人部门（组织）从事这种活动成本高，收益低，因此，私人部门没有能力或不愿做，因而只有由公共部门来承担才能实现社会收益的最大化。加之，农业技术推广对象在经营规模、受教育程度、地理分布、性别、年龄、技术偏好等方面的多样性，如果技术推广由私人承担，则必然会选择一部分有利可图的农户作为推广对象，从而忽略甚至有意排斥大部分小农户或偏远地区的农户。这样，从社会公正的角度出发，由公共部门来承担农技推广就理所当然了[70]。

5.1.2.2 工业反哺农业的时代已经到来

以著名经济学家霍利斯·钱纳里和M·赛尔昆等设计的标准国家模式为基准，工业化中期阈值为：人均GDP超过1860元（1996年美元值），农业GDP比重低于15%，工农业GDP之比为3.0：1，轻重工业比为2.5±0.5：1，农业就业比重低于46%，人口城市化率高于40%，工业化率超过40%。根据表5-2，2005年，我国已经进入工业化中期阶段，开始进入工业反哺农业、城市支持农村，实现工业和农业、城市和农村协调发展的时期。

表5-2　中国工业化衡量指标体系

table V-II indicator system to measure China's industrialization

指标	1978	1990	2000	2005	2006	2007	国际标准参照值
人均GDP（美元）※	46	199	949	1694	1896	2250	1860
农业GDP比重（%）	27.9	26.9	14.8	12.6	11.8	11.7	<15
工农业GDP之比	1.7：1	1.5：1	3.0：1	3.8：1	4.1：1	4.2：1	3.0：1
轻重工业之比			1.5：1	2.1：1	2.3：1	2.4：1	2.5±0.5：1
农业就业比重（%）	70.5	60.1	50.0	44.8	42.6	40.8	<46
人口城市化率（%）	17.9	26.4	36.2	43.0	43.9	44.9	>40
工业化率（%）			26	40	43		>40

资料来源：中国统计年鉴计算整理　注：※按照1996年美元汇率换算而得

5.1.2.3 农业比较利益低

（1）人多地少，不能产生规模效益。我国农村人口多，耕地少，优质耕地更少。目前，农村居民家庭平均每人经营耕地仅2.07亩，不到世界平均水平的40%，而其中优质耕地只占总数的1/3，户均耕地仅7亩，是日本、韩国的1/3，欧盟的1/40，美国的1/400[71]。我国人多地少的国情致使农户小规模经营，难以产生规模效益。

（2）农业的弱质性。农业是一个弱势产业，在农业生产经营过程中，面临着较大的自然风险、市场风险和采用农业新技术的风险。农业自然风险是指来自于自然界如水灾、旱灾、风灾、雹灾、虫灾、病灾等不可控性的某些突发事件给农业生产经营者造成损失的可能性。2007 年，我国因自然灾害造成的粮食损失达到 1079 亿斤。2008 年吉林省农业受灾面积 42.7 万公顷，其中旱灾 31.3 万公顷，洪涝灾 5.2 万公顷，风雹灾 6.2 万公顷，绝收面积 1.1 万公顷，直接经济损失 48.5 亿元。受市场供求关系的影响，农业生产资料和农产品价格上下波动，由于信息不对称和农业生产的周期性，致使农业面临较大的市场风险，多处农田撂荒和多次奶农倒奶足以说明问题。信息不对称也容易产生道德风险，农民可能按照较好的质量标准和服务价格去购买较差的种子、化肥、农药等农用生产物资和接受较低级的技术指导；由于农民难以分辨农业科技的好坏，可能会排斥好的农业科技，从而产生逆选择，致使农产品的产量和质量下降。

（3）农业生产成本提高。1998～2006 年的 9 年间，我国粮食成本中，每亩物质与服务费用由 195.62 元增加到 224.75 元，增长 14.89%；化肥费用由 64.43 元增加到 86.81 元，增长 34.74%；农药费由 8.25 元增加到 16.15 元，增长 95.76%；机械作业费由 20.38 元增加到 46.73 元，增长 129.29%，见表 5-3。2004 年吉林省玉米亩平均成本为 427.49 元，2007 年为 533.42 元，成本增加 105.93 元。2007 年，吉林省玉米、水稻、大豆三种粮食平均每斤农民获利 0.055 元，减少 0.105 元；农民养一只鸡（2.5 公斤）获利 1.11 元，减少 0.29 元；一斤牛奶获利 0.23 元，比上年同期亏损 0.06 元。生产成本的增加，较低的农业效益，迫使众多的青壮年，尤其是素质较高的劳动力大量涌向城镇，对农技推广产生了较为明显的负影响。

表5-3　中国粮食生产成本 物质与服务费用情况（单位：元/亩）

table V-III China's grain production costs, costs of goods and services（unit: RMB / mu）

	1998	1999	2000	2001	2002	2003	2004	2005	2006
物服费	195.62	192.72	182.87	179.39	189.32	186.64	200.12	211.63	224.75
化肥费	64.43	62.75	57.37	54.76	57.27	57.93	71.44	84.31	86.81
农药费	8.25	8.69	8.12	8.31	8.70	9.22	11.55	14.38	16.15
机械费	20.38	21.22	22.85	22.79	23.78	24.09	31.58	37.73	46.73

资料来源：于保平. 近十年我国粮食成本收益与价格变动趋势 [J]. 国研网 2008-7-7

（4）农民购买力很有限。从各类消费项目来看，农村居民人均生活消费支出主要集中在食品、居住上的消费。2009 年，全国农村居民人均生活消费支出 3993 元，食品和居住共支出 2441 元，占生活消费支出的 61.1%；教育服务消费支出 341 元，占生活消费支出的 8.5%。2009 年，吉林省农村居民人均生活消费支出 3903 元，食品、居住消费支出 2108 元，占生活消费支出的 54%；教育服务消费支出 377 元，占生活消费支出的 9.7%。农村居民目前的消费结构决定了其技术购买力或技术服务支付力较弱。

5.2 政府推广机构农业技术推广现状透视

5.2.1 吉林省政府推广机构农业技术推广的现状及成就

农村改革 30 年来，吉林省政府推广机构根据不同时期农业和农村经济发展的中心任务和指导方针，紧紧围绕粮食增产、农业增效、农民增收目标，充分发挥了政府推广机构农业技术推广职能。

吉林省种植业推广机构职能发挥主要体现在：20 世纪 80 年代中期至 90 年代前期，重点围绕粮食高产推广玉米小麦间作、玉米模式化高产栽培、玉米催芽坐水种、玉米地膜覆盖栽培、水稻旱育稀植、水稻简塑盘钵育苗、大豆精量等距点播、玉米螟综合防治、农田灭鼠等先进实用技术。20 世纪 90 年代中期以来，以提高农业综合生产能力，促进农业增效、农民增收、农产品市场竞争力增强为目标，坚持产量、质量和效益并重，积极推广高产优质、节本增效、可持续发展和抗灾减灾实用技术，如玉米主导品种标准化栽培技术、优质水稻标准化栽培技术、测土配方施肥技术、"双高"大豆综合高产栽培技术、无公害瓜菜标准化栽培技术、玉米螟生物防治技术、农田统一灭鼠技术、三大作物重大病虫害综合防治技术等先进实用技术。自"六五"以来，吉林省农技推广机构推广面积在百万亩以上的农业适用技术达 400 多项次，获省级以上奖励技术成果 1000 余项，亩均节约成本 10 元以上，每年挽回粮食产量约 70 亿斤，农民新增收益 5.45 亿元。

吉林省畜牧业推广机构职能发挥主要体现在：一是重点推广肉牛、奶牛、生猪、肉羊、肉鸡、貂、狐、貉、肉用鹿的标准化饲养、优良品种快速扩繁、养殖配套技术、养殖环境净化和疫病防治等实用技术，2007 年主推技术 137 项；二是加强技术培训，2007 年，吉林省各地共举办培训班 420 多次，发放科技入户手册 50 万份，出版各种技术简报 80 多期；三是实施入户指导，截止到 2007 年末，吉林省共入户指导 10 万多人次，宣传 100 多项牧业技术。

2008 年 11 月，吉林省委九届六次全会提出把吉林省建成北方特产业大省的奋斗目标，省政府连续出台了《关于推进园艺特产千亿元创业计划实施意见的通知》和《关于加快棚膜蔬菜产业发展的实施意见》，安排棚膜蔬菜建设专项资金，新菜田开发建设资金用于发展棚膜蔬菜，安排人参等特产业发展专项资金，加快推进人参产业二次创业，实行鹿业补贴政策，推进包括粮食、蔬菜、参茸在内的现代农业产业技术体系建设等具体扶持政策，不断加大对园艺特产发展的支持力度。2009 年，吉林省园艺特产业总产值达到 555.9 亿元，农民人均园艺特产收入达到 1308 元，占农民人均收入的 24%。经过内部结构调整，蔬菜、食用菌、人参、梅花鹿、林蛙等重点产业正逐步走上产业化发展的路子，全省园艺特产加工企业达 4000 多家，实施园艺特产标准化生产技术 187 项，在全省有效使用无公害、绿色、有机食品标志的园艺特产品有 2107 种，占总数的 67%。

5.2.2 政府推广机构农业技术推广问题分析

5.2.2.1 机构设置问题

我国农业技术推广体系的组织形式应该划分为行政型一类，乡（镇）级以上的推广机构属于国家行政事业单位[72]。在专业上，农业技术推广机构分设了种植业技术推广站、畜牧兽医站、渔业技术推广站、农机化技术推广站、农业经营管理站等，而种植业技术推广站内又分设了种子、植保、土壤肥料及综合技术推广等专业；在行政区划上，五类专业推广站又各成体系，纵向层次上形成了国家、省、市、县、乡五级推广机构，见图 5-1，5-2。由于各系统推广机构设置相对独立，自成体系，因此，经常造成职能发挥不够、资源浪费、技术信息扩散率低的现象，系统优势难以发挥。

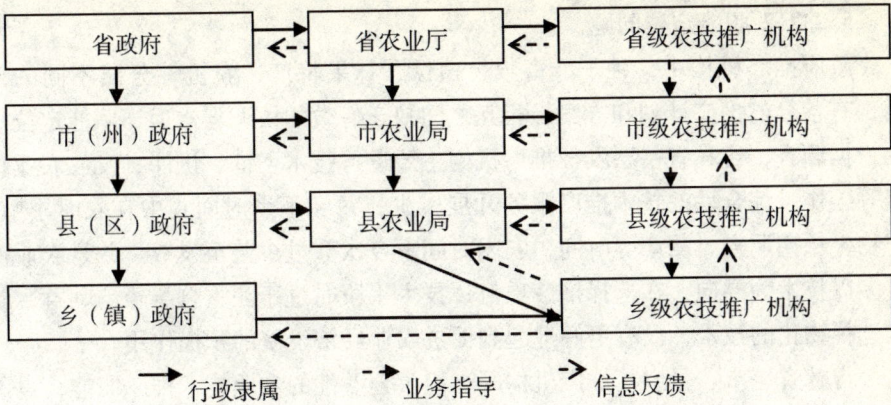

行政隶属　　业务指导　　信息反馈

图5-1　政府农业技术推广体系行政及业务关系示意

Fig. V - I administration and business relationship of the government

Agricultural Technology Extension System

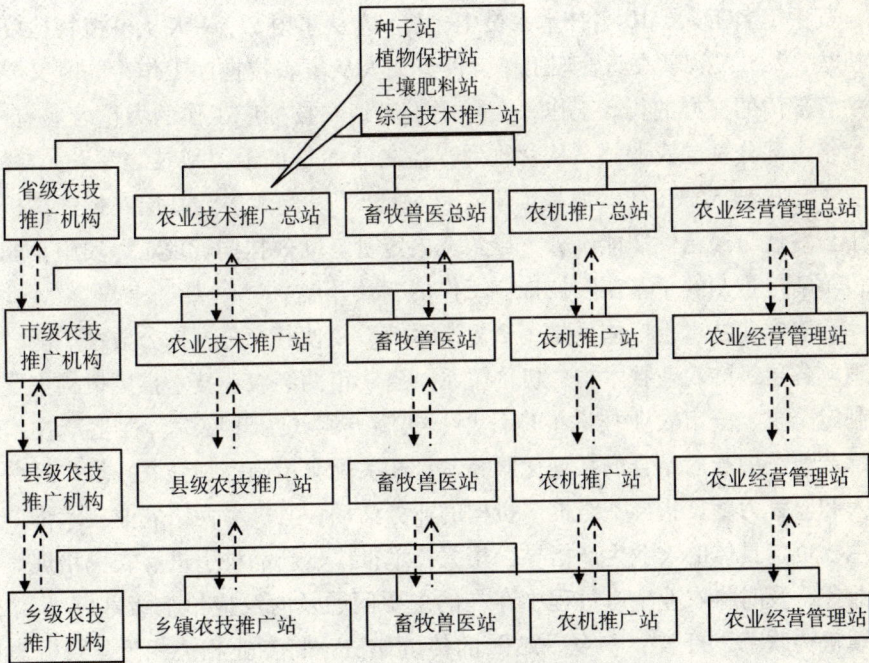

图5- 2　政府农业技术推广专业工作体系示意

Fig. V - II Professional work system of the government

Agricultural Technology Extension System

5.2.2.2 职能定位问题

政府推广机构中，种子、畜牧、植保、林果特产、农机等分属不同的部门，有各自的推广计划和方案，相互之间缺乏有效的协调与沟通，职能定位模糊。据调查，吉林省基层农技推广机构主要进行技术咨询、讲课、发放农业物资等工作，综合性的技术推广服务开展较少；每年下乡时间集中在农时季节、作物生长期调查、测产等时间，农闲时间下乡次数过少甚至没有。并且农业推广多以技术为导向，在选择推广项目、技术手段时过于注重自身经济利益，常常选择物化的技术，没有更好地起到促进农业经济发展的积极作用。

吉林省、市、县农技推广机构既承担了公益性的农业技术推广职能，也承担了行政执法性管理职能，承担着《中华人民共和国植物检疫条例》、《中华人民共和国农业技术推广法》、《中华人民共和国农产品质量安全法》以及《吉林省农业环境保护管理条例》所授权的执法职能，个别的还要开展经营性服务。以长春市农业技术推广站为例，全站人员编制数为 12 人，目前在岗 11 人，其中 1 名工人，10 名技术人员中，1.5 人从事财会，4 人从事植物检疫行政执法，2.5 人从事农药管理工作，仅有 2 人从事农技推广工作，同时又要完成主管部门的交办的行政工作，实际用于谋划农技推广工作的力量着实有限。全市绝大部分基层农业站，从秋收到春播之间不是忙于"科技之冬"、"科技之春"等科技入户工作，而是忙于"良种推广"。绝大多数基层农技推广机构由于公益性与经营性职能不分，导致按岗定责、绩效挂钩管理难以实施。职能定位不清严重制约了基层农技推广工作的有效开展。

政府农业技术推广体系是一个复杂系统，要使其充分发挥公益性职能，就应理顺各层级的农业技术推广机构关系，省、市两级农业技术推广机构主要负责制定全省、全市农业技术推广计划、实施方案，为开展综合性生产技术服务、产前产中产后结合的系列化服务制订相关配套措施，加强农技推广经费的投入和监管力度，指导下级推广机构的业务活动；县、乡两级农业技术推广机构主要负责具体的农业生产指导、相关技术推广、新品种引进、农民培训等相关业务，及时将农业生产过程中存在的主要问题及时反应给上级部门。结合乡镇机构改革，打破"一乡一站"的传统作法，将专业相关相近、资源禀赋相近区域的农业技术推广机构合并成立乡镇农业技术推广综合站（区域农业技术推广中心站），剥离经营服务职能，充分发挥公益性职能。

5.2.2.3 编制问题

在调研过程中，部分县（市）级和乡镇级农技推广部门普遍存在着编制过少，人才无用武之地的现象。吉林省柳河县农技推广站、县植保植检站、乡镇农业站现有在岗人事编制 328 人。经过人事制度改革之后，签定事业单位人员聘用合同 286 份，提前离岗 24 人，18 人未签合同，而财政预算拨款只给 169 人工资，并且是打在工资卡中，其余 159 人只有靠创收生存。各单位财政人员编制额仍然是 20 世纪 90 年代确定的数额，20 年没变，有无财政预算编制成为体制改革的主要障碍因素。如该县某镇农业站的一名技术干部 1981 年参加工作，大专学历、中级职称，至今仍无财政编制。编制控制过严，使得学历高、职称高、业务能力突出的人才得不到重用，从而影响了农业技术推广工作。破解这一难题，就需要做好"三定"（定性、定编、定员）工作，制定合理的编制，使优秀农业技术推广人员能够得到重用。

5.2.2.4 考评问题

农业技术推广考评目的是在掌握翔实的资料基础上，通过科学的考评制度，及时评价和判断某项推广工作的成绩与不足，以便做出科学决策。而目前，吉林省政府推广机构在考评方面存在的主要问题：一是考评指标设定过于单一，如前郭县等农技推广机构在农技推广人员年终考核时，仅以"做好本职工作，完成分配任务"作为考核指标，这无疑大大地挫伤了广大农技推广人员工作积极性。二是尚未形成多层次、多种类的奖励制度，多干和少干没有区别，干和不干的利益回报基本均等，推广业绩同收入挂钩的仅为 20%，即使实现收入同绩效挂钩，收入差距极其有限[73]，而且下乡没有补助。工作认真负责的、一丝不苟的和马马虎虎、得过且过的也一样，致使许多有能力的农技推广人员纷纷改行，造成严重的人才流失。三是忽视农技推广的监督与评价工作。农技推广是一项长期而复杂的系统工程，每一个环节都影响农技推广工作的顺利开展，在这些环节中，农技推广监督评价工作尤为重要。目前，我国农技推广普遍缺乏有效的监督和评价机制，只有领导对农技推广工作的评价，缺乏社会、媒体和公众的评价；只有过程评价，而无结果评价，往往只重活动的规模、过程和组织情况，而忽视农技推广实际效果的评价；往往只重推广活动的次数、参加的人数，忽视农技推广是否真正起到提高农民素质、增加农民收入作用的问题。没有严格的监督制度，使少数农技推广人员忽略自身的道德建设，计较个人得失，采取蒙骗手段争夺名利，从而影响并制约着农技推广工作。

借鉴国际上农业技术推广行之有效的管理方法，建立农技推广机构和人员的科学考评制度，以为农民服务的实际工作业绩作为考核的基本依据，在行政主管部门和相关业务单位的考核基础上，积极吸纳农民进入农技推广评价工作中。引入竞争机制，竞争上岗，第一年考核不合格者，由业务主管部门通报批评，连续两年不合格者，由聘用单位解除聘任。加强对农技推广人员的培训，积极推行农业推广人员职业资格认定工作，实行持证上岗。试行绩效挂钩、重奖实绩突出机构和人员的管理方法。确定财政负担推广队伍规模，确保推广经费足额到位。

5.2.2.5 农业技术推广投入问题

一是农技推广经费短缺，财力投入低。我国农技推广总投资强度（农技推广经费占农业 GDP 比例）一直低于 0.5%，远不及工业化国家 30 年以前的水平；推广人员人均经费不到发展中国家的 15%；农民人均分享的农技推广投资为 7.3 元/年，不及低收入国家的一半[74]。2004 年，县级农技推广机构由政府拨给的推广事业费占总事业费的 60%，项目费大约占总推广经费的 20%左右，由创收收入补贴以及其他来源的经费占总经费的约 20%[75]。2005 年，乡镇农技推广机构人均政府投入仅为 13136 元，其中人头费（含工资）为 10222 元，低于当年全国职工 18634 元的平均工资水平，人均项目费只有 1729 元[73]。农技推广经费短缺，致使有实质意义的农技推广工作难以开展。2007 年长春市各县（市）区农业技术推广部门经费总数为 817.5 万元，其中，人员工资为 603.7 万元，占总经费的 73.8%，只有绿园和双阳区有部分专项经费，其他县（市）区除人员工资外，无任何经费；全市各乡级农业站全年经费为 1410 万元，全部为人员工资，无其他经费。梨树县多数基层农技推广机构从上到下财政给予的只是人头工资，推广经费只能靠推广部门自己解决[76]。

二是办公条件有限，物力投入低。根据长春市基层农业技术推广机构调研，目前全市各县（市）区农业技术推广机构共有办公面积 13264m²，仅有5% 拥有独立产权；拥有化验、检测室面积 1990m²，74% 为独立产权。全市 109 个乡级站共有办公面积 18702m²，其中 44% 没有产权，乡级站无基本化验、试验场所，无必要的检测仪器和培训设备。

三是农技推广人员素质不高，人才投入低。人是提高生产力的"活"要素，农业劳动生产率的提高，农村落后面貌的改变，农民收入的持续增加，都需要源源不断的人才资源供给。目前，吉林省农技推广队伍存在着青黄不接、知识老化、专业结构不合理等现象。通过对吉林省部分产粮大县调查，基层农技推广部门中，大学本科以上学历 6.5%、大专学历占 25.6%、中专学历48.3%、高中文化占 19.6%，而正规学校毕业、专业对口的只占 28.6%，其余均为第二学历。技术人员占在岗人员的 76.9%，而其中专业对口的仅占60.1%。40 岁以上技术人员占有财政编制人数的 52.1%，而 30 岁以下人员只占 12.6%，其中部分为复转军人，无正规学历。20 世纪 70 年代，美国州级推广人员 53.7%有博士学位，37.3%有硕士学位，9%有学士学位；县级推广人员 44.6%具有硕士以上学位，目前，100%具有硕士以上学位，而我国对农技推广人员的学历要求只要具有中专以上文化即可[68]。

　　解决上述问题，就需要多渠道筹措资金，增加农技推广人力、物力、财力投入。

5.3　政府推广机构农业技术推广模式评价

5.3.1　项目推广型

　　项目推广型，是我国目前农业技术推广的重要形式之一。项目推广型是指政府根据农业及国民经济发展的需要、财政经济状况及对农业技术的偏好，选择影响大、增产增收明显的技术，经多方论证，批准立项后，按项目要求，予以财政支持，由技术推广部门强制性和无偿性地将成果推广到农业生产中去，以实现政府的农业计划目标。如 1987 年由农业部和财政部共同组织实施的"丰收计划"；1985 年由国家科技部实施的"星火计划"；1989 年国家教育部提出的"燎原计划"；1999 年财政部和农业部组织实施的"跨越计划"等等。项目推广型的特点是按政府意志进行强制性和无偿性推广，这种模式能够调动各级推广机构及相关人员的积极性，促进农业技术成果的快速转化，加快技术进步。但由于推广项目是根据政府对农业技术的偏好和选择来决定，虽然能够给农户带来一定收益，但容易产生供需脱节的问题。

5.3.2　科技示范型

　　科技示范型是 20 世纪 90 年代我国农业推广实践中涌现出来的一种新模式，是农业技术推广机构为适应新阶段农业发展需要，充分发挥农技推广机构公益性职能，探索农技推广新的运行方式和经营机制，以农业新技术试验示范、优良种苗繁育、实用技术培训为主要服务内容的科技推广型服务实体。科技示范场（园区）按照"政府指导、企业运作、中介参与、农民收益"的原则，通过"公司＋基地＋农户＋科技"、"特色农业＋龙头企业＋专业协会＋农户"[77]等运行模式，在农业科研力量较强、技术人才密集、具有一定产业优势、经济较发达的城市郊区和农村划出一定区域，对农业高新技术成果集中投入、集中开发，形成农业高新技术的开发基地、中试基地、生产基地，以此加速农业高新技术成果的转化和推广速度，实现与市场的有效对接。通过园区种苗繁育中心，普及推广名优品种；通过示范、组织农民参观、学习和技术培训等手段，带动周围地区农户提高农业科技文化素质，造就具有一定科技水平、了解市场信息的新型农民，促进农业高新技术成果推广和应用，加速农业推广步伐。该模式中政府是园区建设的组织者和监管人，企业是园区建设的主体和经营者，农户是园区建设的参与者和生产者[78]。

多年来，吉林省农业科技示范场（园区）一直承担国家和省级玉米、大豆、水稻、名优奇特蔬菜等品种的试验、示范工作，为新品种审定及推广提供科学依据，承担适合本地种植的作物品种试验、示范及合理施肥、科学用药模式试验，日益引导农民进行农业结构调整的有效依托和向导，成为农民"看得见、摸得着"的技术指导服务模式。截至 2007 年，吉林省已建成各类示范场（园区）110 多个，其中于 1998 年建立的面积 10 公顷扶余县永平乡农业科技示范场，推广示范 118 个蔬菜品种，有效地推动了当地蔬菜产业的发展，平均每年接待参观学习人员 1000 多人次。

但部分农业科技示范场（园区）仍存在着许多问题：一是布局不合理、重复建设、产业结构雷同；二是功能定位不准，示范目的不明确，脱离当地实际，照搬外省市的园区模式，投入成本较高，产出效益低下，示范带动作用没有得到充分发挥；三是盲目追求高精尖技术，园区运作缺乏现代企业管理制度等。因此，科技示范型农业技术推广模式作用未得到充分发挥，今后，农业科技示范场（园区）的建设应立足于当地农业生产实际，结合当地主导产业，合理规划，准确定位，发挥技术示范作用，并积极探索运行机制创新。

案例 5-1

吉林省公主岭国家农业科技园区农技推广

吉林省公主岭国家农业科技园区，是科技部 2001 年 9 月 3 日正式批准的全国 21 个首批农业科技园区之一。2001 年 12 月 27 日，吉林省人民政府批准园区纳入省级开发区管理序列，享有省级经济管理权限。园区由三大功能区 12 个示范园组成，全方位辐射、全方位示范、全方位带动吉林及整个东北地区高效生态农业的发展。

园区内建立省级科技示范区 6 处，国家级科技示范区 5 处。这些科技示范区按照科技攻关、示范推广相结合的技术路线，实现了农业高新技术、实用技术的创新、组装、集成示范和推广。园区内具有健全的科研和科普功能体系，如农业植物科普基地、动物（畜牧）科普基地、林果蔬菜科普基地等。园区加强科技成果的推广力度。组织有关部门的科技人员，从科研成果中筛选适宜吉林省农村推广的实用技术百项汇编成册，进行推广。同时在适宜的农时季节，召开各类型的推广会、现场会、成果展示会等，还与报社、电视台等多家新闻单位合作，加强科技成果的宣传和农业技术的讲解。园区每年承担国家科技部、农业部、省科技厅、省农委业务主管部门科教兴农项目近 20 项，项目结束后，筛选优秀的项目、适宜推广的技术及时推广。每年采取印发科技资料、广播讲座、电视讲座、现场咨询、科技现场会、学习班、三级干部培训班等形式向当地干部和农民传授农业技术。据统计，每年利用各种形式培训农村基层干部和农民达 50 万人次，印发各种技术资料 30 余万份。通过采取行之有效的措施，农业技术推广及普及工作取得了良好的经济效益和社会效益。

资料来源：调研整理

5.3.3 技术咨询型

技术咨询型是指农业技术推广机构聘请有经验的专家、教授组成技术咨询组（技术专家咨询团），或建立各级技术指导站，或开办农业技术热线服务，针对生产中存在的问题开展技术咨询服务。服务内容包括农业生产计划制订、农业产业结构调整及优化、农业灾害诊断、农业资源开发利用、技术引进、人才培训等，服务范围可小到乡、村、农户，大到县、市或全省。这种推广方式具有针对性强、推广范围广、速度快的特点，通过专家可以及时地解答农户在生产中遇到的问题，提高技术利用的准确性。白城市洮北区在推广测土配方施肥技术工作过程中，成立专家指导小组和技术小组，开展土样的筛检、化验和科学分析，并且深入田间、地头，指导农民科学种田。截至2009年底，全区测土施肥面积达100多万亩，覆盖率达到80%，共减少不合理肥量7000多吨，农民增产节支6000多万元。但由于此种模式只有少数农民能够获得有效的咨询服务，服务对象的有限性降低了推广服务效率。

5.3.4 技物结合型

1985年中共中央《关于科学技术体制改革的决定》指出："要推行联系经济效益计算报酬的技术责任制或收到技术服务费的办法，使技术机构和科学技术人员的收入随着农民收入的增长而逐渐有所增加。农业技术推广机构和研究机构可以兴办企业型经营实体"，这为农业技术推广机构由原来单纯的技术推广变为技术服务、信息服务和经营服务相结合提供了政策支持。技物结合农技推广型是推广机构兴办经济实体，根据推广技术的需要，经营相应物资，利用自身优势，把物化形态的技术与知识形态的技术捆绑起来，实行技术和物资相结合。如农技推广中心供应良种、农药、化肥、农机具、地膜等农用物资，为农民提供物资咨询和保障等。这种农业技术推广模式有效地解决了技术推广与物质供应相脱节的状况，为农业推广取得经济效益提供了物质保证。多年来，吉林省梅河口市水道镇农业技术推广站植物医院累计开处方5000多份，销售各类农药、激素达500吨，田间诊断200多次。但随着政府农技推广体系的完善，这种模式逐渐脱离公益性职能，走向市场化运作模式。

5.3.5 农业科技服务信息化模式

农业科技服务信息化模式是在星火富民实践中涌现出的一种具有典型意义的农村科技服务创新模式。农业科技服务信息化模式利用传统媒体、现代媒体以及行政体系，借助电话、电视、电脑网络，上联全国各专业网站、科研院所和大专院校，下联农村千家万户，采用网络服务、电话服务、农民上门咨询、农技人员主动下乡服务及举办培训班等多种形式，满足了广大农民对科技信息的强烈渴求[79]，实现科技与农民的零距离衔接，有效地解决了农业科技信息网络服务"最后一公里"和"数字鸿沟"问题，为农业现代化建设提供有力支持。

2006年5月22日，吉林省在全国率先开通了"12316"新农村热线，以省农委农村经济信息中心为主体，与中国网通吉林省分公司、省政府纠风办、吉林电视台、吉林人民广播电台和省委组织部远程教育办公室 6 家分工协作，联合省直 34 个涉农部门，共同搭建"12316"新农村热线信息平台，集聚了全省农业战线的知名专家，汇集各类涉农专家、医疗卫生和法律专家共 506 名，直接进行热线服务。热线开通以来，累计接听和回答农民电话 200 多万个，现场技术指导 500 多项，仅帮助东丰、双辽、扶余等县（市）解决了1000 多亩水稻、15000 多亩绿豆、30000 多亩辣椒病虫害问题，为农民挽回直接经济损失 7000 余万元。农业科技服务信息化模式克服了时空限制、互动性弱等因素的影响，有利于实现农业与农村科技信息便捷、实用、有效、实时地传播，能够较好地解决农民所关心的生产技术、市场信息、政策咨询、法律服务等各方面问题。但由于吉林省农村信息化仍处于初级阶段，还远不适应新时期、新形势农业科技服务信息化的要求，见表 5－4。

表 5－4　全国部分省份农村信息化指数

Table VI－V the rural informationization index of some provinces

区域	总指数 位次	总指数 数值	农村信息资源 位次	农村信息资源 数值	农村信息基础设施 位次	农村信息基础设施 数值	农业信息技术应用 位次	农业信息技术应用 数值	农业信息产业 位次	农业信息产业 数值	农村信息人才 位次	农村信息人才 数值	农村信息化外部环境 位次	农村信息化外部环境 数值
上海	1	259.15	2	406.94	4	154.65	8	286.26	2	109.83		212.41	1	410.35
北京	2	247.03	4	418.18	6	141.25	2	253.26	10	94.89		425.00	3	163.41
山东	7	135.15	17	114.12	3	94.2	3	167.89	20	258.33		52.59	5	126.88
辽宁	12	92.3	9	103.59	17	85.05	6	129.74	23	60.33		114.06	9	106.88
吉林	11	87	17	72.06	12	104.75	8	72.00	24	53.94		140.24	16	80.47
黑龙江	15	93.74	18	71.94	2	213.55	16	77.79	7	35.94		65.82	22	74.18
全国		99.69		99.92		100.00	14	101.00	9	93.62		98.0		99.90

资料来源：中国农业科学院农业信息研究所．农业信息技术与信息管理．2008 ［M］．北京：中国农业出版社，2009.10.

5.4　小结

政府农业技术推广机构是我国农业技术推广体系的中坚力量，其作用的充分发挥有赖于公益职能的准确定位、稳定的推广队伍、完善的相关政策和配套措施以及在未来农业技术推广工作中的不断创新。

一是要稳定队伍，提高素质，积极发挥现有农业科技人员的作用。①要稳定队伍，留住人才并要逐渐充实队伍；②要逐步改变目前农业技术推广人员的年龄结构；③要把基层农业科技推广人员从行政事务中解脱出来，专门从事农技推广工作；④要协调有关部门尽快解决基层农业技术推广机构的办公场所及业务经费问题；⑤要创造条件，加强对农业科技服务人员的培训和继续教育，通过进修、培训等措施改善基层科技人员的知识结构。

二是积极借鉴国内外先进经验，制订相关政策和配套措施，改变农业技术推广的现状。①要明确农业技术推广机构的公益性职能，严格区分推广和经营；②要科学设置基层推广组织机构；③要改革农业技术推广系统用人机制，建立基层农业科技人员竞争流动机制，实行全员聘用制；④要创新考评机制，加强对农业技术及推广人员的管理，建立科学合理的考核评价制度；⑤要切实保证履行公益性职能的经费供给，落实人员工资和业务经费，确保其正常履行公益性职能。

三是要不断变革和创新农业技术推广体系，要从以政府为主的农技推广逐步转变为以政府为主导、多元化发展的农技推广，充分发挥农业产业化龙头企业、农民合作经济组织、大专院校、科研院所、农业生产资料公司等推广主体的作用；要从以服务农业生产为主的农技推广，逐步转变为农业生产、农民生活、农村生态提供综合服务的农技推广，以把农村发展、农业增效与农民生活改善作为农技推广的总体目标；要从以技术为主线的农技推广，逐步转变为以产品为主线的农技推广，实现产前、产中、产后的系列化配套服务；要从以提供生产技术服务为主的农技推广，逐步转变为提供生产技术、优质农资、综合信息等系列服务的农技推广。

四是要根据农业和农村经济发展的新形势、新需要，通过改革创新，逐步构建一个以国家农业技术推广体系为主导，大专院校、科研院所等创新主体与政府农技推广机构紧密结合，农业产业化龙头企业、农民合作经济组织等为辅，科研、教育与农业推广相互联系，上下连贯、主体协同、功能齐全、运行有序、结构开放的多元化农业技术推广体系。

五是除积极组织示范指导与咨询培训相结合的常规推广外，要大力推行基层农技人员包村联户，逐步形成农技人员抓科技示范户、科技示范户带动普通农户的技术推广模式。此外，还应加大参与式、培训式、带动式、示范式等新型农技推广方式方法的应用力度。

第六章

农业产业化龙头企业农业技术推广

1986 年，山东省枣庄市为了解决羊毛产销脱节的矛盾，试行了农民养羊、农行贷款、工厂贴息、建立基地、搞好服务、完善供销合同、厂农挂钩的办法，初步探索出一条在商品经济条件下，通过利益调节进行农工商、产加销一体化经营的路子。1988 年，枣庄市正式提出了"贸工农、产加销一体化"发展战略，这标志着产业化的序幕在中国已经拉开。

农业产业化通过将一家一户的农民在市场和龙头的牵动下实现了农业的规模化经营，并由此促进我国农业经济增长方式由粗放经营向集约经营转变，从这个意义上说，农业产业化乃是中国农村进一步发展的必然选择。

吉林省于 20 世纪 80 年代开始筹划农业产业化的发展模式，着手组建一批加工销售型企业，形成种养加、产供销、贸工农一体化的经营模式，以便推动吉林省农村经济的快速发展。在农业产业化发展过程中，龙头企业技术推广和服务便蕴含其中，自从吉林德大有限公司于 1989 年开工建设，1991 年 6 月试生产运行并开始推广肉鸡饲养技术，从此拉开了吉林省农业产业化龙头企业技术推广的序幕。到 2007 年底，吉林省农业产业化经营组织发展到 3280 户，拥有固定资产 820 亿元，农产品加工业实现销售收入 1570 亿元，从业人数达87.7 万人。农业产业化龙头企业建设粮食生产基地 3490 万亩，占全省在册耕地面积的 58%；优质畜禽基地养殖量 4.5 亿头（只），占全省养殖总量的60.6%；带动农户 248.3 万户，占农户总数的 65%，户均增收 1633 元，人均增收 467 元；直接安置转移农村剩余劳动力 50 多万人。农业产业化龙头企业的发展已达到了一定数量和规模，目前形成了以"德大"为龙头的"鸡龙"，以"大成玉米、黄龙玉米"为龙头的"玉米龙"，以"佐竹金穗公司"为龙头的"水稻龙"，以"德大"为龙头的"大豆龙"，以"金锣集团、华正集团"为龙头的"猪龙"，以"皓月集团"为龙头的"牛龙"，以"通化东宝、延边敖东"为龙头的"中药龙"等大型龙头企业农业技术推广的局面。全省农业产业化龙头企业农业技术推广服务体系已日臻完善。

6.1 农业产业化龙头企业农业技术推广的特点及经济学分析

6.1.1 农业产业化龙头企业农业技术推广的特点

6.1.1.1 一种以企业自身利益为基本出发点的产业组织行为

公司是为一定目的从事某种经济活动的、独立的经营单位，其经营目的是追求利润最大化，利润是企业生存的决定性因素[80]。依据苑鹏等人（2006）针对"公司＋农户"农技推广方式①的归纳，在几种不同的农技推广方式中，各个农技推广主体和应用主体之间，各自分担的风险、成本和收益有着很大区别，见表6-1。

表6-1 公司与农户在农技推广过程中的风险、成本及收益情况

**Table VI - I risk, cost and earnings of companies and farmers
in the process of agricultural extension**

	公司				农户			
	I	II	III	IV	I	II	III	IV
风险 成本 收益	较小 较小 支付技术 服务费用	全部 全部 较大，收益保障弱	无 无 增加	全部 全部 全部	较大 较大 无保障	较小 较小 有限	全部 全部 较大	无 无 劳务收入

注：I型＝围绕优良品种的引进、扩繁和推销进行科技推广方式，II型＝围绕某种农产品经营，把农户当作生产车间开民科技推广方式，III型＝围绕某种农产品收购、加工和质量控制而开展科技推广方式，IV型＝围绕新型人工种植、养殖产品的开发利用而开展科技推广方式

资料来源：调查整理

从表中可知，I型推广方式中，由于企业不负责最终产品销售的责任，因

---

① 以农民为主要经营对象的企业，所采取的科技推广方式大体上有2种：一种是围绕优良品种的引进、扩繁和推销进行科技推广的方式，一种是围绕某种农产品经营，把农户当作生产车间开民科技推广的方式；以非农民为主要经营对象的企业，所采取的科技推广方式大体上有2种：一种是围绕某种农产品收购、加工和质量控制而开展科技推广的方式，一种是围绕新型人工种植、养殖产品的开发利用而开展科技推广的方式。

此出现有的经营企业不负责任地宣扬、炒作新品种、新技术的经济效益，导致科技应用泡沫，最后由农户承担泡沫破灭的严重损失[61]。Ⅱ型和Ⅳ型推广方式中，经营企业承担了科技开发的全部风险和成本以及收益（或损失），由于这些企业具有较强的市场把握能力、经营风险控制能力，因此，在收益方面，农户只能得到公司给定幅度的收益。Ⅲ型推广方式中，虽然带动了大批农户围绕公司经营产品，但由于公司与农户利益联结不紧密，农户往往承担由于过度生产而导致的利益损失。综上可以看出，无论是哪种推广方式，公司为了达到利益最大化，往往使农户处于合作的弱势地位，收益得不到有效保障。

6.1.1.2 以订单农业为载体，约束双方经济行为

订单农业也称合同农业或契约农业，是指农户在农业生产过程中，按照与客户（农产品购买者）签定的合同组织安排生产，实行以销定产的一种农业产销模式。近年来，我国以市场为导向，以经济效益为中心，依靠科技进步，大力发展效益农业，订单农业得到较快发展，目前，已经形成了农业产业化龙头企业、贩销大户、农民合作经济组织、农村经纪人等多种主体共同参与订单农业的良好局面。

订单是条纽带，协调农户与龙头企业的利益关系，约束双方的经营行为。农民为了获得订单，在市场竞争中取胜，就必须在提高农产品的科技含量、质量，加强农产品的标准化生产上下功夫；企业为了获取更大的利润，就必须严格执行订单农业，重视全方位的服务，向农户提供资金、物资、技术等服务。吉林华正农牧业开发股份有限公司以合同契约的方式，与农户、牧业小区建立了利益联结机制，对养猪户实行"统一提供种猪或商品代仔猪、统一提供饲料、统一技术指导、统一收购育肥猪、统一现金结算"的"五统一"的服务，农户和企业双方实行合同化管理，解决了以往农民养猪"缺资金、少技术、怕疫病、愁销路"等难题，带动2万多农户增收。

6.1.1.3 建立高标准原料基地，为农业产业化龙头企业发展壮大提供稳定优质原料

农业产业化龙头企业通过"五统一（统一计划、统一供应、统一技术服务、统一管理、统一回收结算）"、"五定向（定向育种、定向种植、定向收购、定向加工、定向销售）"等服务方式，积极推行标准化、专业化、区域化生产，同时严把质量关，加强管理，为公司发展壮大提供稳定优质原料。吉林德大有限公司在肉鸡饲养基地建设上采取了"五统一"的服务方式，公司按

饲养周期，对养鸡户统一供应鸡雏、饲料和药品，并采取赊雏、赊料的特殊方法，肉鸡回收时统一结算。为了加强管理，建立了总公司、市（县）、乡三级服务管理体系，在全省7个市（县）设有肉鸡代养管理站，实行技术人员担保制度，全年为饲养农户提供技术咨询和指导。为了避免农户私卖肉鸡，公司实行"五户联保制度"。大成公司与农民签定了定向育种、种植、收购、加工、销售的"五定向"农业产业化经营合同，大成公司管种管收，农民种田无忧。大成公司签订单到农户家，派专家到地头指导技术，农民只需照着做就行了。大成公司从1998年就开始与农民签订特用玉米订单，为了开发新品种，提高特用玉米品质，该公司成立了大成农科院，专门负责培育推广玉米新品种，并派出专业农业技术人员到田间地头指导生产。

6.1.2 农业产业化龙头企业农业技术推广的经济学分析

6.1.2.1 农业产业化龙头企业农业技术推广博弈分析

博弈论（Game Theory）又被称为对策论，是指个人或组织，面对一定的环境条件，在一定的规则约束下，依靠所掌握的信息，从各自选择的行为或策略进行选择并加以实施，并从各自取得相应结果或收益的过程。博弈论是研究决策主体在给定信息结构下如何决策以最大化自己的效用以及不同决策主体之间决策的均衡的理论，也就是，各决策主体的决策是相互影响的，每个经济主体（个人或企业）在决策的时候必须将其他经济主体的决策纳入自己的决策考虑之中，同时兼顾其他经济主体对于自己的决策考虑之中……在如此迭代考虑情形进行决策，选择最有利于自己的战略（strategy）。博弈包括五个基本要素：一是局中人（Player），即在某一博弈中，以最终实现自身利益最大化的、拥有独立决策权的参与者。二是策略（Strategy），即博弈中，各局中人都有选择实际可行的、完整的策略或行动方案。三是赢利（payoffs），即博弈结局时的结果。四是次序（orders）。各博弈方的决策有先后之分，且一个博弈方要作不止一次的决策选择，就出现了次序问题。参与者同时采取行动，或者尽管有先后顺序，但后行动者不知道先行动者的策略（静态博弈）；双方的行动有先后顺序并且后行动者可以知道先行动者的策略（动态博弈）。五是博弈信息，是指能够影响最后博弈结果的所有局中人的情报。参与者对所有参与者的策略空间及策略组合下的支付有充分了解称为完全信息博弈；反之，则称为不完全信息博弈。

根据各博弈方采取策略时是否具有约束力的协议，可将博弈分为合作博弈和非合作博弈两种类型。无论是龙头企业，还是农户，都追求自身利益最大化，选择那些使自己利益最大化的行动或者策略，各博弈方不想通过任何有约束力的协议约束自己，而且存在着信息不对称的情况。因此，在决策过程中，存在着非合作博弈问题，见图6-1。

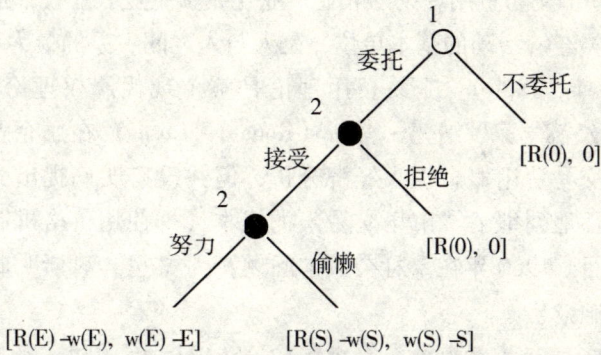

图6-1 不确定性的委托—代理模式下的龙头企业与农户非合作博弈

Fig. VI－I non－cooperative game of the leading enterprises and farmers
in the Uncertainty principal－agent model

图6-1中，局中人1代表龙头企业，局中人2是农户。博弈第一阶段是龙头企业选择是否委托。如果龙头企业选择不委托，其收益为 R（0），即无农户提供的农产品时的收益。当农户生产的某种农产品对龙头企业至关重要时，R（0）≦0；当农户生产的这种农产品对龙头企业并不关键时，R（0）>0，而农户收益为0。龙头企业选择委托之后，由农户进行选择，进入博弈第二阶段。如果农户选择拒绝，其结果与龙头企业不委托完全相同。如果农户选择接受委托，进入博弈第三阶段。农户面临两种选择方案：一是选择努力，龙头企业将会得到质量较高的农产品，设其价值为 R（E），而龙头企业要支付较高的报酬 w（E）给农户，但由于付出努力，需要较高的负效用 -E，因此，龙头企业与农户的得益分别为 R（E）－w（E）与 w（E）－E。二是选择偷懒，龙头企业将会得到质量较低的农产品，设其价值为 R（S），支付较低的报酬 w（S）给农户，但由于偷懒故有较低的负效用 -S，因此，龙头企业与农户的得益分别为 R（S）－w（S）与 w（S）－S。当 R（E）－w（E）>R（0）或者 R（S）－w（S）>R（0）时，龙头企业会选择委托；当 R

（E）－w（E）＜R（0）或者 R（S）－w（S）＜R（0）时，龙头企业会选择不委托。因此，在不确定性的委托—代理下的非合作博弈中，龙头企业掌控着主动权，根据市场行情决定是否收购农户的农产品以及收购的价格和数量，农户处于依附地位，只能被动地等待被龙头企业选择。

6.1.2.2 基于交易费用理论的农业产业化龙头企业农业技术推广

交易是人类经济活动的基本单位，是人与人之间关系的最为基本的和一般的形式（康芒斯，1934）。交易费用理论是整个现代产权理论大厦的基础。1937 年，著名经济学家罗纳德·科斯（Ronald·Cosas）在《企业的性质》一文中明确地将交易费用概念引入经济分析，但并没有明确提出交易费用的概念，只是一般性地列举了"市场交易"的成本（即使用价格机制的成本）所包括的一些项目。1960 年在《社会成本问题》一文里，科斯明确提出了"市场交易成本"概念。

威廉姆森在其专著《市场与等级结构》（1975 年）和《资本主义的经济制度》（1985 年）指出，组织制度问题可以表述为契约问题，可以在节约交易费这个意义上进行探讨。从契约的角度出发，交易费用应包括起草、谈判、保证落实某种契约的事前交易成本以及契约签定后，当事人想退出某种契约关系所必须付出的费用，事先确定的合同条款因为有误而需变动所必须付出的费用，为解决交易当事人冲突所付出的费用、确保交易关系长期化和持续性所必须付出的费用等事后交易成本。由于存在理性有限、机会主义行为、未来不确定性与交易的小数目等条件，因此使得市场交易费用高昂，在市场作为交易管理机制失灵的情况下，企业制度应运而生。

考特将交易费用分为广义和狭义两类。广义的交易费用是指协商谈判、履行合同和获得信息所需运用的全部资源，包括制定谈判策略所需信息的成本、谈判所花时间精力以及防止谈判各方欺诈行为的成本；狭义的交易费用则是指单纯履行一项契约所付出的时间和努力。

N. 斯科菲尔德认为，在给定的情境下，当事人必须通过某种方法获取他人的需求偏好和可能行为策略的相关信息，并将这种信息传递给他人所必须付出的成本，信息成本是交易费用的核心。

肯尼斯·阿罗（K. Arrow，1969）认为交易费用是运用经济制度的成本，包括制度的确立或制订成本，制度的运转或实施成本，制度的监督或维护成本，制度创新变革成本等。

由于我国农村长期实行的是分散的农村家庭经营，单个农户经常直接以经营单位的身份进入市场进行交易。在这种交易模式下，假定存在 m 个农户、n 个市场，每个农户需要到每个市场上去交易一次，其交易结构如图 6 - 2 所示。

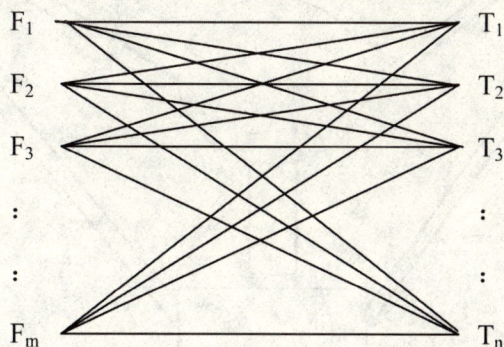

图 6 - 2 单独农户直接进入市场的经营模式

Fig. VI - II business model of individual farmers access to the markets directly

（ Fi = farmer **农户**， Tj = trading places **交易场所**）

此时总的交易次数 $T = m * n$[81]。这种交易模式，由于家庭经营规模小，单个农户所能提供的农产品商品量和所需的生产要素数量十分有限，购销数量小，搜寻和利用信息困难，分散的农户谈判地位低，签订合同解决交易纠纷困难，这必然会增加农户经营的市场交易费用，致使交易很难完成。通过紧密的利益联结机制，农户与农业产业化龙头企业形成利益共同体，共同应对市场风险，从而有效降低交易费用，见图 6 - 3[82]。

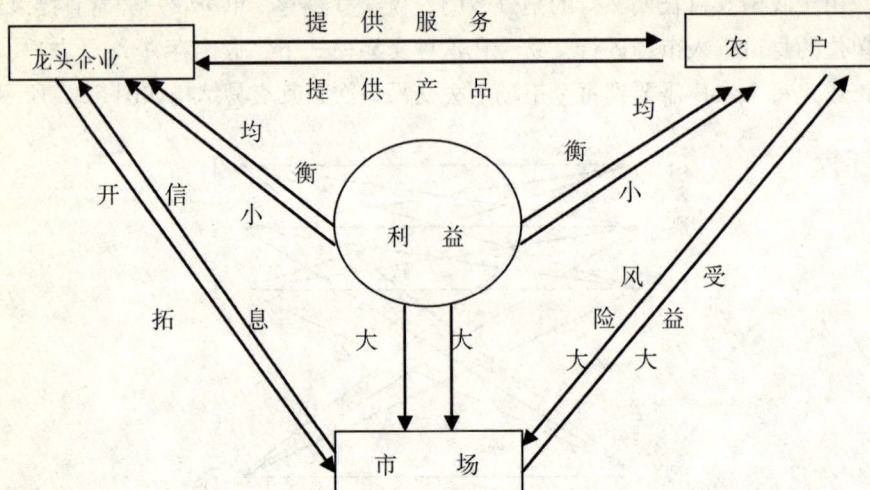

图6-3 龙头企业、农户、市场三者关系

Fig. VI-III the relationship among the leading enterprises, farmers and market

6.2 农业产业化龙头企业农业技术推广主要模式分析

农业产业化龙头企业是农业技术推广中的一支富有活力的重要力量，在技术传播、推广中具有重要的作用。龙头企业一方面加强与农业院校、科研院所等的联系，共同致力于农业新技术、新品种、新生产方法的研究开发，另一方面加强与农户、农民合作经济组织、技术推广机构等的联系，建立紧密的协作关系，推广新技术。龙头企业通过提供良种和先进适用的设备，加快了物化技术的扩散；通过对农民的技术培训，提高了农民采用新技术的能力，降低了农民采用新技术的风险。经过多年的探索与发展，目前，农业产业化龙头企业技术推广的主要模式有：

6.2.1 "公司+农户"技术推广模式

"公司+农户"技术推广的一般运作模式是，农业产业化龙头企业与农村种养专业户或一般种养户建立契约关系，由龙头企业负责供种、供料，提供相关技术指导和服务，并收购产品，种养专业户或一般种养户按照公司要求代种或代养，按时、按质、按量交售产品。

"公司 + 农户"的提法，最初见于河南信阳地委书记董雷发表的《发展农村市场经济的有效途径——"公司 + 农户"》(《经济日报》1993 年 7 月 8 日第二版) 一文。其实，吉林德大有限公司于 1991 年就开始运作"公司 + 农户"一体化经营的合作方式。经过二十年的发展，人们赋予了"公司 + 农户"更为丰富的内涵。

所谓"公司 + 农户"就是指以具有实力的加工、销售型企业为龙头，与农户在平等、自愿、互利的基础上签订经济合同，明确各自的权利和义务及违约责任，通过契约机制结成利益共同体，公司向农户提供产前、产中、产后服务，按合同规定收购农户生产的产品，建立互惠互利供销关系的合作模式。同时，还指合资、入股的紧密型联合以及不受合同约束的松散型联合。吉林德大、大成、皓月等大型龙头企业是"公司 + 农户"模式中合同关系成功的典范。吉林德大有限公司为了让农户获利，实行技术人员担保制度，保证农户每养一只鸡至少挣 1 元钱[83]。皓月公司饲养农户在 3~6 个月的育肥期要统一购买皓月饲料，最好的精料大约 100 元/袋，大约能用半个月。公司收牛标准为每头育肥牛体重要在 400 公斤以上，收购价大约在 4.5~4.9 元/公斤，保证饲养农户利润至少 200 元/头①。

农业产业化龙头企业的主要类型包括加工型、销售型、流通型等。加工型龙头企业为了提高市场竞争力，以其设备优势、资金优势、技术优势、信息优势，根据市场的需求动态进行新技术、新品种的研制和试验，向农户提供优质的种植、养殖品种和科学的种植技术、养殖技术服务，组织分散的农户进行大规模的生产。如吉林德大公司成立肉鸡饲养部，并在长春、吉林、松原等地建立农户代养基地，年均达到 5400 多万只，满足了加工企业的需要。

销售型龙头企业为了增加销售利润，利用其本身对市场行情的了解和把握市场动态的优势，与有关技术部门或研究单位合作，进行技术的引进、开发，将适销对路的新品种、新技术及操作规程等向农户推广[84]，为了增加销售量，企业在向农户销售种子、农药、化肥、农机具等生产资料的同时，也向农户推广此种产品的用量、用法、操作规程等；企业收购农产品时，按照市场要求，统一进行生产物资供应，向农户提供种植（养殖）专业化生产、贮藏、运销等相关技术服务。德惠市北方种业公司在推广美国先锋种业优质、耐密玉米品

---

① 数据来源：吉林省长春皓月清真肉业股份有限公司调研数据

种先玉335时，与农户建立了完善的推广服务销售网络，每年都对购种户建立详细档案，对示范户进行测产，提高了良种的推广效率。公司先以每袋比市场价优惠30元的价格签订销售订单，再结合先玉335单粒播种技术，推出单粒气吸式播种机和轮勺式播种机，提高播种效率；为农民制订科学种田技术方案，购种时即刻发放到农民手中，提高服务质量；每个农时季节，公司派8辆科技服务车，20名科技人员分片包工，深入到示范户、重点户进行示范指导。同时，公司投入资金5万元，租地4公顷，聘请德惠市知名农业专家，设计规范化的肥料、品种、栽培密度试验田，并在各村屯设立了品种展示样板田，把培训班办到了田间。北方种业公司的技术推广模式，使用户群体不断扩大。2006年德惠市种植该品种的面积为3000亩，种植农户1560户；2007年扩大到10万亩，种植农户增加到3065户；2008年扩大到了20万亩，种植户达8820户；2009年面积增加到250万亩，种植农户达到了18420户[85]。

流通型龙头企业主要通过向农户或企业提供相关的物流、营销、信息等服务，从而带动农户增收。如吉林粮食批发市场为产销区的粮食贸易牵线搭桥，为各级政府和粮食经营企业提供及时准确的信息服务、灵活方便的交易服务、安全快捷的结算服务。企业建立"吉林粮食市场"信息网站，每天以最快捷的方式提供吉林粮食市场、中国主要港口、芝加哥主要农产品、大连商品交易所、全国各主要批发市场等6种以上的最新价格信息以及国内外粮食市场的权威分析、政府部门的宏观政策、农业生产、气象和竞价交易会展等数百条粮食信息。

6.2.2 "公司＋基地＋农户"技术推广模式

这种模式通过乡村行政部门把农户组织起来，建立种养基地，由龙头企业派管理人员和技术人员等进行全面集中管理和技术指导。如吉林省磐石市将分散的农户组织起来，建起以吉昌、烟筒山等镇为中心的绿色稻米基地，以石咀、宝山等乡镇为中心的肉鸡和蛋鸡养殖基地，以驿马、松山等镇为中心的药材种植基地，以取柴河、牛心等镇为中心的食用菌基地，以黑石、宝山等乡镇为中心的果品基地，发展壮大一批产业基地。磐石市政府依托美国PIC集团、浙江晓生蛋品公司、吉林皓月公司、卓越公司等知名企业的技术力量，培育了盈宝禽业、吉旺牧业、香谷坊米业等一大批小型龙头企业，全市已建成25个产业基地村、35个牧业小区，生猪饲养量达100万头，黄牛饲养量40万头，肉鸡达到2000万只，蛋鸡达到400万只，食用菌人工栽培面积达到210万平方米，果树面积发展到 3000 公顷，药材达到 1500 公顷[86]。

6.2.3 "公司＋农民合作经济组织＋农户"技术推广模式

这种模式是成立一个能够代表农民利益、可信赖的合作经济组织与公司直接对接，公司负责提供技术、种源、市场信息等服务，合作经济组织负责监管农户的具体操作，双方以契约形式密切合作。农民合作经济组织具有公司的性质，农民是股东，利益分配原则是合作经济组织保本，社员回报最大化，合作经济组织的经营行为和发展方向要符合农民意愿。合作社与公司的合作实质上就是公司与公司的合作，二者地位平等，利益分配均衡，从而增强了农民参与市场竞争的能力。吉林省帝健绿色禽类养殖专业合作社是由敦化市长白山绿色禽产品科技开发有限责任公司和敦化市两个乡镇的 13 户农民发起成立的，致力于发展绿色禽类养殖产业，带动周边村民增收。公司负责产品质量监测、销售、市场信息反馈和相关技术指导服务，合作社负责蛋鸡品种筛选、不同日龄鸡所食饲料配方及用量的确定、蛋鸡屠宰、蛋鸡养殖所需的野生植物全价饲料，到 2009 年 7 月，该合作社已发展蛋鸡 2 万只。

案例 6 – 1

二马泡有机农业开发有限公司农业技术推广模式

松原市二马泡有机农业开发有限公司采用"公司＋合作社＋农户"模式进行技术推广。公司采取统一品种、统一生产资料、统一引进新的栽培技术、统一耕作，实施机械化耕作、集约化管理、规模化经营的运营思路，通过农民合作经济组织，紧密联系农户，通过订单形式，建立产业基地，为农产品加工提供了充足而稳定的原料来源。公司及合作社现有耕地 12550 亩，与农户订单基地 20000 亩，主要种植水稻、玉米、高粱、谷子、大豆等有机农作物。

资料来源：调研整理

"公司＋农户"在实践中的扩展模式还有"公司＋加工专业户＋农户"、"公司＋养殖大户＋农户"、"公司＋经纪人＋农户"等。随着农业商品化程度的提高以及专业农户的认同感和农民自组织能力的增强，"公司＋农户"模式可能越来越多地被"公司＋协会＋农户"模式所替代，进而被"合作社＋农户"模式所替代，或者是多种模式竞争性并存[87]。

6.3 农业产业化龙头企业农业技术推广问题分析

6.3.1 龙头企业技术推广中与农户的利益分配和利益联结机制问题

根据"公司＋农户"利益关系的紧密程度可分为紧密型"公司＋农户"和松散型"公司＋农户"两种类型。紧密型"公司＋农户"是公司与农户签订合同以及通过合资、入股等方式相结合，关系联结紧密。在一定程度上，双方都能把对方利益看成自己的利益，形成了比较稳定的产品购销关系和利益共同体。公司可以及时收购保质保量的农产品，确保公司加工销售有稳定的货源。同时，农产品既有稳定的销路，又确保了农户稳定的收益。而第二种松散型"公司＋农户"是公司与农户挂钩经营，公司提供技术、物资和服务，并收取一定的管理服务费，双方对产品购销具有一定的灵活性，没有严格约束双方行为的法律手段。但龙头企业与农户的合作是以利益关系为纽带的，双方获得比较满意的回报是建立在利益联结机制基础上的。龙头企业是以利润为中心，往往追求利润最大化，而农户也追求较高的销售价格。当农产品市场价格高于协议价时，有些农户就可能毁约而把产品卖到市场；当市场价格低于协议价时，龙头企业可通过调整合同条款等方式尽量压低收购价或增加农户种养成本，企业则有可能毁约而另选货源。公司与农户双方的违约行为严重制约了农业技术推广的有效有序进行。因此，如何规范龙头企业与农户行为，使双方信守合同，建立长期稳定的合作关系问题值得研究。

目前，在吉林省农业产业化龙头企业和经营组织中，与农户利益相联结的机制是以合同关系为主，这种类型占龙头企业和组织总数的 60.2%。通过合同联结龙头企业与农户之间的关系，由于双方趋利心理，单方撕毁合同的事件时有发生，很多合同本身具有虚假性，因而合同无法律效应。所以，双方应该根据《合同法》认真签定合同，同时到公证部门公证。农民建立农民协会、组成合作社，平等地与企业谈判，使合同真正成为约束双方行为实现双赢的保证。同时，农户以资金、土地等要素入股，和企业共同投资入股、共同占有和使用资产，共同承担风险，共同受益，共同参加管理，使农户和企业以劳动联合和资本联合相结合，按劳分配和按资分配相结合，双方利益紧密联结在一起，调动其积极性，使企业与农户真正形成风险共担，利润均沾的利益共同体[87]，通过建立科学合理的联结方式，加大龙头企业对农户的带动力，提高农业技术普及进度，促进农村经济的良好发展。

6.3.2　技术服务体系建设与管理问题

农业产业化龙头企业是我国一支重要的农业技术推广力量，在实现农户分散经营与大市场有效衔接、提高农业生产效益、优化生产要素配置、促进城乡统筹发展等方面发挥着重要作用。完善的以技术为主的社会化服务体系是加快龙头企业技术推广的重要因素，这种体系是指龙头企业为农户提供产前、产中、产后的系列化服务。但是目前，很多龙头企业在产前、产中、产后服务中不能善始善终。产前，公司为了出售生产资料，服务周到细致；产中服务不认真，服务态度差或无服务；产后，以各种理由不兑现当初的承诺。因此，龙头企业在产前要做好生产规划。对于种植业来讲，产前种子、化肥、农药应及时到位，保质保量，并进行用法和用量的技术指导；对于养殖业，畜雏、饲料、药械技术也要及时保质保量到位。在调查中，有因公司提供的生产资料有质量问题使农户遭受了损失而放弃与公司合作的现象存在。产中，公司技术员要随时跟踪，发现问题，及时解决。产后及时按约定收购农产品和畜产品，并及时兑现资金。很多农户就因某些龙头企业拖欠资金，不相信龙头企业而不愿与之合作。德大公司当时就结算并支付现金，是龙头企业的楷模。

农业产业化龙头企业技术推广比较盲目，缺乏选择性，不能以一定区域即圆心为核心，向外扩展，从而增加了运输成本及运输过程中的农畜产品的损失，制约着吉林省农业产业化龙头企业技术推广的普及。因此，龙头企业推广农业技术要与当地资源优势相结合，不同区域其资源优势不同，所需农业技术不同，这需要由不同性质的龙头企业推广不同农业技术，同时与当地农村产业结构调整政策结合起来。

吉林省根据地形地貌特征可分成西部草原区、中部台地平原区、东部山区。吉林省西部白城市现有草原面积 1861 万亩，林地面积 537 万亩，宜林宜草后备资源 490 万亩，水面面积 223 万亩，可养鱼水面 112 万亩，芦苇面积 214 万亩，是吉林省重要的杂粮杂豆、半舍饲畜牧业、水产品基地，应推广相应技术；吉林省中部土壤肥沃，盛产粮食，粮食过剩要过腹转化，发展舍饲精品畜牧业，应推广种植技术和养殖技术，目前已形成具有一定规模的龙头企业，如"大成"、"黄龙"、"吉粮"、"华正"、"德大"、"皓月"等；东部山区适合发展葡萄酒业、特产业和瓜菜业。2008 年，吉林省 19 个药材加工型龙头企业，通化和白山就有 14 个。通化市所属药厂一年购药成本 20 余亿元，而购买当地药材，付给农户的资金不过超 300 万元，只占购药成本的 0.15%，所以通化市药材种植技术推广潜力巨大，农民增收潜力巨大。

根据农业布局的区位理论，农产品销售地距产地越远，运费越高。这种空间距离造成的价格差决定了龙头企业技术的辐射面及其位置的选择。吉林德大有限公司推广的养鸡技术 55% 以上是辐射在德惠市周边地区。这样就降低了运输成本。

农民在接受种养新技术时，由于没有使用新技术的经验，非常需要技术人员的帮助和具体指导，而据本人对龙头企业基地的农户调查，由于公司缺少技术人员或其他原因，农户打电话提出作物或畜禽出现异常现象，技术人员就要求其去站点取药，深入指导的次数很少。其中在一定区域内的 6 个乡（镇），只有 3 个技术人员，因而技术指导经常满足不了农户的需求。加之，龙头企业对技术人员疏于管理，致使农业技术服务不到位，农户蒙受损失，龙头企业也失去了信誉，技术推广受到影响。因此，龙头企业要及时吸纳大专院校相关专业新毕业的学生，充实壮大龙头企业技术推广队伍。定期请大专院校、科研院所的专家、教授对技术人员进行培训，同时做好年轻技术人员出去进修深造的规划，提高技术人员素质。加强对技术人员的规范化管理，提高技术人员的服务意识、责任心和服务态度。龙头企业可以学习"海尔"的服务，服务人员上交服务单，用户在服务单上给服务人员写评语，并签字，以此作为评定技术服务人员工作业绩的一项指标。

6.3.3 龙头企业空间与产业分布及规模问题

吉林省农业产业化龙头企业分布不均，发展不均衡，实力不强。截止到 2007 年底，吉林省国家重点龙头企业有 34 户，长春 13 户，辽源和白山各 1 户，松原市无，见表 6-2；全省销售收入超亿元的省级农业产业化重点龙头企业达 109 户，白城市仅有裕丰米业 1 户。从产业领域看，玉米和畜牧业龙头企业占总数的 80%，水稻、种子及其他类型的龙头企业仅占总数的 3.6%，见图 6-5。2008 年，吉林省农安县规模以上农业产业化龙头企业共计 45 家，其中农副产品加工业 20 家，占 44%；农安镇 13 家，合隆镇 9 家，龙王乡、烧锅镇、高家店镇、三盛玉镇、青山乡、黄鱼圈乡、小城子乡、新农乡无。龙头企业发展的不均衡造成了其技术推广的力度和辐射面不均衡，所以吉林省各地区农民年人均纯收入差距大。因此，吉林省各级政府应根据本地实际情况，积极扶持并壮大农业产业化龙头企业，同时密切与本地产业优势相似的相邻地区的联系，注重产业集群，形成产业化龙头企业群。

表6-2　吉林省重点农业产业化龙头企业情况（2007年）

Table. Ⅵ-Ⅳ the important agriculture industrialization leading enterprise

in Jilin Provingce（2007）

	国家级（户）	省级（户）	市级（户）	产值（亿元）	带动农户（万户）	带动农户占比（%）
长春	13	48	96	360	45	53
吉林	3	26	56	123	45	82
四平	5	28	97	135	31	55
通化	6	43	43	112	17	51
白城	3	31	30	72.5	15.5	50
辽源	1	22	65	65.2	11	61
松原	0	19	65	66.6	32	64
白山	1	24	50	67	39.8	
延边	2	28	100	63	12	21
总计	34	269		1064.3	248.3	65

资料来源：吉林省农业委员会农业产业化处

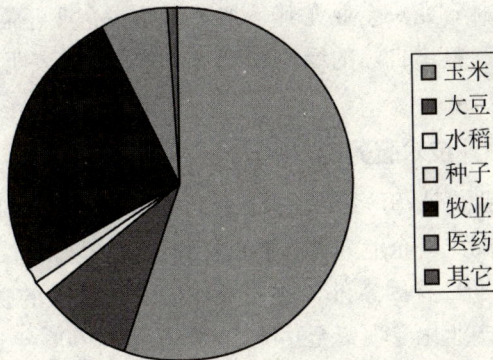

图6-5　吉林省规模以上龙头企业产业分布

Fig. Ⅵ-Ⅴ scale main item enterprise industry distibution in Jilin Province

　　吉林省多数龙头企业规模不大，农产品粗加工多而精加工少，产业链条短，产品附加值低。美国的农产品总价值构成中，产后部门创造的附加值占62%，而吉林省的农产品总价值构成中，生产资料转移价值占40%，农业生产创造价值占40%，生产加工流通增值20%，初中级产品占产品总量的70%。这种较低水平的加工能力，使龙头企业效益低下，难以扩大规模。这就需要龙头企业积极探索企业技术创新模式，加强技术创新。产业链的快速延伸，农产品加工层次的加深和增值幅度提升是提高农业产业化龙头企业竞争力的重要途径，技术创新能力是增强龙头企业核心竞争力的关键所在。因此，龙头企业既要依靠自己的科研机构和技术力量进行自主创新，又要以本企业为主体，通过企业与企业、企业与科研院所或大专院校合作推动技术创新，实现资源互补，降低创新风险。同时，在其他创新主体率先创新的影响和利益诱导下，通过购买专有技术或专利许可证的方式进行模仿创新，以达到"后发优势"。企业无论采取何种创新模式，都应不惜重金吸引高级技术人才，同时采用有效的技术创新激励机制，逐步建立起一流的农产品精深加工技术创新体系。

由于规模小，龙头企业效益低下，带动能力不强，知名度低，加之部分龙头企业不讲信誉，没有正确的价值观和社会道德规范以及商业伦理，农户利益得不到充分有效的保证，使农户对龙头企业缺乏信任，因而很多企业与农户仍然是简单的买断关系。因此，可以把公共关系思想导入企业生产经营与农户的合作中，塑造良好的企业形象，增强农户的信任度，提高企业的认知度和美誉度。同时，要求吉林省龙头企业尤其是加工型龙头企业还需上规模、上档次，增加农产品附加值，打出自己的绿色农产品品牌。事实表明，越是深加工，增值的幅度越大。

6.3.4　龙头企业技术服务能力保障问题

解决"三农问题"是历届政府的工作重点和难点。农业增效，农村经济增强，农民增收需要龙头企业强有力的带动作用。农业产业化龙头企业技术服务能力的强弱，除了自身因素外，还需要政府给予积极的扶持。2005 年，吉林省政府扶持农业产业化专项资金达到 5000 万元，2006 年达到 1 亿元，2007 为 2 亿元。但从全省看，各地政府扶持力度差异较大。政府需要制定一系列优惠政策来扶持培育一批带动能力强辐射面广的龙头企业。例如在税收减免、财政支持、银行贷款要有一系列扶持政策。

农业发展需要承受来自自然、市场、技术等方面的风险。一旦出现天灾，大量农畜产品减产或绝收；如果市场环境发生变化，龙头企业遭受经济损失，削弱了辐射带动能力，因此，需要建立风险基金来抵御各种风险。一是龙头企业建立风险基金。龙头企业从自有资金中提取一部分作风险专用资金，以后从每年的经营利润中提取一定比例扩大风险基金。皓月公司给育肥牛上"保险"

是值得龙头企业学习和借鉴的。农村流行这样一句话，"家有万贯，带毛不算"，发展养殖业，农民最担心的就是畜禽的死亡率高，养殖风险大。皓月公司为了解除农民后顾之忧，与中国人民保险公司长春分公司经过多次商谈达成协议，给农民代养的育肥牛上保险。凡是在运输、饲养期间死亡的育肥牛，都由保险公司按规定理赔，每头牛的最高理赔金额达 1300 元。双辽县农民刘永超他养的育肥牛死了 3 头，保险公司理赔了 80%，刘永超仅损失一小部分。这样，可解决农户的后顾之忧，利于先进的农业技术的进一步推广。二是龙头企业与农户共建风险基金。从两者的利润中按比例提取风险防范基金。这种基金的建立和使用很复杂和困难。这要在龙头企业与农户的合作关系比较稳定，龙头企业在农户心中信誉度较高时，才容易建立和使用。三是政府建立风险基金。政府从财政收入中提取一定比例专用资金，作为龙头企业发展建设的风险防范基金。但对这一基金的使用要有明确标准，否则会形成龙头企业对政府风险防范基金的依赖或滥用。

龙头企业健康发展有赖于对龙头企业的动态监测与管理，龙头企业动态监测的指标包括：农户利益的保障程度高，农户的满意率高达 90% 以上；资产负债率不超过 60%；销售收入增长较快，带动农户数量不断增多和市场开拓能力不断增强[88]。国家级重点龙头企业监控主体由农业部，国家计委、财政部、中国人民银行、国家税务总局、中国证监会、中华全国供销合作总社等构成；省级重点龙头企业监控主体由国家级重点龙头企业监控主体的派出机构担任，具体的组织和日常管理工作由省农业产业化处负责。对在监测中不符合条件的，一律取消资格，不搞"终身制"。

6.4 小结

一是龙头企业与农户合作的内在机制是利益分配的合理化，讲诚信、树形象是双方持续合作的保障。在大多数龙头企业与农户未进入合作的成熟期时，政府应充当裁判，代表农户利益，主持公道，树立良好形象是必要的。

二是农业产业化龙头企业向农户推广技术过程中的运作模式，要因地制宜，因势而变，应充分运用创造性思维，根据企业性质、行业特点、农户的个体差异而发展多种形式的紧密型利益联合体，由现在的以"公司 + 农户"为主要模式，向"公司 + 农民合作经济组织 + 农户"等方向发展，农民就不会成为合同的被动接受者，可以同公司平等地谈判，维护自身利益。

三是龙头企业技术推广有时需要农民进行规模化生产、专业化经营，这又需要农村土地流转制度的配套改革及农村城镇化、工业化加快发展。根据吉林省的特点，农业产业化龙头企业重点围绕畜产品、玉米、水稻、大豆、特产业上大做文章。政府应以大型龙头企业为主，中小型龙头企业为辅协调发展，统一规划，抓大也不放小，统筹兼顾。在政府的指导下，农业产业化龙头企业技术推广可分三步走：第一步，重点带动经济实力相对雄厚、资源优势明显的地区，使其先富起来；第二步，带动经济实力一般、资源优势明显的地区，使其迎头赶上；第三步，带动经济实力一般、资源相对缺乏，使其不落后，进而达到共同富裕。同时，龙头企业技术推广必须结合农村产业结构调整和农业结构调整来进行。

四是农业产业化龙头企业在进行农业技术推广时，首先应加强科研投入力度，大企业成立研究机构，进行科研攻关，持续开发新品种、新技术，使技术推广工作有科研保障；其次是加强管理，建立有效的激励和约束监督机制，提高技术推广人员的业务水平和素质，强化服务意识和提高服务质量；第三是建立完善的社会化服务体系，结合当地农村产业结构调整，分区域有选择有针对性地向农户推广技术；第四是争取当地政府的协助和支持，维护农民利益，树立政府形象。

第七章

农民合作经济组织农业技术推广

改革开放以来，我国农村经济体制改革不断深化。为适应农业生产的专业化、商品化、社会化和市场化需要，农民在自愿互助和平等互利基础上联合起来，组建农民合作经济组织，从事特定的生产经营和技术服务活动，以实现和维护自身利益。经过多年的发展，农民合作经济组织已经成为我国农业技术研究、开发和技术推广体系中的重要组成部分。

7.1 农民合作经济组织发展历史

7.1.1 中国农民合作经济组织的发展轨迹

我国农民合作经济组织产生于 20 世纪 80 年代初期，大致经历了四个发展阶段。

第一阶段：萌芽形成阶段（1980～1990 年）。这一阶段，农民合作经济组织是农民自发组织起来的技术服务组织，活动内容以技术合作和交流为主。最早出现农协的是四川省，20 世纪 80 年代在郫县成立了养蜂协会。随后，广东也出现了专业协会，如恩平县牛江镇杂优稻研究会。当时农民合作经济组织未被人认可，没有引起各级领导的重视和支持，组织数量少、规模小，且多数没有章程，稳定性差，规范化程度低[89]，尚处于自生自灭的自发状态之中。1986 年 1 月，国家科委、中国科协联合提出把支持推动合作组织的发展和提高作为农村科普工作的重要内容，中国科协组织并成立了中国农业专业技术协会。20 世纪 80 年代中后期专业合作协会在中国科委、科协等有关部门的扶持下，得到了较快发展。当时山东、四川、黑龙江、湖南等省的专业合作协会发展较快。据农业部统计，截止到 1990 年，全国各类专业合作组织达 123.1 万个，其中，生产经营型 74 万个，占总数的 60%；服务型 41.4 万个，占

33.6%；专业技术协会7.7万个，占6.4%。

第二阶段：指导探索阶段（1991～1999年）。这一阶段主要是通过加强政策支持，充分发挥部门作用，积极组织试点和制定示范章程等方法措施，推进农民合作经济组织的发展。1991年，国务院发布《关于加强农业社会化服务体系建设的通知》，《通知》中指出，以乡村集体或合作经济组织为基础，以专业经济技术部门为依托，以农民自办服务为补充，形成多经济成分、多渠道、多形式、多层次的农村社会化服务体系，并要求各级政府加强领导和支持，保护其合法权益；1993年，国务院明确以农业部作为指导和扶持农民专业合作与联合组织的行政主管部门；1994年1月，农业部和国家科委联合下发了《关于加强对农民专业协会指导和扶持工作的通知》，要求各地为专业协会发展创造一个良好的外部环境；1994年，中共中央4号文件强调指出，要"抓紧制定《农民专业协会示范章程》，引导农民专业协会真正办成民办、民管、民受益的新型经济组织"；不久，农业部与有关部门协作起草了《农民专业协会示范章程》。《中共中央、国务院关于做好1995年农业和农村工作的意见》提出，"要抓紧筹建全国供销合作总社；供销社系统退出政府序列后，要进一步深化改革，真正办成农民群众的合作社，更好地为农业、农村、农民服务。"1997年财政部财商字〔1997〕156号文件规定，"专业合作社销售农业产品，应当免征增殖税"。《中共中央、国务院关于1998年农业和农村工作的意见》提出，要"发展多种形式的联合与合作。农民自主建立的各种专业合作社、专业协会以及其他形式的合作与联合组织，多数是以农民的劳动联合和资本联合为主的集体经济，有利于引导农民进入市场，完善农业社会化服务体系，要加大鼓励和大力支持"。中国共产党第十五届中央委员会第三次全体会议于1998年10月14日通过的《中共中央关于农业和农村工作若干重大问题的决定》明确规定："农民采取多种多样的股份合作制形式兴办经济实体，是改革中的新事物，要积极扶持，正确引导，逐步完善。以农民的劳动联合和农民的资本联合为主的集体经济，更应鼓励发展。"此后，根据国务院指示，农业部会同有关部门开始进行农民专业协会的立法和管理试点，确定陕西、山西为借鉴日本农协经验的试点省，安徽为农民专业协会示范章程的试点省，黑龙江、四川等省结合农业支持项目，开展了农民专业协会或农民合作组织的试点工作。1995年，中共中央、国务院《关于深化供销合作社改革的决定》，把发展专业合作社作为供销合作社改革的重要措施。供销合作社还把兴办专业合作社，作为其寻求改革和发展出路的重要方式。试点工作推动了专业合作组织的发展，据农业部经营管理司统计，截至 1999 年，全国农民合作经济组织达 140 多万个，其中规模较大、管理较好、活动较规范的有 10 多万个，从地区分布来看，超过 5 万个的省份有河北、山西、江苏、安徽、福建、江西、山东、河南、广东、四川等省。到这一阶段，合作社的合作活动内容逐渐拓宽，从主要以技术合作为主，转向共同购买生产资料、销售农产品乃至进行共同使用资金、设施等生产要素方面的合作。

第三阶段：引导规范阶段（2000～2005 年）。为解决"三农"问题，提高农民组织化程度，帮助农民应对加入 WTO 带来的挑战等，党和国家进一步明确了发展农民合作经济组织的思路和措施。2002 年 12 月 26 日，九届全国人大三十一次会议修订通过《农业法》，在"农业生产经营体制"第 11 条中，明确了"国家鼓励农民在家庭承包经营的基础上自愿组成各类专业合作经济组织"，明确了国家鼓励和支持农民专业合作经济组织参与农业产业化经营、农产品流通和加工以及农业技术推广等活动。2003 年《中共中央、国务院关于做好农业和农村工作的意见》中提出，"积极发展农产品行业协会和农民专业合作组织，建立健全农业社会化服务体系"。十六届三中全会通过的《中共中央关于完善社会主义市场经济体制若干问题的决定》中进一步指出，"支持农民按照自愿、自主的原则，发展多种形式的农村专业合作组织"。2004 年中央 1 号文件提出，"积极推进有关农民专业合作组织的立法工作；各级财政安排专门资金支持农民专业合作组织开展信息、技术、培训、质量标准认证、市场营销等服务"；2005 年中央 1 号文件提出，"支持农民专业合作组织发展，对专业合作组织及其所办加工、流通实体适当减免有关税费"。与此同时，地方各级政府高度重视和支持农民专业合作经济组织的发展，出台了相应的制度措施，如浙江省于 2004 年 11 月率先制定出国内第一部农民专业合作组织法规，即《浙江省农民专业合作社条例》（2005 年 1 月 1 日施行）；2004 年 5 月甘肃出台了《关于大力发展农民专业合作组织的意见》等。2002 年 11 月，农业部在全国确立了 100 个农民专业合作经济组织试点单位和 6 个地市级农民专业合作经济组织综合试点单位，2003 年又将浙江省作为农民专业合作经济组织建设试点省；2004 年，农业部确立了 111 个示范点，农民专业合作组织成员数量达到 2363 万人，占全国农户总数的 9.8%；2005 年，农业部围绕 11 个优势农产品区域、35 种主导产品，在北京、吉林、浙江、安徽、湖北、湖南、山东、河南、陕西、宁夏、四川和青岛等 12 个省市开展农民专业合作组织的示范建设，确立示范项目 146 个。2005 年 4 月，农业部制定并颁布《关于支持和促进农民专业合作组织发展的意见》，提出从各个方面采取措施，大力促进农民专业合作组织发展。2003～2005 年，财政部安排 1.5 亿元专项资金支持试点建设，其他相关部委也在制度、资金、技术等方面对农民专业合作组织的发展给予指导和支持；2005 年，省级财政扶持资金达到 1.4 亿元。据农业部统计，到 2005 年全国比较规范的农民专业合作组织已超过 15 万个，社员达到 2363 万人，占全国农民的 9.8%，平均每个社员获得盈余返还和股金分红约 400 元，增收 500 元左右[90]。

第四阶段：依法发展阶段（2006 年至今）。2006 年中央 1 号文件提出，"积极引导和支持发展各类专业合作经济组织，加快立法进程，加大扶持力度，建立有利于农民合作经济组织发展的信贷、财税和登记等制度"。2006 年 3 月 25 日，浙江瑞安率先组建了中国第一家集农村金融、农产品生产和流通为一体的综合性农村合作组织——瑞安农村合作协会。2006 年 10 月 31 日第十届全国人民代表大会常务委员会第二十四次会议通过了《中华人民共和国农民专业合作社法》，2007 年 7 月 1 日正式实施。该法的颁布实施，标志着我国农民专业合作社建设进入了依法发展的新阶段，农民专业合作社作为新型的农村生产经营组织正式以合作社法人资格参与市场竞争，在农业生产经营中可以享受税收优惠政策，在信贷、商标注册等方面具有平等的权利，农民专业合作社及其成员可以依法保护自己的权益。为确保农民专业合作社法顺利实施，国务院颁布了《农民专业合作社登记管理条例》、农业部及时颁布了《农民专业合作社示范章程》，同时于 2007 年 7 月 1 日施行。财政部颁布了《农民专业合作社财务会计制度（试行）》，于 2008 年 1 月 1 日施行。农民专业合作社建设与发展的法律法规制度框架体系已初步建立起来。为全面贯彻农民专业合作社法，各地也根据本地实际情况，颁布相应法律法规，积极推动农民合作经济组织的发展。2007 年 11 月 24 日，陕西省人大常委会通过了《陕西省〈农民专业合作社法〉实施办法》，于 2008 年 1 月 1 日施行。湖北省人大常委会也审议通过了《湖北省实施〈中华人民共和国农民专业合作社法〉办法》。

7.1.2 吉林省农民合作经济组织发展轨迹及现状

吉林省农民合作经济组织的发展，大体上经历了 2 个发展阶段。第一个阶段是起步阶段（20 世纪 80 年代末～2000 年），作为经济欠发达、市场发育程度较低的省份，吉林省农民合作经济组织的萌芽和起步较晚，到 20 世纪 90 年代后期，各地相继出现了一些以技术交流传播为主要活动内容的各类协会、研究会。第二阶段是快速发展阶段（2001 年—）。进入 21 世纪以来，随着农业生产商品化、市场化进程加快，特别是 2003 年以来，吉林省省委省政府高度重视农村经济组织创新工作，先后出台了一系列扶持政策，拿出专项扶持资金，大大激发了广大干部群众创办合作经济组织的积极性。2005 年，吉林省被列为全国农民专业合作经济组织建设试点省。全省各地不断提高认识，通过政策扶持、资金支持、项目带动、典型示范和信息化建设，积极引导和扶持农民合作经济组织发展，农民合作经济组织数量急聚增加，规模迅速扩大，运行质量提高较快，步入了新的历史发展时期。主要表现在以下几个方面：

一是发展迅速。吉林省农民合作经济组织起步较晚，但发展较快。截至 2008 年末，吉林省较规范且登录吉林省农民专业合作社管理系统的各类合作组织已发展到 4806 个，加入农户 72 万户，带动农户 135.7 万户，入社成员年人均纯收入达 5800 元，比未加入合作组织的农户高出 900 多元[91]。无论是组织数量、带动农户功能，还是服务能力，都实现了历史性突破，达到了新的阶段性水平。

二是组建类型多样化。吉林省农民合作经济组织组建类型大致可以分为农民互助合作型、农村专业大户或农村能人领办型、龙头企业带动型、支部＋合作经济组织型、基层供销社转制创办型等。

三是合作领域不断扩大。产业构成由单一种养业向特产业、加工业、运输业和流通业等多领域延伸；服务内容由单一的研究、交流、传播技术及购销服务向技术、信息、加工、销售等综合服务方向发展；活动领域由单纯的生产环节扩展到产前、产中、产后全过程；合作范围由村内、乡内发展到跨乡、跨县（市）甚至跨省。如东辽县高云山养鸡协会，会员达 600 多人，不仅分布在全县各乡镇，还辐射到辽宁省西丰县等外市县。

四是分布呈现明显的区域性。吉林省大多数农民合作经济组织是围绕发展当地主导产业和特色产品建立起来的，带有明显的区域性。从事特色种植、养殖及中药材生产加工的多集中在东部山区；从事玉米、水稻等大宗粮食作物生产、加工及畜禽养殖的主要分布在中部地区；从事杂粮杂豆生产销售的多分布于西部地区；从事瓜果、花卉、蔬菜加工的多分布于环城经济带。

五是合作组织运行逐步规范。2008 年，吉林省到工商部门注册登记的农民合作经济组织已经达到 1976 个，是 2007 年的 19.7 倍，位居全国前列[92]。多数农民合作经济组织具有较规范的合作章程、组织机构，能够定期召开理事会和社员代表大会，能够定期对组织成员进行技术指导和专业培训，对成员生产的产品一般按高于市场价收购。全省有 502 家合作组织有经营实体，124 家合作组织建立了风险基金，69 家合作组织将所得利润按社（会）员交易量进行二次分配，还有一部分合作组织提取了公益金和公积金用于公益事业。

但目前吉林省农民合作经济组织存在着发展不均衡的问题，这主要体现在：

一是地区发展不均衡。吉林省平均 2.39 个村 │ │ │个农民合作社，分布也不平衡，中部好于东部和西部。如四平市梨树县合作社已发展到 400 多家，占全市一半以上，占全省的十分之一，而有些市、县发展相当缓慢，还存在一些空白乡、空白村[93]。

二是产业发展不均衡。吉林省农民合作经济组织，产业分布为：种植业占 39%，畜牧业占 36%，渔业占 2%，其他占 23%[94]。围绕种养业等传统农业生产建立的合作社比重大，占合作社总数的 75%；从事产品加工、仓储、运销、资金互助等方面的合作社比例很小。

三是规模发展不均衡。规模大的合作社社员多达上百户，而且跨区域联合；小的只有几户社员，生命力很弱。

四是利润增加不均衡。效益好的合作社资产过百万，户均增收上万元；而有的合作社基本没有资产，户均增收只有一二百元。

7.2 农民合作经济组织农业技术推广经济学分析

合作经济组织中的农民统一采购生产资料能够降低生产成本，统一销售产品能够增加农民的利润，农民合作经济组织壮大了农民的经济实力、市场谈判能力和抗风险的能力；同时，有利于合作经济组织品牌的传播与推广，有利于合作经济组织内部产品的销售。

7.2.1 促使生产者成本最小化

英国经济学家亚当·斯密认为人的行为动机根源于经济诱因，人都要争取最大的经济利益。因此，无论是作为个体的农户还是作为合作形式的农民合作经济组织，都要考虑成本问题。

在产量（Q_0）既定情况下，农业生产者将考虑如何使投入要素的组合达到成本最低，即成本最小。假定生产要素仅为劳动 L 和资本 K 两种，劳动的价格为工资 w，资本的价格为利率 r。由于农业生产者可以随时调整成本，根据经济学中等成本线和等产量线原理，生产者在等产量曲线与等成本线相切点（E_1）达到均衡。在 E_3 点上，$MP_L/MQ_K < w/r$，即生产者增加资本投入，资本价格上升，生产成本增加；在 E_2 点上，$MP_L/MQ_K > w/r$，即增加劳动投入，劳动价格上升，生产成本增加；在 E_1 点上，$MP_L/MQ_K = w/r$，资本投入和劳动投入均衡，生产成本低于 E_3 和 E_2 两点，此时，生产者投入成本最小，见图 7-1。

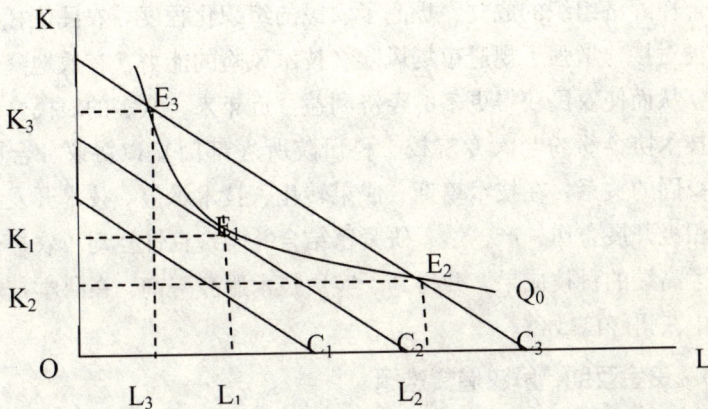

图 7-1 既定产量的成本最小化

Fig. VII-I the minimize cost of established production

针对农业生产者来说，需要支付生产成本和交易成本。农业生产成本包括活劳动消耗、流动资本消耗（如种子、农药、化肥、塑料薄膜及其他原材料）和固定资本消耗（如农业机械、农用建筑物等）。交易成本（交易费用）包括寻找和发现交易对象的成本、了解交易价格的成本、讨价还价的成本、订立交易合约的成本、履行合约的成本、监督合约的履行和制裁违约行为的成本等[80]。自十一届三中全会以来，以家庭为单位的经营体制，虽然在初期激发了生产者的积极性，并有效地节约了监督费用，但随着农业的发展和农产品市场化、国际化进程的加快，越来越显示出其效率低下、交易成本过高的弊端[95]。而农民合作经济组织在实践中有效地降低了生产成本。2004 年 2 月，吉林省通榆县八面乡四家子村以农户入股的形式成立了农机协会。协会将七台大型轨链式拖拉机分成 7 个作业组，负责全村 600 多公顷耕地每年 7 次的产前、产中、产后作业，农户仅向协会上交 400 元/公顷的机耕费。由于实施农机统一作业，大大降低了农户的生产成本和劳动强度，558 个会员每年降低生产成本 120 万元以上，户均增收 2000 多元。

7.2.2 风险规避，降低交易费用

风险规避是风险应对的一种方法，是指通过计划的变更来消除风险或风险发生的条件，保护目标免受风险的影响。风险规避可以有效地降低损失发生的机率和损失程度。

农民合作经济组织的成立，提高了农民的组织化程度。农民依托合作经济组织与市场对接，增强了规避市场风险、技术风险的能力，有效地降低了市场交易费用，从而使农民获得更多的经济利益。近年来，众多的农民合作经济组织、农业技术协会纷纷与大专院校、科研院所（部门）以协议、合同的方式建立比较稳固的关系，在技术培训、成果转化、技术承包、技术开发、科技示范等方面积极开展合作，产、学、研紧密结合并实现良性互动。农户通过合作组织掌握了高端的科技成果，并得到了实用技术服务咨询，在科学技术成果转化与服务中获得经济效益。

7.2.3 资金互助，解决借贷难题

农村发展和建设离不开资金，在现有的农村金融组织无法满足农民需求时，就需要民间资本支持，农村资金互助合作社就应运而生了。2003 年 11 月，吉林省梨树县榆树台镇闫家村姜志国等五户养羊农户，采取"有钱帮助没钱，内部开展互助，调节资金余缺"的形式，发起成立了中国第一家全部由农民自愿入股组建的农村合作金融机构——榆树台百信农民合作社。资金互助社的基本模式是：以农户入股方式发起成立合作社组织，实行成员大会制度，推选理事会负责日常决策与管理，推选监事会进行日常监督；理事会与监事会实行一人一票表决制度。合作社鼓励社员短期借款，社员十日内借款免息只收手续费，一年内的借款费用略低于当地信用社贷款利息。截至 2006 年末，农民资金互助小组共吸引了 43 户农民参加，共发放贷款 66 笔，累计金额约 21 万元；期限最短一个月，最长一年；单笔金额最少 1000 元，最多 5000 元，资金均按时归还。合作社有效缓解了当地农民融资难题，达到了帮助社员扩大

生产、增加经济效益的目的。

7.2.4 创建品牌,发挥名牌效应

品牌（brand）原始含义是指在牲畜身上烙上标记,以起到识别和证明的作用,现代意义上的品牌包括品牌名称、品牌标志和商标。品牌是在整合先进生产力要素、经济要素条件下,以无形资产为主要经营对象、以文化为存在方式、以物质为载体、具备并实行某种标准与规范,以达到一定目的为原则,是精神、物质、行为有机融合的统一体[96]。农民合作经济组织通过创建品牌,提高了产品的知名度和市场竞争力,名牌效应日益彰显。吉林省前郭县平凤乡二马泡稻米生产加工合作社生产的"二马泡"牌绿色、有机大米等系列农产品,目前,已牢牢占领了松原市场,并远销北京、河南、广东及韩国等地区和国家。榆树市马铃薯产业协会注册的"金铃王"牌商标,获得了省级名牌产品荣誉称号,每年可增加社会效益1000多万元。

7.2.5 促进农民增收

由于农民参加合作经济组织,提高了自身抵御市场风险的能力、降低了生产成本,因而收入明显增加。德惠市岔路口镇城友农民实用技术研究会会员现已超过300人,通过实施万亩水田测土施肥工程,使农民既减少了投入又增加了产量。2008年该协会带动全镇创收340多万元,人均增收60元。

7.3 农民合作经济组织农业技术推广的主要模式

7.3.1 典型示范型

农民合作经济组织主要是以农民中的科技能人、种养大户和科技示范户为核心建立起来的,德惠市岔路口镇城友农民实用技术研究会,吸收了镇、村、社干部和种田能手参加。这些人在思想意识、知识见解、信息掌控量、技术运用等方面具有优势,因此,他们容易接受并较好地掌握了某项技术,所引进的品种和所采用的技术也更加切合当地的客观条件,生产的产品质量高、收益显著,在农民中拥有较高威望。他们的成功,可以对周边农户起到良好的示范效应,大大加快了创新技术的普及推广速度。2005年,梨树县高家合作社率先引进示范了吉林省农科院的科研成果——玉米宽窄行倒茬平作技术,示范面积15公顷,2008年推广面积突破了3000公顷,涉及梨树、万发等多个乡镇。

7.3.2　试验推广型

许多农民合作经济组织与大专院校、科研院所（部门）签订合同，建立了稳定的协作关系。聘请专家、学者作为技术顾问，进行技术咨询和指导；或者为专家、学者开辟试验基地，科研人员将最新研究成果拿到合作组织进行试验、推广。"大专院校、科研院所＋农民合作经济组织＋农户"的农业服务模式，既缩短了科研周期，拉近了科研与实践的距离，提高了科技成果的转化效率，也使得农民能够有机会近距离快速学习和掌握先进的知识和技术，从而形成了产、学、研一体化的农业服务及推广协同机制。梨树县高家农业合作社与中国科学院、中国农科院、吉林省农科院、吉林农业大学、沈阳雷奥玉米研究所等建立了广泛的合作关系，引进和展示新品种、新技术 20 余项，真正地实现了农业服务到田间、到地头、到农民的家中。

7.3.3　技术培训、咨询服务型

农民合作经济组织通过定期或不定期举办各种层次和形式的培训班，向农民提供技术咨询、技术服务，传播科技知识和科技信息。舒兰市鸿达养蜂合作社位于舒兰市东部半山区著名的帽山脚下，成立于 2007 年 10 月，2008 年 1 月 7 日登记注册，注册资金 197.6 万元。该社现有合作社成员 120 余人，分布在吉林省舒兰市小城、新安、上营，辽宁省开原等十几个地区。合作社现有年产 400 公斤王浆的大型蜂场 2 个，年产 200 公斤王浆的中型蜂场 10 个，年产 600 公斤花粉的蜂场 5 个，年产 300 公斤花粉的蜂场 25 个，蜂群 8000 多箱。在没有自然灾害的大年的可产纯椴树蜜 400 吨，蜂花粉 35 吨、蜂王浆 10 吨，社员每年可创收入 600 多万元。合作社有专业的技术指导人员，其中高级农技师 10 人，农技师 20 人，每年举办蜂农研讨会暨养蜂技术培训班，就蜜蜂的养殖、蜂产品加工、市场销售以及蜜蜂养殖的发展前景进行广泛交流。同时，合作社每年为当地的 200 多公顷西瓜授粉，可为瓜农增收 100 万元左右；为 5000 多公顷农作物授粉，可为农民增收 800 万元左右。

7.3.4　产、购、销等经营服务型

《中华人民共和国农民专业合作社法》第一章第二条指出，"农民专业合作社以其成员为主要服务对象，提供农业生产资料的购买，农产品的销售、加工、运输、贮藏以及与农业生产经营有关的技术、信息等服务。"

为了优化生猪品种结构，提高生猪质量，成立于 2002 年 4 月的梨树县富

邦农牧发展合作联社帮助社员选购优良品种仔猪，仅2004年合作社与大型猪场联系为社员统一购进仔猪3万头，共为社员节省90万元；为了给社员提供方便，建立起自己的种猪基地，合作社实行统一购进、分散经营、自主管理的运作模式；为了解决饲料赊购难，质量难保证的问题，合作社部分养殖大户以股份投资的形式建立了富邦饲料加工厂，使社员每头猪可降低饲料成本20元，一年可为社员节约成本240万元。在销售上，合作社负责与北京、上海、福建、大连等地加工企业或经销商联系，不仅节省了经纪人的中介费，还提高了生猪的市场销售价格，有效地保护了社员的经济利益。

7.4　农民合作经济组织农业技术推广问题分析

农民合作经济组织不仅通过与龙头企业、大专院校、科研单位和政府部门等紧密合作，进行技术培训、技术咨询、引进新品种、新技术，而且以订单、合同、契约等形式指导农民进行标准化生产；及时跟踪市场需求信息，并及时向农户提供，指导农户生产经营活动，加快了农业现代科学技术的推广和应用，提高了农民的科技素质和农产品的科技含量。近几年来，农民合作经济组织充分发挥了其在农业技术推广中的作用，但仍然存在许多亟待解决的问题。

7.4.1　规范化建设问题

吉林省农民合作经济组织多数是由农民自发组成的，相当一部分组织的发起人兼有董事长和经理的双重领导身份，因为缺乏监督机制，一些经济活动只是个别人或少数人的意志，不能反映广大社员的意愿，不能代表广大社员的利益。由于成立初期就无章程或只有简单章程，因此，造成了组织运行不讲程序、不讲规则的现象，不能充分体现"民办、民管、民受益"的合作社基本原则。农民合作经济组织在成立之初没有明确产权，随着社员增多，结构日益复杂，模糊的产权关系逐步制约了组织发展；即使成立之初，产权关系较为清晰，但随着社员的增多，国家扶持资金的增加，组织盈利水平的提高，产权边界会变得越来越模糊，常常会出现投资主体如龙头企业、供销社、农村能人等侵蚀国家和个人产权及其收益的情形[97]，造成个人与组织产权模糊。引导农民合作经济组织健康发展，就需要建立完善的规章制度，建立健全农民合作经济组织法律保障体系。

自2006年以来，我国颁布了《中华人民共和国农民专业合作社法》、《农民专业合作社登记管理条例》、《农民专业合作社示范章程》、《关于加快推进行业协会商会改革和发展的若干规定》等法律法规,为农民合作经济组织发展提供了法律保障。但这些法律法规只覆盖了一部分农村专业合作经济组织,各类专业技术协会、农产品行业协会等的立法工作还需要继续加强[79]。通过建立健全各种规章制度和法律法规,使农民合作经济组织从组建到运行、从管理到分配,方方面面都有章可循、有法可依。如果确定农民合作经济组织是企业法人性质,则应该在工商管理部门登记注册;如果确定为社团法人性质,则应该在民政部门登记注册[98]。同时,合作社成员要充分履行职责,包括董事会的选举,对合作社运行、董事会以及管理层的监督等[99]。

7.4.2 管理队伍素质问题

由于缺乏合作理念和意识,一些农村能人和致富能手还未能充分利用合作经济组织的优势,达到扩大产业规模的目的。合作经济组织的管理人员多以经验管理为主,其知识结构、能力素质、工作经验和方法,很难适应市场经济发展的要求。加之,多数农民合作经济组织实行的是不计报酬或低报酬的荣誉性职务制度,管理者的潜能很难被激发和调动起来,从而制约了合作经济组织的快速健康发展。高素质的管理队伍是提高农民合作经济组织推广效率的重要保证之一。因此,应加强管理队伍建设,提高其素质。

7.4.3 利益联结机制问题

利益联结是合作经济组织健康发展的关键。目前农民合作经济组织内部的利益联结关系多为松散型,并且内部少有利润分配,多为价格优惠;利润返还仅限于某种交易而不包括社员参与的其他业务。吉林省60%的社员与合作社关系很松散,仅仅是契约关系,没有形成"风险共担,利益均沾"的利益联结机制,这就决定了这类社员不可能参与协会的利润分配,没有享受到盈余返还的权利,在民主决策、风险补偿等方面缺乏必要的保障。为保障合作经济组织的规范发展,应明确双方的责任、权力和利益,规范各自行为,以经济利益为纽带,建立良好的合作互惠机制、监督约束机制、利益分配机制、风险共担机制和服务保障机制,保障合作经济组织持续、健康地发展。积极推行"龙头企业+农民合作经济组织+农户"等模式,保证企业原料供给和农民收益,降低市场风险,实现多方共赢。通化市荣胜村顺发制种专业合作社实行股份合作经营,以土地资本入股,同通化强力种业公司签订供货合同,由强力种业提供生产资料、田间管理技术，回收全部产品，入社社员除得到土地流转定价股金外，每亩还多增收 300 元左右。

7.4.4 技术服务能力问题

农民合作经济组织是农业技术推广扩散的一个重要渠道，其服务能力强弱决定了技术推广工作的效率。目前，吉林省农民合作经济组织在技术服务能力方面存在着如下问题：

一是服务内容较单一，水平较低。在发达国家，合作经济组织是连接农民和市场最主要的中介组织，为农民提供加工、销售、采购、金融贷款等方面的综合服务。美国由合作社加工的农产品占总量的 80%，供应的化肥、农药等占 44%，贷款占 40%；法国生产资料和饲料基本上由供销合作社销售，90%以上的农业贷款业务由信贷合作社提供。目前，吉林省农民合作经济组织在服务方面虽然合作领域不断扩大，但仍多局限于提供一些生产资料购买、产品代购代销和市场信息等基本服务，缺少流通环节、农产品储藏加工等方面的服务，服务内容较单一，服务水平较低；并且，以对内服务为主，对外服务较少。从未来发展趋势看，我国农民合作经济组织具有从专业性向综合性转变的可行性[98]。因此，可适应扩大农民合作经济组织经营服务范围。吉发生猪产销专业合作社中所有农户都由合作社统一供种，统一采购饲料、兽药、疫苗，统一提供技术服务。合作社定期向农户发布生猪生产和市场信息，指导农户根据生猪生产形势变化和市场价格波动，调整生猪生产结构。因此，吉林省农民合作经济组织可以聘请专家和技术人员开展信息、技术、培训、质量标准与认证服务，通过扩大经营服务范围，拓宽服务领域和增强营销能力，充分发挥在农产品的整理、储存、保鲜、加工、流通、营销等各个环节的重要作用。

二是经济实力不强，发展动力不足。农民自发组成的合作经济组织往往是从无到有，白手起家，原始资本积累严重不足，产品加工增值能力较弱，缺少品牌，尚未形成规模经营和产业延伸的经济优势，市场竞争力较弱。特别是一些乡村组建的合作经济组织，在资金融通、技术引进、设备改造、质量监测、标准化生产、企业化管理、市场开拓、信息搜集和经营网点分布上，面临着较大困难，同时，合作经济组织资本筹措渠道狭窄，资金获取的主要途径为社员自筹、外部股金和自我资本积累，资本短缺也成为合作经济组织发展的瓶颈。

扶持农民专业合作社是各国或地区扶持农业和农民的重要手段。如美国政府每年补贴谷物协会 1000 万美元，补贴家禽协会 2000 万美元，帮助其开拓国际市场。日本农协每年缴纳 39% 的所得税，27% 的法人税，43% 的地方税。因此，对农民合作经济组织要制订必要的优惠政策，依法落实税收减免政策。同时，要加大对空白乡、空白村的扶持力度，发展农民合作经济组织；积极扶持农产品储藏加工、农产品物流及营销、资金互助等农民合作经济组织，逐渐形成吉林省农民合作经济组织均衡发展的新格局。因此，可以积极吸纳金融企业进入合作经济领域，为农民合作经济组织发展提供强有力的金融支持。

7.4.5　品牌意识问题

品牌对于拥有者来说，既可增强企业经营的稳定性，又可促使制造商与消费者直接沟通，摆脱中间商和零售商的控制；对于顾客来说，品牌使消费者在日益复杂的世界上充满自信地购物，为消费者提供了质量、价值和产品满意方面的保证[100]。梨树县榆树台镇供销社创办了养猪专业协会，培育并注册了"梨北"牌瘦肉型生猪，每年销售生猪 150 多万头，在销售旺季，每天有上百名经纪人和上千辆贩运、配货的车辆活跃在小镇上，生猪远销北京、上海、浙江、福建等地，每年可为养殖户实现利润 2 亿多元。但目前吉林省多数农民合作经济组织注意力多集中于自身常规发展，而忽视品牌效应。1988 年瑞士食品和饮料集团雀巢公司以 45 亿美元收购了英国巧克力、糖果制造商罗雷·麦金塔公司（Rowntree Mackintoshu），而该公司拥有奇巧（Kit‑kat）、宝路（Polo）等知名品牌。因此，要扶持农民合作经济组织从品牌命名、品牌包装、品牌营销、品牌保护等方面，加强品牌建设，积极引导合作经济组织开展无公害、绿色、有机产品及产地认证，打造一批农产品、合作社的知名品牌，提高吉林省农产品的市场竞争力、品牌的知名度和美誉度[101]。

7.5　小结

一是农民合作经济组织是农业产业化经营的重要纽带，因此，在发展农民合作经济组织的过程中，要尽快建立稳定而紧密的利益联结机制，形成利益共享、风险共担、互为依托、共同发展的良好格局。

二是农民合作经济组织是提高农民自我发展能力的重要载体，因此，要不断壮大农民合作经济组织的经济实力，充分发挥农民合作经济组织的教育培训功能，要充分利用专题讲座、培训班、现场会、专门指导等形式，提高其在技术接收、扩散方面的能力，从而为农户提供更完善的技术服务。

三是农民合作经济组织是提高县域经济的重要推力，因此，要根据本地资源禀赋、优势产业，积极发展"一村一品"、"一乡一业"，"一县一特"，充分发挥产业集群优势。

四是强化成本预算管理。农户面对合作时，存在着合作博弈与非合作博弈两种情况。当交易成本大于合作成本时，农户选择合作；当合作成本大于交易成本时，农户选择不合作。随着新型农民合作经济组织规模的不断扩大，其边际交易费用不断降低，农户承担的交易成本越来越少，收益高于成本，农户受益明显，因此，多数农户选择合作，加入农民合作经济组织。但当新型农民合作经济组织扩大到一定规模时，其内部的合作成本激增，有可能导致组织无法有效运行，出现成本高于收益的情况，入社农户利益受损。因此，农民合作经济组织建立之初，必须强化成本预算管理，以确定合作经济组织的适度规模，防止其无限扩大或消亡，使其服务农户的能力维持在较高、较稳定的水平，以确保农户利益不受损失。

第八章

其他推广主体农业技术推广

为了贯彻实施党的十三届五中全会精神和国务院关于科技兴农的决定，国家教委科技司于 1990 年 3 月 27 日—3 月 30 日在杭州召开了省、市、自治区教委、高教（教育）厅（局）科研处长会议。从此，大专院校、科研院所开始充分发挥其在农业技术推广中的作用。大专院校、科研院所既是技术的创新主体，也是技术的推广主体。大专院校、科研院所以科研项目为载体，通过科技示范区、星火科技专家大院、科技专家特派员、科技下乡、新农村建设帮扶点等形式的有效运行，推广农业技术，从而发挥了在服务地方经济建设中的重要作用。农业生产资料公司在促进农业生产、提高科技服务能力方面发挥了不可替代的作用，是农业技术推广体系的重要组成部分。

8.1 大专院校、科研院所农业技术推广

大专院校、科研院所农业技术推广是在总结国外农技推广成功经验基础上，结合中国具体实际而产生的新型农技推广类型，是对现行农业技术推广模式的必要补充和完善。大专院校、科研院所农业技术推广是指在政府的支持和引导下，以大专院校和科研院所为主体，按照市场经济发展规律，通过项目、基地、培训等多种形式，联合各种类型政府农业技术推广机构、涉农企业，开展新技术、新品种、新成果试验、示范和推广的新型推广模式[102][103]。这种推广模式旨在整合大专院校、科研院所的各种资源优势，弥补现行农技推广体系的不足，充分发挥大专院校、科研院所教学、科研及推广优势，实现教学、科研、推广的有机结合。

8.1.1 大专院校、科研院所农业技术推广主要模式

8.1.1.1 项目带动型推广模式

项目带动型推广模式是大专院校、科研院所农业技术推广的主要形式，实行首席专家负责制，大专院校、科研院所和任务下达部门对项目进行宏观管理，负责项目的检查、考评和验收等工作[104]。这种模式不仅能够及时地将最新的科研成果和方法应用到农业生产当中，而且也能将农业生产中存在的共性问题快速反馈到科研、教学当中，促进了"教学、科研、产业"的有机结合。

（1）星火科技专家大院推广模式。1999年西北农林科技大学与陕西省宝鸡市政府联合，在全国率先创建了农业科技专家大院模式。该模式主要依托大专院校、科研单位的技术和人才优势，围绕区域优势产业，建立农业科技成果示范基地，搭建科研与生产合作平台，进行科技成果示范、产业研发与科技成果孵化、科技中介服务和科技培训工作。星火科技专家大院农业技术推广模式加速了科技成果的推广转化，推进农业产业化进程，促进农村全面建设小康社会。专家大院在农业技术推广示范活动中，与市县农业社会化服务体系有机结合，初步形成了"专家+公司+农民合作经济组织+农户"、"专家+企业+农户"、"专家+示范基地+农户"、"专家+农技推广站+农户"等技术推广模式，解决了传统农业技术推广体系"有钱养兵，无钱打仗"的尴尬局面，提高了农业技术服务质量。如长春市浆果良种繁育与产业化生产示范星火科技专家大院在科技部农业科技成果转化项目、农业部948项目、吉林省科技厅项目、长春市科技局项目等的支持下，依托吉林农业大学小浆果研究所技术力量，在吉林省、辽宁省、山东省建立195公顷的栽培生产基地，先后引进各类浆果品种资源300余份。自2004年启动星火科技专家大院到2008年底，吉林省已经建设了133个专家大院，其中省级专家大院50个，共推广科技成果及新品种203个，建设科技示范基地124个，推广和示范面积1203万亩，带动农户19万户，举办科技培训班823期，培训农民10.5万人次，创经济效益10亿元[105]。

表 8 – 1　吉林省第一批星火科技专家大院情况

Table VIII – I the first of Spark Technology experts Compound in Jilin Province

大院名称	建设地点	承担单位	首席专家
高产优质大豆星火科技专家大院	榆树市黑林镇	吉林农业大学	王振民
梅花鹿养殖星火科技专家大院	东丰县东丰镇	中国农科院特产研究所	杨福合
人参栽培星火科技专家大院	抚松县露水河镇	吉林农业大学	张连学
长白山葡萄星火科技专家大院	集安市麻线乡建疆村	农科院特产研究所	郭太君
优质肉羊星火科技专家大院	德惠市天台镇	吉林农业大学	马宁
山区食用菌星火科技专家大院	蛟河市黄松甸镇	吉林农业大学	李玉
优质苜蓿星火科技专家大院	扶余县弓棚子镇	吉林省农业科学院	赵明清
优质肉猪星火科技专家大院	公主岭市和气乡和气村	吉林省农业科学院	梅冬林
延边黄牛星火科技专家大院	珲春市板石桥镇	延边大学农学院	严昌国
优质肉牛星火科技专家大院	辽源市龙山区	吉林农业大学	娄玉杰
吉林白鹅星火科技专家大院	农安县小城子镇	吉林农业大学	车永顺
杂交大豆科技专家大院	德惠市朱城子镇	吉林省农业科学院	杨光宇
燕麦星火科技专家大院	白城市洮北区洮河镇	白城市农科院	任长忠
高油大豆星火科技专家大院	长春市双阳区齐家乡	长春市农业科学院	赵福林
玉米星火科技专家大院	榆树市五棵树镇	吉林平安种业有限公司	常华章
玉米示范星火科技专家大院	公主岭市范家屯镇香山村	吉林省农业科学院	路立平
专用玉米星火科技专家大院	德惠市布海镇	长春市农科院	孙长占
特用玉米星火科技专家大院	松原市宁江区大洼镇	吉林农业大学	吴春胜

（2）科技特派员推广模式。科技特派员制度起源于福建南平。科技特派员制度是由科技系统中的技术人员，依靠市场机制，将技术由相对密集区（城镇）或研究基地（中心）向相对贫乏区（农村）转移，推动农业发展、提高农民收益、改善农村面貌的一套行为规范[106]。吉林省 2003 年开始科技特派员活动，截至 2008 年底，吉林省工作在农村生产第一线的科技特派员共有760 名，专家平均每年下乡时间 60 天，进驻村 548 次，累计培训 199 次，共培训农民 27159 人，发放科普资料 83225 份，使派驻地农民人均增收 180 元。科技特派员在帮助农民科学种田，推广新品种、新技术，促进农民增收等方面产生了积极作用。仅 2007 年，科技特派员采取承包、技术入股等方式领办、创办各类经济实体 122 个，实施新技术开发项目 192 个，引进新品种 384 个，推广适用技术、新技术、新产品 353 个，建立 53 个利益共同体，形成 45 家龙头企业，实现利润 1.4 亿元。实现科技特派员兴业的县市，农民人均纯收入达4200 元，增幅 16.2%[107]。

8.1.1.2 企业主导型推广模式

企业主导型推广模式是依托大专院校、科研院所自办企业或社会上涉农企业而开展农业技术推广的一种模式。其运行模式是"企业＋专家＋农户"、"企业＋专家＋基地＋农户"。在此种模式中，以企业投资经营为主体，由企业提供设备和场地，科教专家提供高新技术成果和技术服务，以技术入股等形式结成利益共同体。这类模式较好地解决了企业与政府、科技、市场、农民的对接问题，形成了有效、灵活的成果转化模式[102]。如吉林省吉农草业科技发展有限公司以吉林省农科院草地研究所为技术依托，依托徐安凯、王志锋、李树生、孙祎龙、朴庆林等专家技术研发与推广能力，在公主岭市柳杨乡建立50万亩苜蓿农业产业化示范推广项目。吉农草业公司派专家编写栽培技术要点，有效地解决了农户种植牧草面临的技术问题，见图8-1。

图8-1 吉林吉农草业公司作物栽培技术要点科普读物

Fig. VIII - I common scientific readings on the crop cultivation technique of Jilin Jinong company

---

案例8-1

科研院所成立涉农公司推广模式

成立于1999年4月的吉林吉农高新技术发展股份有限公司是以吉林省农业科学院部分研究所为主体的股份制企业。公司主要从事玉米、水稻、大豆等农作物种子、农化产品、牧草等产品的研究、生产和销售。公司每年生产玉米杂交种6000~8000万斤，占吉林省总需求量的50%；自育的玉米新品种推广面积已占吉林省玉米总播种面积的65%，占东北三省一区玉米总播种面积的40%。公司在省内外建立了20多个稳定规范的生产基地，产品遍及吉林、黑龙江、内蒙古、山东、河南、河北等省（区）。

资料来源：调研整理

8.1.1.3 基地主导型推广模式

基地主导型推广模式是大专院校依据优势学科，结合地方区域产业发展特色，在产业中心群建立产学研试验示范基地，开展试验、示范和推广工作，其运行的主要模式有"基地＋专家＋农户"，"基地＋专家＋企业"等，资金主要来自于政府项目经费以及涉农企业、个人等捐助，形成了以政府为引导，以大专院校为主导，涉农企业、农户广泛参与的管理模式。这种模式能够充分发挥大专院校的技术创新与培训优势，能够将最新的科研成果、品种和技术直接应用到基地，迅速被农民接受，从而实现科技成果的快速转化。

案例 8－2

白山市山区无公害蔬菜高效益生产技术体系示范与推广项目

白山市山区无公害蔬菜高效益生产技术体系示范与推广项目以提高蔬菜生产先进技术的转化率、提高农民收入、实现周年供应无公害蔬菜为主要目标，以形成白山市七道江农工商服务中心作为市场化的经济实体为主要发展方向，以吉林农业大学园艺学院为技术依托，把专家的科研成果和新技术及时地转化和创新，创建以无公害蔬菜为质量标准的山区蔬菜高效益生产技术示范与推广、人才培训、技术咨询等服务体系，形成规范化、产业化发展的链条，促进本地经济的发展。2006～2007 年，专家特派员累计下乡 50 人次，推广新技术 3 项，引进新品种 7 个，推广面积 1400 亩，农民增收 10%，培训农民达 3000 人次，建成 10 栋（91 亩）高效节能日光温室的土建工程以及年产 10 万株集育苗、新品种示范为一体的 4000 平方米优质种苗繁育中心，建立了具有农业科技创新、成果研发转化、技术推广服务等多功能的特派员工作模式。

资料来源：调研整理

8.1.1.4 培训主导型推广模式

培训主导型推广模式是依托政府培训专项经费和企业培训资金，充分利用大专院校的师资力量、教学设备，由大专院校专家根据区域资源优势、生产现状，围绕农业主导产业开展技术培训，以集中培训、现场培训、网络远程培训等为主要培训形式。通过对基层农业技术人员、领导干部、农村致富能手、科技示范户、企业家和广大农民的培训和教育，使其开拓视野，转变观念，掌握最新技术和方法，从而解决农村经济发展、农业生产中的热点、难点问题。吉林省从 2005 年起，启动"一村一名大学生"项目，每年从农村选拔 2000 名青年，到吉林农业大学、吉林大学农学部等涉农院校，进行大学专科学历教育，实行定向培养，使每个行政村都有一名有知识、懂技术、留得住、用得上的大学生。2007 年首届 1525 名毕业学员已回到家乡，参加家乡建设。其中，全省已有 217 人进村两委班子任职，629 人已任村长助理，581 人自主创业。

8.1.2 大专院校、科研院所农业技术推广存在的主要问题

8.1.2.1 观念意识问题

观念是指人们在特定的文化背景下对客观事物形成的相对定型化的认识、看法、观点和思想，它是思维活动的结果。观念创新就是对传统观念进行再分析、再认识，继承发扬正确的、能够指导人们的实践走向成功的观念，抛弃那些过了时的、陈腐守旧的、阻碍人们正确认识客观实际的观念，从而使主观认知与客观实际统一起来。观念创新就是要求人们突破传统观念、传统思维方式对人们的束缚，牢固树立起市场经济观念、竞争观念、法制观念、效率观念等诸多创新的观念，从而指导人们的具体生产生活实践。

作为农业技术创新扩散实施者，其观念意识或多或少会受到我国东北传统文化思想影响。吉林省地处东北腹地，东有莽莽林海，西有辽阔草原，中有肥沃平原，占有地利，形成渔猎文化、游牧文化与农耕文化相融的独特文化类型，具有极强的包容性，孕育了吉林人广采博纳、热情豪爽、团结互助等优良文化传统，这在过去以农为主的农业社会中起到不可忽视的作用。但在由传统农业社会向现代农业社会、工业社会的转型期，吉林传统文化中的许多消极因素如保守、安于现状等日益暴露出来，造成了科技人员在技术研发与推广工作过程中缺乏创新理念[108]。

教育、科研和社会服务是大专院校三大功能。吉林省多数大专院校过分注重教学的功能，对科研和社会服务的功能重视不够，过于重视基础和理论研究，忽视应用技术和成果转化，影响了大专院校科技工作的发展和创新能力的提高。而且，受国家评价体系和评判标准的影响，大专院校科研多注重学术价值，绝大部分院校将教师所承担的科研项目数量、项目经费数量作为评定职称的一个重要标准，并且向纵向项目倾斜，没有将科研成果能否产业化、产业化后能带来多少经济效益作为重要评价标准，结果使得大部分科研人员过分追求学术论文的数量、刊物等级，而不愿意费时、费力、冒着风险去作技术成果转

化等后续工作，从而阻碍了技术成果的进一步研究和完善。

大专院校、科研院所拥有丰富的人才资源、技术资源、设备资源，但由于过去的条块分割，导致了不同院校、科研单位的科技平台和资源共享程度不高。调研显示，目前吉林省大专院校、科研院所之间的资源仅有23%能完全或基本共享，造成技术资源的巨大浪费。特别是在农业技术推广中，没有形成合力，长期处于单兵作战的局面。

要改变这种现状，就需要科技工作者养成不唯书、不唯上、不屈服于外来压力和长官意志，不迷信权威和既有理论，保持清醒头脑，善于思考，敢于质疑，勇于突破的良好观念，自觉而努力地摒弃互相逢迎、自我陶醉、不思进取、墨守成规等陋习，培养创新意识，提高对技术研发与成果转化的认识，增强合作意识。

8.1.2.2 科技资源配置问题

一是科研经费总量不足，分布不均。吉林省大专院校科研经费由2003年的3.6亿元增加到2007年的9.8亿元，虽然增长了近2倍，但仅占全国大专院校科研经费的1.6%。从经费来源看，吉林省大专院校科研经费主要来自于国家级项目，省市地级项目和企业委托项目，校际合作与国际合作等项目经费来源所占比重较小，见图8-1。吉林省大专院校多集中于长春和吉林两市；经费超千万元的共7所，其中位于长春市的5所，吉林市1所，延边州1所，见表8-2。经费总量不足，分布不均衡容易造成科技工作的"马太效应"，进而制约了吉林省技术创新和推广工作。

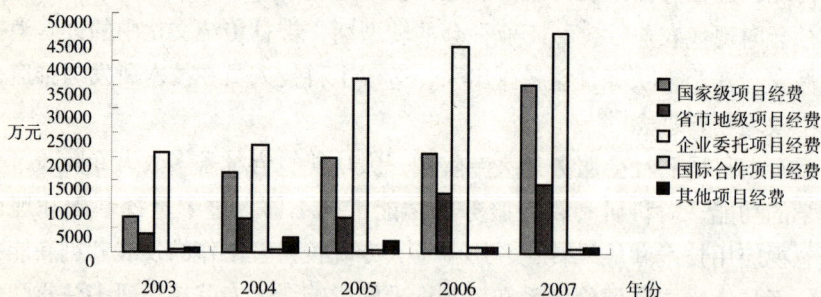

图8-2 吉林省大专院校2003~2007年科技经费来源情况

Fig. VIII-II 2003~2007 science and technology funding of tertiary institutions in Jilin Province

表 8 - 2   2007 年吉林省部分大专院校承担科技项目情况

Table VIII – II scientific and technological projects

undertaken by some colleges of Jilin Province in 2007

排序	单位	项目数（项）	当年投入（万元）	合计人年（元）
1	吉林大学	1543	58652.3	3761.6
2	延边大学	477	2218.4	451
3	东北师范大学	469	5348.1	588
4	吉林农业大学	378	4600	482
5	长春工业大学	339	5465.5	530.5
6	吉林化工学院	315315	723.3	215.6
7	长春理工大学	267	5636.9	732
8	吉林师范大学	244	602.6	337
9	长春中医药大学	217	928.6	333
10	北华大学	185	759.4	312
11	长春大学	125	711.7	314
12	东北电力大学	117	8019.9	314
13	长春师范学院	93	699	186
14	吉林建筑工程学院	82	470	230
15	吉林工程技术师范学院	59	87.7	155
16	长春工程学院	57	282.6	143
17	通化师范学院	51	71.4	74.3
18	吉林农业科技学院	21	64	23
19	白城师范学院	21	34.6	34.5
20	吉林工业职业技术学院	18	4.5	26
21	吉林工商学院	14	16.6	7.5
22	长春医学高等专科学校	10	5	46.8
23	吉林交通职业技术学院	8	8.2	25
24	白城医学高等专科学校	5	5	35
25	吉林电子信息职业技术学院	5	3.2	10
26	四平职业大学	1	6	3
27	辽源职业技术学院	1	2	6
28	吉林农业工程职业技术学院	1	1	5
	合计	5123	95427.5	9380.8

资料来源：调研整理   注：以当年投入排序

　　二是农业研发与推广人员分布不均。农业研发与推广人才是农业科技工作的支撑点。但目前高学历、高素质的研发与推广人才主要集中于大专院校、国家级科研单位，大多数市级农业科学研究院所缺乏高素质科研人才，许多涉农研究领域无人问津，不少科研项目无人申报，也有些项目即使能够申报成功，但也少有人能够承担[109]。2007 年，吉林省大专院校、科研院所从事科技活动人员 42021 人，农业领域科技人员 5700 人，主要集中在长春和吉林两市，而示范推广项目基地远离教学、研究单位，造成了技术推广成本的增加。

　　三是农业技术推广人员时间难以保障。大专院校从事技术推广活动的人员大部分是教师，他们既要承担较繁重的教学任务，又要承担一定量的科研和推广任务，所以，容易产生教学时间和推广时间的冲突。

四是技术推广平台稀缺。产、学、研脱节致使技术推广人员缺乏有效的推广平台。虽然多数科技人员有从事技术推广的热情和时间，但由于缺少科研项目，缺乏足够的经费，因此，许多科研成果束之高阁。

五是推广范围狭小。吉林省大专院校和科研院所技术推广示范多以项目为载体，在一定区域范围内，只有少数的示范项目，不能产生强烈的震撼作用；项目一旦中断，推广也随即中断，缺乏连续性。

改善农业科技资源配置问题，就需要不断优化资源配置，提高资源使用效率：

首先要建立完善的、多层次的、多渠道的科研经费投入体系，加大经费使用的监管力度。科研经费投入是科技进步的必要条件和基本保证。为了提高吉林省科技持续创新能力，增强科技服务"三农"的能力，各级政府必须加大科研经费投入力度，提高科技投入效益。在各科技投入主体加大经费投入的同时，主管部门应和相关部门协同调查研究，尽快制定合理的课题研究经费支出预算体系和标准，使课题研究经费的支出预算有章可循，经费管理规范化，确保预算能真实反映课题研究所需要的实际成本，杜绝虚报、假报现象，以及经费使用无度、无节制，使钱花得恰到好处。

其次是通过多种培训形式，积极培养能够解决农业生产实际问题的、带动当地农业发展的技术人员，使这些本土专家能够更好地发挥在技术传播扩散中的重要作用，降低农业技术推广成本。

第三，盘活大专院校、科研院所的科技资源，在保证资源拥有者的利益的基础上，打破部门、机构之间的各种行政、体制性壁垒，建立资源集成和共享平台，提高科技投入回报率。2010年1月，吉林省高校大型仪器设备资源共享平台开通仪式在吉林农业大学召开，这为今后各大高校资源共享搭建了平台。

第四，促进科技资源从城市向农村地区的合理流动，加强国内外的科技合作和交流，提高技术服务能力和高度。

第五，增强大专院校、科研院所专家领办、创办企业的能力，充分发挥专家在技术推广过程中的重要作用。吉林农业大学王玉兰教授把科技专家特派员工作与科技成果转化项目、松原市示范区项目和净月开发区品种推广项目相结合，以国家审定和吉林省审定的"吉甜6号"、"吉糯3号"、"吉糯1号"、"吉爆3号"4个特用玉米品种为依托，领办了7个加工企业，实现年利润

3020.1万元。其中，速冻糯玉米加工穗远销省外和国外，产品供不应求。

第六，根据各自擅长的业务划分大专院校教师类型。美国的大学相关学院设有农业推广办公室，专门负责管理农业推广，教授分为教学教授和推广教授。吉林省可以借鉴国外的经验做法，将大学教师分为推广型教师、教学型教师、科研型教师，使其各司其职。

第七，科研院所要实行差别化技术推广。吉林省下属的农科院要根据所在区域资源禀赋，有针对性地推广技术，如吉林省中部应重点推广良种、化肥、农产品加工等技术，形成种植业、养殖业、加工业、农产品流通的产业集群；西部地区重点推广杂粮、杂豆和饲草技术，形成舍饲、半舍饲畜牧业产业带；东部地区重点推广特产种植养殖技术，逐步建立起吉林省特产种植和养殖基地。

8.1.2.3 技术推广人员激励问题

目前，吉林省大专院校、科研院所从事技术推广的人员激励机制还未真正建立起来。调查显示，57%的技术推广人员认为目前的激励机制存在问题，73%的被调查人员认为所在学校、研究所在吸引和留住人才方面的措施没有或发挥的作用不大。激发农业技术人员推广的积极性就需要建立完善的人才激励机制。

一是完善科研量化考核指标体系，实行差别奖励。全力打造质量科研、持续科研、诚信科研和效益科研，就需要充分发挥科研人员的主体作用，激发其科研工作热情。通过奖励优秀科研人员，重奖重大、重点项目等激励措施，鼓励科研人员继续投身科研工作的积极性。根据心理学分析，同龄中的优秀分子对自己的影响是非常大的，所以，分年龄段奖励，奖励同龄段中业绩突出，成果显著的人，这对同龄段的人有显著的激励作用。

二是建立良好的用人制度。世界主要发达国家对科技人力资源管理往往都是有法可依，采用灵活的用人制度。欧、美、日等发达国家根据"公平公开竞争，就业机会均等，择优录取"的公开招聘制度选用人才。用人单位公开招聘，对应聘者进行一系列的严格考核，合格者方能初步录用并试用，对试用不合格者予以解聘，用人单位和应聘者完全双向选择。一旦录用，多采用任期制、终身制、合同制等任用制度。这样的用人制度就给每个人提供了"能者上，平者让，庸者下"的均等机会。因此，吉林省要建立相应的法律制度加以规范，制定涉及科技人员的招聘、晋升、薪酬、法定地位、使命、义务等内容的法律法规，使之有法可依，有法可循。同时，也应建立弹性的用人制度，进行相应的人事制度改革，应破除专业技术职务任职资格终身制，建立一个以能力和绩效为导向的用人机制，强化工作实绩的综合考核，竞争上岗，从而建立合理流动、公平竞争、自主择业、开放协作的人才使用与流动机制，发挥人才效益。

三是强化对青年科技工作者的激励。德国政府的"青年教授席位计划"，日本的"特别研究员制度"，法国的"ACI青年计划"等，这些用人机制为优秀的青年研究人员创造独立研究的环境，青年人员能翻多大跟头，就给他们搭多大的舞台，以最大限度发挥年轻优秀研究人员的才能。科技人才的职务发明与其产生的经济效益直接挂钩。2008年吉林省科学技术进步奖获奖人员中，35岁以下和36~45岁两个年龄段的项目完成人员占48.01%；46~55岁的项目完成人员占40.97%，56~65岁的项目完成人员占8.72%，65岁以上的项目完成人员的比例仅为2.30%，可见，中青年科技人员已成为吉林省科研工作的主体力量。因此，全省应树立尊重知识、尊重人才意识，为一流科研人员提供优厚的待遇，对那些取得重大成果的科技人员实行重奖，从而调动科技工作者的积极性。

四是建立有效的科技人力资源后勤保障机制。科技人力资源是科技活动的主体，应建立相应的后勤保障机制。在发挥科技人员作用时，应提供充分的后勤保障工作，在日常生活、子女上学等方面对科技人员进行多方面的照顾，解决他们的后顾之忧，使他们安心工作。浙江省横店集团东磁股份有限公司，为每位博士后人员提供三室一厅博士后公寓一套，并妥善解决博士后配偶工作及子女入学等问题，为进站博士后提供200万元科研经费。

8.1.2.4 研发、推广与地方经济发展需求契合度问题

多数大专院校、科研院所的主要研发、推广方向与经济发展（尤其是地方经济的发展）和技术市场的需求不相一致，未把服务经济建设和满足市场需求作为主要任务。调查结果显示科研人员对技术市场、国家政策和国家经济需求的关注程度要高于对所在地区的经济需要的关注程度。而且根据调研，30%的科研人员认为自己不具备独立转化科研成果的能力，67%的人认为自己有一定的能力，但需要有相关管理知识和能力的人的帮助。因此，大专院校、科研院所在技术研发、推广过程中，要深入调查，着眼于满足地方经济建设及农民需求，要有的放矢地开展工作。

8.2 农业生产资料公司农业技术推广

农业生产资料公司是以经营销售包括农作物种子、农药、肥料、饲料和饲料添加剂、种畜禽、牧草种子、食用菌菌种、兽药、农机具及零配件等农业投入品的公司。根据主营业务，农业生产资料公司可以分为四类：一是生产型，如长春市金富化肥有限公司、吉林省松原市富可达肥业；二是服务型，如松原市前郭供销服务公司；三是贸易型，如榆树市云峰农业生产资料有限公司；四是综合型，如吉林省天佑农业生产资料有限公司。

8.2.1 农业生产资料公司技术推广模式

农业生产资料公司技术推广是农业生产资料经营与服务融为一体的过程，是通过向农户提供农资产品技术咨询、技术培训与指导等服务推销其产品，达到农户增收，企业增效的目的。其推广模式主要有"生产资料公司+农户"、"生产资料公司+农民合作经济组织+农户""生产资料公司+基地+农户"等形式。

吉林省隆源农业生产资料集团有限公司非常注重农技服务。公司建立了先进的土壤肥料分析研究中心，肥料试验研究智能温室，创办了吉林隆源农业技术学校，建立了测土配方推荐施肥系统。依托公司完善的技术研究开发和推广体系，其产品覆盖吉林、辽宁、黑龙江、内蒙古等三省一区。

8.2.2 农业生产资料公司技术推广的发展趋势

一是由目前的片面追求经济效益逐步向实现经济和技术的联营方向发展。

二是由目前单一的经营流通向以技术为手段的农业生产资料综合服务转变。

三是由目前只重产前技术指导逐步向产前技术指导、产中跟踪服务、产后跟踪调查的全程服务转变。

案例 8 – 3

松原市研创农资公司以示范为先导

松原市研创农资公司是一家技术和销售融为一体的公司。2006 年开始为农民进行测土配方服务；2007 年起销售肥料。开始销售肥料时，农民不接受，害怕受骗，所以只能免费给农民用，2007 年用户增收 300 万元。其他农户看到效果后，2007 年销售肥料价值 240 万元，2008 年销售价值 960 万。

松原市研创农资公司在推广技术时，最有效果的是技术员下乡。农民采用技术主要受示范的影响。2008 年推广玉米高产技术时，先在前郭县八郎镇梁店村马营子屯陈学清家做试验，玉米产量突破 3.3 万斤/公顷。推广花生"三个三技术"（换种 – 实验 – 保苗、三趟技术、三遍叶面肥）时，先在前郭县查干花镇五井子村胡家围子屯孙爱民家试验，花生产量突破 9000 斤/公顷。

资料来源：调研整理

8.3　小结

大专院校、科研院所既是技术创新的动力源，又是技术扩散的重要主体。随着我国教育体制和农业科研体制改革的不断深化，大专院校、科研院所参与农业技术推广活动的积极性不断增强，获得了许多宝贵经验。星火科技专家大院、科技特派员、"一村一名大学生"培训工程等模式，依托大专院校、科研院所的人才、技术、设备等方面的优势，积极有效地开展农业技术推广工作，取得了显著成就。但仍存在着许多亟待解决的问题。

因此，要充分认识大专院校、科研院所在农业技术推广中的重要地位和作用。大专院校、科研院所完善人才评价与激励机制，积极支持教学、科研人员深入农村服务第一线，鼓励他们更积极地承担或参与农业技术推广服务，从而构建农业科研、教育、推广三方各司其职，密切合作的协作模式。同时，要整合大专院校、科研院所科技资源，促进科技资源的优化配置，提高科技资源的使用效率和集成化水平。

第九章

农业技术需求主体——农民

作为农业技术需求主体——农民，其素质对农业技术推广产生的影响不容忽视。培养有文化、懂技术、会经营的新型农民，是新农村建设的目标和要求，提高农民的整体素质，是把农村巨大人口压力转化为人力资源优势的根本途径，是提高农业劳动生产率、促进农民增收的有效方法。

9.1　农民素质概况

《词海》对素质一词的定义为：①人的生理上的原来的特点；②事物本来的性质；③完成某种活动所必需的基本条件。狭义的农民素质是指农民完成某种活动所必需的基本条件。广义的农民素质是农民所具有的基本品质、基本素养，包括文化素质、技术素质、经营管理素质和身心健康素质等方面。

9.1.1　农民文化素质

农民的文化素质是指农民对自然科学、人文社会科学等人类文化各种基本知识或常识的认识程度和掌握情况，一般通过受教育程度、文化知识水平、文化艺术活动、生活方式等方面体现出来。吉林省农村劳动力资源中，从文化程度分组看，文盲 26.1 万人，占 2.8%；小学文化程度 344.8 万人，占 36.7%；初中文化程度 496.2 万人，占 52.9%；高中文化程度 61.6 万人，占 6.6%；大专及以上文化程度 10.0 万人，占 1.0%，吉林省农民文化素质偏低，见表 9 –1。

表9－1　2006年农村劳动力资源总量及文化程度情况

Table IX – I the total resources and the educational level of rural labor force in 2006

	全国	东部地区	中部地区	西部地区	东北地区	吉林省
农村劳动力资源总量（万人）	53100	19828	14582	15142	3548	938.7
农村劳动力性别构成（%）						
男性	50.8	50.9	50.4	50.9	52.0	52.3
女性	49.2	49.1	49.6	49.1	48.0	47.7
农村劳动力文化程度构成（%）						
文盲	6.8	4.6	6.7	10.7	2.6	2.8
小学	32.7	28.3	29.8	41.0	33.2	36.7
初中	49.5	53.9	52.0	39.7	56.7	52.9
高中	9.8	11.8	10.4	7.5	6.4	6.6
大专及以上	1.2	1.4	1.1	1.1	1.1	1.0
平均受教育年限[1]	6.92	7.28	7.03	6.32	7.09	6.99

　　资料来源：国家统计局综合司（2008－02－27）第二次全国农业普查主要数据公报（第五号）http：//www. stats. gov. cn；吉林省统计局（2008－03－13）吉林省第二次全国农业普查主要数据公报 http：//tjj. jl. gov. cn；中国统计年鉴（2007～2008年）

　　注：[1]平均受教育年限计算公式：$C = U \times a + H \times b + M \times c + L \times d + I \times e$，其中，U、H、M、L、I分别代表具有占被考察范围比重，a、b、c、d、e分别代表具有大专以上、高中、初中、小学、文盲和半文盲人口平均接受教育年数，根据我国历史和现行教育制度并兼顾地区差异，通常取：a＝15，b＝11，c＝8，d＝5，e＝1。

9.1.2　农民技术素质

　　农民的技术素质是指农民所掌握的科学技术知识和劳动经验、生产技能等达到的程度。在农业生产领域，经过多年不懈的农业技术推广和教育培训，吉林省农民技术水平和劳动技能都有所提高，但仍与经济发展水平不相适应，农民享有的技术资源持续增加，但总量偏低，详见表9－2。

表 9 – 2　2007 年吉林省及全国部分地区农民技术素质情况

Table IX – II the farmers, technological quality of Jilin

Province and some areas of China in 2007

	吉林	黑龙江	辽宁	全国
农业劳动生产率（元/人·年）	26486	21989	30257	15549
土地产出率（元/公顷）	12845	8168	22611	16068
农业科技进步贡献率（%）	50	50	55	45
每公顷农作物播种面积机械总动力（千瓦）	3.4	2.3	5.2	5.0
每万名农业劳动力拥有农业技术人员数（人）	77	99	72	59
每百户拥有电视机数（台）	110.69	109.01	110.53	106.52
每百户拥有计算机数（台）	1	3	2	4
有线电视比重（%）	66.7	66.3	72.1	57.4
非农从业人员比重（%）	46.8	46.6	34.0	40.8

资料来源：中国统计年鉴（2008 年）计算整理

9.1.3　农民经营管理素质

　　农民的经营管理素质是指农民所掌握的经营、管理和市场经济知识与技能等达到的程度。改革开放以来，农民的市场观念有所提高，参与市场竞争的能力有所增强，但由于长期受计划经济、封建传统思想等因素影响，农民的市场意识淡薄，对市场经济运行规律了解少，信息接受和反馈能力弱，很难及时准确地把握市场动态，适应社会化大生产的经营、管理、组织、协调能力不强，经营观念和科学管理方法缺乏，风险承担意识和市场竞争能力弱。大多数农民未接受过系统的经营管理教育或培训，不了解农业生产销售经营管理知识。在市场经济大潮中，经营管理素质整体水平仍然偏低。

9.1.4　农民身心健康素质

　　农民身心健康素质是农民从事繁重农业劳动的前提条件，目前，吉林省农民身心健康素质处于全国中等水平，见表 9 – 3。

表 9 - 3　2006 年农民身心健康素质情况

Table Ⅸ - Ⅲ physical and mental health quality of the farmers in 2006

全国	东部地区	中部地区	西部地区	东北地区	吉林省	
农村劳动力年龄构成（%）						
20 岁及以下	13.1	13.2	13.8	12.8	11.1	12.2
21~30 岁	17.3	18.8	15.4	16.9	18.4	18.5
31~40 岁	23.9	23.4	23.7	24.5	24.6	24.9
41~50 岁	20.7	21.4	20.9	19.1	23.5	23.3
50 岁以上	25.0	23.2	26.2	26.7	22.4	21.1
平均预期寿命（年）	71.4	74.3	71.0	68.4	72.9	73.1
人均医疗保健支出（元）	210.2	259.1	182.6	174.1	281.4	311.4
人均食品支出（元）	1389.0	1421.7	849.7	664.5	946.6	1240.9
拥有医院、卫生院乡镇比重（%）	98.8	99.2	99.2	98.8	96.4	98.7
使用管道水乡镇比重（%）	48.6	71.1	28.5	42.9	41.3	31.9

资料来源：1. 国家统计局综合司. 第二次全国农业普查主要数据公报（第五号）ht-tp：//www. stats. gov. cn（2008 - 02 - 27）；2. 吉林省统计局. 吉林省第二次全国农业普查主要数据公报 http：//tjj. jl. gov. cn2008 年 05 月 19 日（2008 - 03 - 13）；3. 中国统计年鉴 2007 年

9.2　农民技术需求结构分析

吉林省是农牧业大省，2009 年吉林省农牧业产值占农林牧渔业总产值的比重达到 92.4%。吉林省农业生产在保障全国粮食安全中，要不断依靠技术进步来提高产量。因此，技术需求结构呈现多样化特点。

9.2.1　农业生产性技术需求分析

吉林省农民生产性技术需求结构仍以养殖技术、种植技术、特产技术为主。通过对 1461 份有效问卷调查，在农民技术需求中，良种技术占 25.3%，病虫害防治技术占 18.8%，施肥技术占 18.3%，化学除草技术占 10.7%，农机具使用技术占 9.0%，其他技术占 6.9%，棚膜技术占 6.7%，产后贮存加工技术占 4.3%。

目前，吉林省农业技术推广机构主要集中在良种技术、测土配方施肥技术、农田灭鼠技术、赤眼蜂防治玉米螟技术、大棚蔬菜栽培技术以及玉米大垄双行覆膜栽培技术等。通过对长春市调研，全市重点推广生物防螟技术、农田灭鼠技术、配方施肥技术，自 2004 年全省推广"三大技术"以来，累计推广生物防螟技术和农田灭鼠技术已近 5000 万亩。仅 2006～2007 年，全市推广生物防螟 420 万亩，可挽回玉米 10500 万公斤，净增经济效益 10416 万元；推广农田灭鼠 1620 万亩，挽回粮食损失 48600 万公斤，新增经济效益 59108 万元；推广配方施肥技术 450 万亩，节约肥料投入 11250 万元。

案例 9 - 1

柳河县大力推广覆膜玉米栽培技术

2008 年，柳河县种植覆膜玉米 3 万亩。通过测产，3 万亩玉米平均亩产 928 公斤，比对照亩产 663 公斤增加了 265 公斤，增产 43.5%；总产量比对照新增产量 779 万公斤，新增总产值 1169 万元，新增纯效益 587 万元。其投入产出为 1：3.52。覆膜玉米 3 万亩总费用 1651 万元，总产量 2826 万公斤；常规栽培（对照）12.2 万亩总费用 5389 万元，总产量 8872 万公斤。其投入产出比分别为 1：2.57 和 1：2.47。地膜玉米栽培增产、增效、增收效果十分显著。因此，2009 年柳河县农业技术推广总站与各乡镇农业站签订地膜玉米种植协议书，各乡镇农业站与农户签订种植协议书，推广面积达到 7 万亩。

资料来源：调研整理

案例 9 - 2

梨树县大面积推广保护性耕作技术

保护性耕作技术具有防治农田扬尘和水土流失、蓄水保墒、培肥地力、节本增效等作用，可大大缓解"十年九春旱"的老大难问题，有效提高地块的蓄水保墒能力。梨树县积极推行保护性耕作方式（包括垄测栽培、玉米宽窄行和全程覆盖三种方式），对农田实施少耕、免耕。2008 年，采用该项耕作技术农民刘海申，每公顷生产粮食 13000 多公斤，增收 2000 多元。全县采用保护性耕作技术，即使在旱灾较重的年景里，粮食总产量突破了 23 亿公斤，农民人均纯收入实现了 6000 元。2009 年梨树县有 3 万公顷耕地采取保护性耕作的方式，占梨树县耕地总面积的 20%，可提高粮食产量 5%。

资料来源：调研整理

案例 9 - 3

吉林省大力推广农业旱作节水技术

水是制约吉林省农业生产发展，特别是粮食生产发展的"瓶颈"，发展旱作节水农业是吉林省中西部发展现代农业的现实选择。

多年来，吉林省一直高度重视旱作节水农业的发展，重点加强示范区建设。截止到 2008 年底，示范区通过旱作节水农业技术，累计节水 40 万吨，节电 4 万度，减少化肥投入 300 吨，增产粮食 254 万公斤，农民人均增收 579 元。通过示范带动，中部雨养农业区推广土壤蓄水保墒技术达到 1000 万亩；西部干旱区推广行走式节水灌溉技术达到 1500 万亩。

资料来源：调研整理

9.2.2 非农业生产性技术需求分析

2008 年，吉林省城镇化率达到 53%。随着工业化和城镇化进程加快，大量农村剩余劳动力需要从农村转移到城镇，从事非农产业。因此，这类农民需要通过培训服务，获得就业能力、外出务工技能技巧以及农民职业素养，通过培训使其逐渐由体力型向技术型和智力型转变，并且能够迅速从传统农民转化为城市合格工人或技术人员[110]。

9.3 农民采用技术的心理学和经济学分析

9.3.1 农民面对新技术的心理特点和行为表现

中国古代是小农经济的天下，或者说是男耕女织、自然经济与家庭手工业并存的农工互补型经济。在这种经济结构中，农民世世代代被束缚在土地上，使用原始、简单的生产工具和技术，重复着日出而作、日落而归的简单再生产。他们所向往和追求的生活目标，不过是"上足以事父母，下足以畜妻子"、"幼有所养，老有所终"的安居乐业、稳定和谐的生活。这种劳动方式和思维习惯养成了人们对土地和农业的依赖及与之相关的封闭保守的小农意识。

吉林省土地肥沃，地广人稀，农民已经习惯春种秋收冬闲的生活方式，依赖丰富的自然资源，靠山吃山，靠水吃水，满足现有的生活水平，"宁要安稳的贫穷，不愿富裕的折腾"，"只求日子过得去，不求日子过得好"，够吃够用即可。这种典型的小农意识阻碍了他们学习吸收先进的农业生产技术的积极性。即使有的农民想要提高自己的生活水平，有寻求致富的强烈愿望，但面对新技术时，又表现出较强的保守心理、求稳心理、"随大流"心理。蓝莓等小浆果营养价值远高于苹果、葡萄、橘子等水果，在美国等发达国家已经形成产业规模，市场前景巨大。以农户种植1亩蓝莓为例分析成本与收益关系：农户生产蓝莓按每亩用二年生种苗400株，每株5元计算，坑定植2000元，每年土壤改良、肥料100元，每年越冬防寒措施200元，每年除草松土200元，每年其他费用100元，第一年投入资金4600元，以后每年需投入资金600元。第四年开始采收，按平均每年每亩产蓝莓500公斤，鲜果10元/公斤保守估算，每年每亩收入5000元；蓝莓的经济寿命按30年计算，产果27年，农户实际经营蓝莓28年，平均每年每亩净收入4000多元。通过以上分析可见，蓝莓的经济效益很高，具有明显的比较优势。但根据对吉林省蓝莓产业的不完全调查，单个农户没有种植蓝莓的，他们认为蓝莓投资成本大，收益风险过高，不愿涉足蓝莓生产[111]。

一个经过农科院所培育多年，已被证实可以高产的粮食新品种，如果他们不是亲眼看到别人丰收是断然不会做第一个"吃螃蟹"的人。在调查中发现，任何农民都想致富，但改变传统的生产方式和经营项目必然带来成本的增加和风险的增大，农民害怕采用新技术后带来的收益不如以前。如果新技术不增加成本，但能增加收入，农民就能采用新技术。操作简单、实用、收效快的技术，农民更愿意接受。所以技术推广应选择当地"向导"，根据不同农民的不同心理特点，采用不同的方式方法，一定能达到改变农民行为，实现技术推广的目的。

9.3.2 农民采用技术的经济学分析

9.3.2.1 信息不对称容易导致道德风险和逆选择

在市场经济活动中，各类人员对有关信息的了解是有差异的。掌握信息较充分的人员，往往处于较有利的地位；而信息贫乏的人员，则处于较不利的地位。20世纪70年代，美国经济学家约瑟夫·斯蒂格利茨（joseph e stigtitz）、乔治·阿克尔洛夫（george a akerlof）和迈克尔·斯宾塞（a Michael spenee）开始关注和研究这一现象，进而提出信息不对称理论。信息不对称理论认为：市场中卖方永远比买方更了解有关商品的各种信息；缺少信息就意味着决策时将面临更大的不确定性，因此，买卖双方中拥有信息较少的一方会努力从另一方获取信息，而掌握更多信息的一方可以通过向信息贫乏的一方传递可靠信息而在市场中获益。

在技术推广中，由于信息不对称，容易产生道德风险和逆选择。当存在道德风险时，技术买方将按照较好的技术或服务价格标准支付实际上可能是较差的技术或服务；当存在逆选择时，由于技术买方难以分辨好坏，会发生对好的技术和服务的驱逐，从而使产品质量下降。

9.3.2.2 技术使用年限及预期收益

产品生命周期理论是美国哈佛大学教授雷蒙德·弗农（Raymond Vernon）1966 年在其《产品周期中的国际投资与国际贸易》一文中首次提出的。产品生命周期（product life cycle，简称 PLC），是产品的市场寿命，即一种新产品从开始进入市场到被市场淘汰的整个过程。弗农认为，产品和人的生命一样，要经历形成、成长、成熟、衰退这样的周期。就产品而言，也就是要经历一个开发、引进、成长、成熟、衰退的阶段。技术是一种特殊产品或商品，因而具有自身生命循环和向外转移倾向的特点。弗农、M. G. 哈维根据产品生命周期理论提出技术生命周期理论。该理论认为，技术是一种特殊产品或商品，具有自身生命循环和向外转移倾向的特点。弗农认为，工业制成品从发明研制到进入市场销售，都要经历成长、成熟、饱和与衰退等不同阶段，他由此而将体现在产品上的技术也划分为导入、成长、成熟与衰退四期。1984 年哈维在其《技术转移过程中技术生命周期的运用》一文中将技术生命周期划分为以下六个阶段：技术开发阶段、验证阶段、应用启动阶段、扩张阶段、成熟阶段和退化阶段。

农业技术作为技术产品的一种也具有生命周期。根据产品生命周期理论和技术生命周期理论，在技术引入阶段，由于产品品种少，消费者对产品还不了解，只有少数消费者采用该产品。加之，生产者为了扩大销路，投入大量的促销费用，生产成本高，销量有限，企业获利小，甚至亏损。少量技术采用者，由于技术手段不成熟，收益较小甚至为负。在技术成长阶段，免费者逐渐接受该产品，需求量和销售额迅速上升。生产成本大幅度下降，利润迅速增长。在先期技术采用者获利的影响下，众多消费者开始采用该技术。在技术成熟阶段，企业利润增长速度逐步减慢，最后达到生命周期利润的最高点。技术采用者收益逐渐下降。在技术衰退阶段，由于技术的不断发展以及消费习惯的改变等原因，产品的销售量和利润持续下降，产品在市场上已经老化，不能适应市场需求，市场上已经有其他性能更好、价格更低的新产品，足以满足消费者的需求。此时成本较高的企业就会由于无利可图而陆续停止生产，该类产品的生命周期也就陆续结束，以至最后完全撤出市场。技术采用落后者获利空间越来越小，见图9-1。

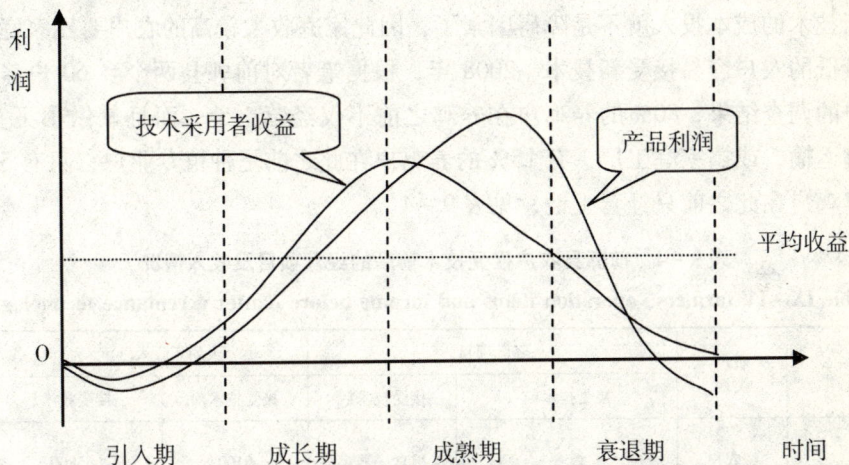

图9-1 基于技术生命周期理论的技术采用者收益曲线

Fig. IX－I earnings curve of technology adoption based on the technology life－cycle theory

由于技术存在着生命周期问题，技术本身具有较大的风险。因此，面对该项技术，农民自然会产生强烈的惧怕心理。

在经济学范围内，构成市场最主要的主体基本是"使自我满足最大化的理性主体"，即它们追求的是自身利益最大化，或者说追求货币收入最大化或效用最大化的"经济人"。就一个经济理性的农户来说，农户经营是以经济利益最大化为目标的，农业技术的运用取决于农户对该项技术运用后是否有利，对风险的权衡和是否能带来预期收益。如果运用某项新的农业技术能够为农户带来更大的净收益和相对较低的风险，那么该项技术得到成功运用的可能性就越大。

要改变农户对农业技术的抉择行为，增加农户采用农业技术的积极性，就必须做到：一是对农户采用新技术而产生的使用成本进行补贴，增加农户采用新技术的净收益；二是通过教育培训降低农户采用农业新技术的经营风险，通过实行订单式生产降低农户的市场风险。

9.3.2.3 家庭经营结构及农户收入水平

在我国目前的土地家庭承包制度下，单纯经营土地这一项目的收入是较低的，而随着经营项目增多，其收入也相对增加。家庭经营时间延长，其家庭积累也不断增多。如果根据比较效益原理，放弃某个项目，增加一个新项目，采用新技术的成本投入就不是障碍因素了，因此家庭收入较高的农户要比家庭收入较低的农户容易接受新技术。2008 年，根据笔者对前郭县两个乡 60 户养鸡农户的调查结果，80%的养鸡户在养鸡之前不仅经营土地，而且兼做小买卖，或搞运输，或搞家庭工厂，有 15%的养鸡户在此之前是种植专业户；只有 5%的养鸡户在此之前只经营土地，见表 9-4。

表 9-4　前郭县农户接受技术前后的经营项目及收入情况

Table IX - IV farmers, operation items and income before &after acceptance technology

乡名	农户类别	经营项目		人均年收入（元/人）	
		接受技术前	接受技术后	接受技术前	接受技术后
平凤乡	纯农户	粮食	粮食、养鸡	5100	5800
	兼业户	粮食、蔬菜、运输、打工	粮食、养鸡	5400	6150
八郎乡	纯农户	粮食	粮食、养鸡	5240	5950
	兼业户	家庭工厂、运输、小买卖	粮食、养鸡	5480	6200

资料来源：笔者调研整理

2008 年，吉林省农村居民人均纯收入为 4932.7 元，而同期城镇居民人均可支配收入为 12829.5 元。图 9-2 说明农民在不同产量和消费水平状态下对农业技术创新的态度。在 X 点时，农民 A 此时的产量水平接近于维持生存所需要的最低消费需求。对其而言，采用新技术所带来的风险意味着一旦这种试验失败，全家人的生存将受到威胁，因此，农民 A 可能不敢冒产量降到维持家庭生存所必需的最低消费需求水平以下的风险来进行技术创新；而农民 B 的产量大大超过最低消费需求线，接近于由社会文化因素确定的向往的消费水平，因而，农民 B 比农民 A 更欢迎技术的变革[112]。因此，较弱的经济基础，就决定了农民在采用技术时的谨慎。

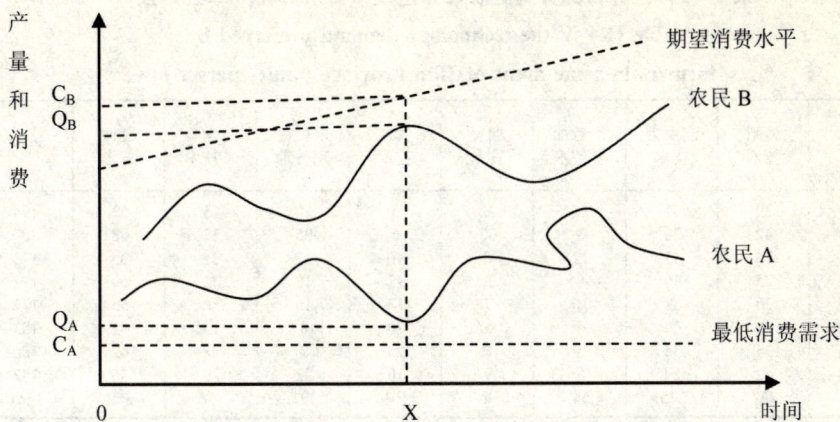

图 9 - 2　不同产量及消费水平对农民技术创新的影响

Fig. IX - II influence on the technological innovation in the condition of farmers' different production and consumption

9.4　农民采用技术的贝叶斯网络分析

9.4.1　问题描述

在吉林省农安、榆树、永吉、前郭、宁江、大安、梅河口、梨树等八个市县，调查农民首选技术需求情况。首选技术包括施肥技术、病虫害防治技术、产后贮存加工技术、农机具使用技术、棚膜技术、良种技术、化学除草技术以及其他技术等。共计调查 1600 个样本，剔除无效数据之后，最终形成了包含 1461 户的有效样本。样本中农户首选农业技术需求情况见表 9 - 5。

表9－5　吉林省部分地区农民首选技术需求情况（单位：人）

Table IX－V the technology demand preferred by

farmers in some areas of Jilin Province（unit：person）

地区	施肥技术	病虫害技术	产后加工技术	棚膜技术	其他技术	农机使用技术	化学除草技术	良种技术	合计
农安	39	31	10	22	5	20	15	52	194
榆树	42	28	8	30	6	35	12	48	209
永吉	26	45	12	8	10	12	25	35	173
前郭	25	46	8	9	12	10	22	60	192
宁江	30	32	10	7	13	15	10	55	172
大安	29	29	6	5	20	8	15	41	153
梅河	34	35	5	8	25	9	28	42	186
梨树	42	29	5	9	10	22	29	36	182
合计	267	275	64	98	101	131	156	369	1461

　　影响农民农业技术需求的因素，无论是阻碍力还是驱动力，农户自身特征、家庭收入构成、家庭经营土地面积、技术信息来源等都会对其产生不同程度的影响，也就是说，农户对农业技术的需求是内因和外因共同作用的结果。具体变量见表9－6。

表9－6　相关变量定义及单位

Table IX－VI related to variable definitions and units

相关变量	变量定义及单位
农户自身特征（户主） 年龄 性别 教育程度 身心健康状况 居住地区 外出务工经历 身份 党员	周岁（20～30岁，30～40岁，40～50岁，50～60岁，60岁以上） 男性，女性 大专及以上，高中，初中，小学，文盲 健康，偏差 农村，城郊 是，否 是，否 是，否
家庭收入构成 家庭年人均收入 非农收入比重 家庭经营土地面积 技术信息来源 技术指导 技术示范 培训或讲座 农民合作经济组织 首选技术	元（3000元以下，3000～4000元，4000～5000元，5000～6000元，6000元以上） %（10%以下，10～20%，20～30%，30%以上） 亩（10亩以下，10～20亩，20～30亩，30亩以上） 是，否 是，否 是，否 是，否 施肥技术，病虫害防治技术，产后贮存加工技术，农机具使用技术，棚膜技术，良种技术，化学除草技术，其他技术

9.4.2　采用的模型方法

贝叶斯网络起源于 20 世纪 80 年代中期对人工智能系统中的不确定性问题的研究，它是一种用于复杂系统的不确定性推理和数据解析的有效工具。

贝叶斯网络是一个二元组，其中：G 是有限非循环图，图中节点与领域知识的随机变量一一对应，网络中的有向弧表示变量间的因果关系，从节点 x 到节点 y 有向弧的直观含义是 x 对 y 有直接的因果影响；P 是局部概率分布的集合，条件概率表示因果影响的强度，其中代表节点 x 的父亲节点集合[113]。贝叶斯网络构建之后，可通过熵减少量和敏感度分析，来确定影响技术采用（接受）因素的顺序。

一个离散随机变量 X 的熵 H（X）的定义为：

$$H（X）=\sum_x P（X）\log\frac{1}{P（X）}=-\sum_x P（X）\log P（X）（公式 1）$$

上式的对数若以 2 为底，则熵的单位是比特；若以 e 为底，则其单位是奈特。本书以比特为单位，即以 2 为底。

给定 Y 时 X 的条件熵定义如下：

$$H（X\mid Y）=-\sum_x P（Y）\sum_x P（X\mid Y）\log P（X\mid Y）\cdots\cdots$$
（公式 2）

显然，在观测到 Y 以前，X 的不确定性是 H（X）。通过观测 Y，X 的不确定性变为 H（X｜Y）。X 的信息熵减少量为：

$$I（X；Y）=H（X）-H（X\mid Y）\cdots\cdots（公式 3）$$

可用信息熵减少量来衡量证据节点对查询节点的影响，并按照影响大小对证据进行排序，即进行敏感度分析。

9.4.3　模型结果与分析

本书利用贝叶斯网络软件（美国 Norsys 公司开发的 Netica 软件），根据表中数据获得如下形式的贝叶斯网络，见图 9 - 3，将其简化成图 9 - 4。

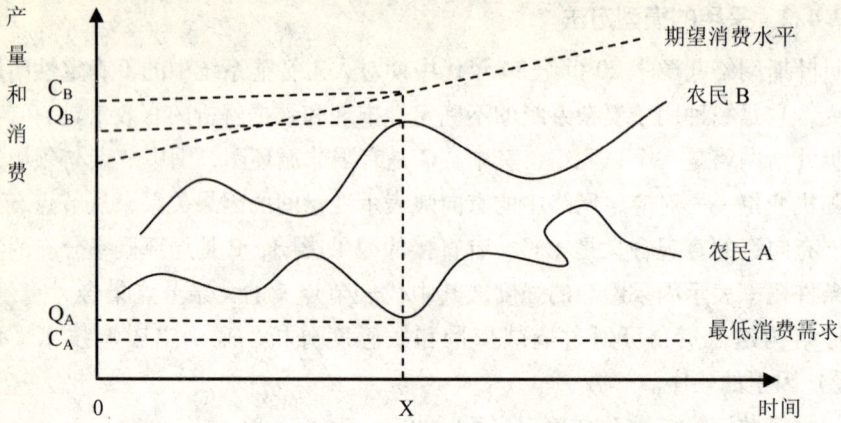

图 9 – 3　农民首选技术影响因素贝叶斯网络

Fig. IX – III the Bayesian network of farmers preferred technology factors

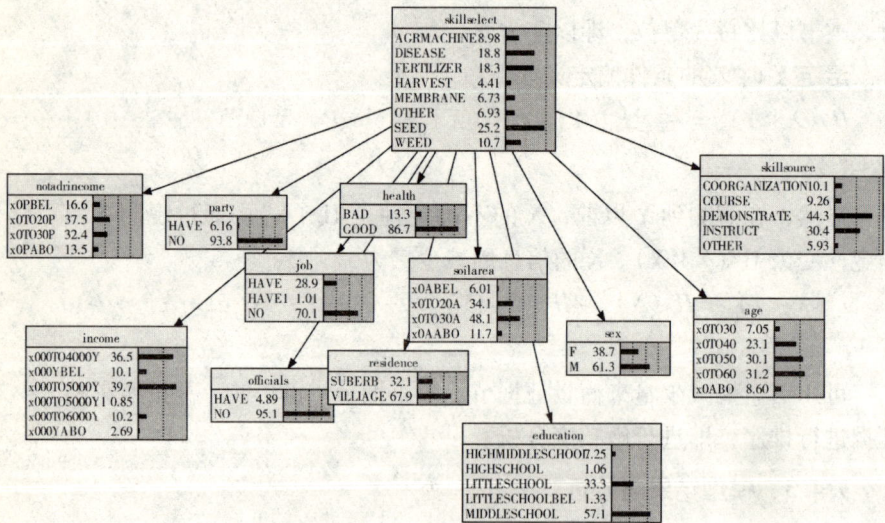

图 9 – 4　农民首选技术影响因素贝叶斯网络简化

Fig. IX – IV thesimplified Bayesian network of farmers preferred technology factors

　　对上述网络进行敏感性分析，信息熵越大，灵敏度越高，在诸多要素中，年龄对首选技术的信息熵最大，所以敏感度最高，影响最大；是否党员和干部对首选技术的信息熵最小，所以敏感度最低，影响最小，见表 9 – 7。

表9-7 农民首选技术敏感度分析

Table IX - VII sensitivity analysis for farmers preferred technology

影响属性	信息熵	所占百分比（%）
年龄	0.26902	23.00
家庭年人均收入	0.18929	16.18
非农收入比重	0.11966	10.23
土地面积	0.10655	9.11
居住地区	0.09942	8.50
技术信息来源	0.09466	8.09
外出务工经历	0.08855	7.57
性别	0.06685	5.72
教育年限	0.05474	4.68
身体健康情况	0.04591	3.93
是否党员	0.01815	1.55
是否干部	0.01682	1.44

对单一某项技术，构建贝叶斯网络，通过熵减少量和敏感度分析，从而确定影响技术采用因素的顺序，见表9-8。

表9-8 农民首选技术影响因素排序

Table IX - VIII the order of farmers preferred technology factors

首选技术	排序	年龄	性别	教育程度	身体健康情况	居住地区	外出务工经历	是否干部	是否党员	家庭年人均收入	非农收入比重	土地面积	技术信息来源
施肥技术	3	2	12	5	7	11	4	10	9	3	6	8	1
病虫害技术	2	1	3	7	8	4		11	10	3	5	2	12
产后贮存加工技术	8	2	11	3	12	4	6	8	10	1	7	9	5
农机具使用技术	5	4	9	6	8	2	10	11	12	1	5	3	7
棚膜技术	7	1	5	9	8	10	7	11	12	4	2	3	6
化学除草技术	4	1	9	10	2	4	3	11	12	6	8	7	5
良种技术	1	2	3	10	8	7	5	11	12	1	6	9	4
其他技术	6	1	10	8	11	12	9	6	5	2	4	3	7
总排序		1	8	9	10	5		12	11	2	3	4	6

通过上表可获得如下结论：

（1）首选技术排序为：良种技术、病虫害防治技术、施肥技术、化学除草技术、农机具使用技术、其他技术、棚膜技术、产后贮存加工技术。产生这一结论的最可能原因是吉林省大多数农民从事传统的农业生产活动，因此对良种技术、病虫害防治技术、施肥技术及化学除草技术等需求多。

（2）影响首选技术因素排序为：年龄、家庭年人均收入、非农收入、土地面积、居住地区、技术信息来源、外出务工经历、性别、教育程度、身体健康情况、是否党员、是否干部。综合各项首选技术的影响因素排序，可以看出年龄、家庭年人均收入、非农收入及家庭土地经营面积等是影响农民接受技术最明显的因素。

（3）影响某单一首选技术情况略有不同。对施肥技术影响最大的因素是技术信息来源；对病虫害防治技术、化学除草技术、棚膜技术、其他技术影响最大的因素是年龄；对良种技术、农机具使用技术、产后贮存加工技术影响最大的因素是家庭年人均收入。

以施肥技术为例，进行单一首选技术进行熵减少量和敏感度分析。信息熵越大，灵敏度越高，在诸多要素中，技术来源对施肥的信息熵最大，所以敏感度最高。首选施肥技术影响因素前三位依次为技术信息来源、年龄和家庭年人均收入，见图9-5，表9-9。

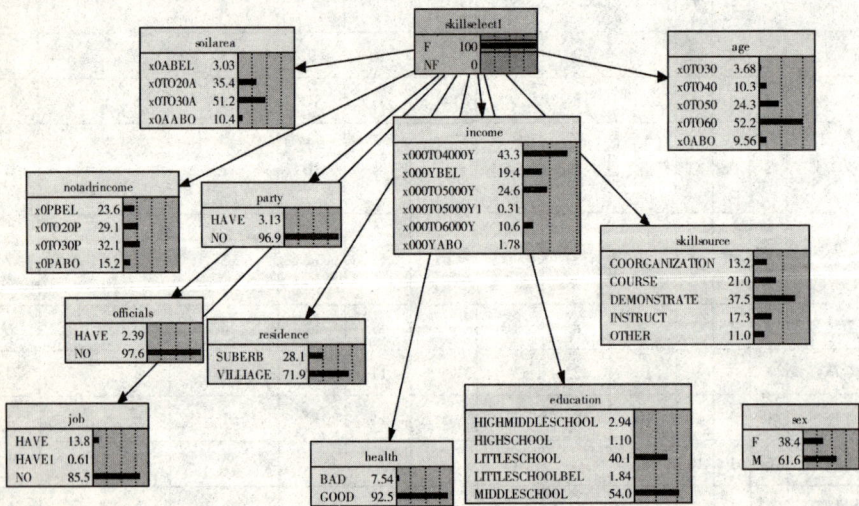

图9-5 首选施肥技术贝叶斯网络

Fig. IX-V the Bayesian network of farmers preferred fertilization

表9-9　首选施肥技术影响因素排序

Table IX – IX the order of farmers preferred fertilization factors

影响属性	信息熵	所占百分比（%）
技术信息来源	0.04202	26.92
年龄	0.03932	25.19
家庭年人均收入	0.02618	16.77
外出务工经历	0.02027	12.99
教育年限	0.00877	5.62
非农收入比重	0.00859	5.50
身体健康情况	0.00409	2.62
土地面积	0.00277	1.77
居住地区	0.00174	1.11
是否党员	0.00125	0.80
是否干部	0.00108	0.71
性别	0.00000	0.00

9.5　小结

通过计算，吉林省农村劳动力平均受教育年限为6.99年，略高于全国6.92年的平均水平。而吉林省是科教大省，大专院校、科研院所数量较多，因此，在提高农民采用技术的水平时，要充分发挥教育科研部门的积极作用，提高农民受教育程度。

农业技术采用是风险和收益并存的。在目前农民收入水平较低的情况下，进行农业技术推广时，要想方设法地降低农民采用新技术的风险，要充分了解农民所需，站在农户的角度推广适用技术，提高采用新技术的净收益。

根据贝叶斯网络法，分析出影响农民首选技术的重要因素是年龄、家庭收入及经营土地面积等。因此，农业技术推广要考虑到技术接受者的年龄、收入以及经营土地面积等差异，要根据农民个体差异和实际需要进行有针对性地农业技术推广。

第十章

多元化农业技术推广体系优化对策

　　贝克（1987）指出加拿大未来的农业技术服务需要关注四个领域，即推广的角色定位、推广与研究的关系、推广人员的能力及推广客体。达莱斯·吉尔（Dhara S. Gill）在肯定以上需要关注领域的同时，指出农业技术服务还需要注意可用资源的推广利用、项目涉及的领域、组织发展、推广方法以及推广服务发展的有效引导[114]。农业技术推广体系包括农技推广的主体性要素、资源性要素和环境性要素三部分。从主体性要素来说，包括政府、农业产业化龙头企业、农民合作经济组织、大专院校、科研院所、农民等参与技术创新及推广活动的行为主体。资源性要素是指技术创新及推广所需的经费、人力和科技资源。环境性要素包括农业推广涉及的基础设施、市场环境、社会文化及制度环境等要素。因此，多元化农业技术推广体系优化也需要从上述三方面着手。

10.1　农业技术推广主体性要素建设

10.1.1　加强农业技术推广队伍建设

　　阿斯拉穆罕（Aslam Khan）、雅各布（Yaqoob）、阿塔沙姆·古勒（Ahtasham Gul）等人在巴基斯坦旁遮普省的主要农业生态区，就1997～1998年两年间农业技术推广外勤人员工作效率问题进行了一项研究。研究结果显示，大部分的受访者认为，推广人员的专业程度对执行推广活动具有积极作用[115]。农业技术推广人员是技术传播扩散的主力军，其职业操守、职业技能、工作满意度对农技推广产生极为深远的影响。因此，提高农业技术推广效率就必须重视农业技术推广队伍建设，加强农技推广人员的培训工作，提高农技推广人员的职业化。

10.1.1.1 提高农技推广人员的职业操守

开展农业推广工作要从国家发展全局和农业产业的基础性角度出发，除少数的推广工作可以由龙头企业、农民合作经济组织、大专院校、科研院所等组织进行，多数的推广工作仍需要国家投入。因此，农业推广的公益性职能在相当长的时期内将继续存在，这就需要农技推广人员提高自身的职业操守，增强奉献精神、团队精神、服务意识，想农民之所想，急农民之所急。农业技术推广的服务对象是农民。站在农民角度推广技术，是农技推广的最高境界。作为有意识的个体来说，推广技术必须要考虑到农民的个体差异、个性需求，不能一刀切地推广同一技术，要推广农民真正需要的技术。正如乔治·麦克道尔（George R. McDowell）所提出的要"给予农民所需要的，而不是他们所想的"（Giving Farmers What They Need, Not What They Want）[116]。只有农民认可、依赖农技推广人员，才能自觉自愿接受推广的技术。

由于农业是个弱势产业，生产周期长，地域差异大，因此在推广农业新技术时应有所考虑，明确农技推广的"6W2H"，做到心中有数，明确即将进行的农技推广的各要素，提高农技推广效率，见图 10-1。20 世纪 30 年代，作为世界平民教育运动与乡村建设运动的奠基人，晏阳初提出要"化农民"必先"农民化"。"化农民"就是使农民成为有文化的中国新农民；"农民化"就是指农村工作者要转变思想立场，抛弃都市眼睛，换上农夫眼睛，去观察问题、解决问题[117]。因此，农业技术人员要真正能够沉下身子，深入基层，深

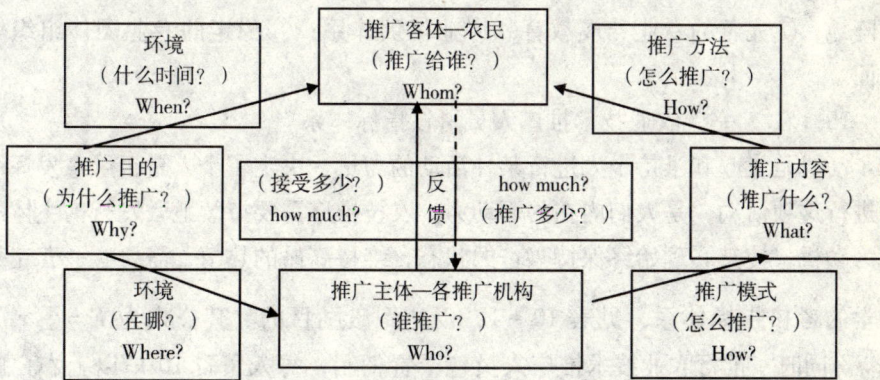

图 10-1　农业技术推广体系"6W2H"

Fig. X-I agricultural technology extension system "6W2H"

入田间地头，与农民打成一片，给农民算经济帐，成为农民的知心朋友，让农民从心眼里接受技术推广人员，进而接受技术，掌握技术，让技术在农民手中得到最大程度的发挥。

10.1.1.2 增强农技推广人员的职业技能

职业技能是从事某一职业应该具备的职业技术和能力。农技推广是一项系统而复杂的工作，工作地点、时间较灵活，推广内容纷繁芜杂，推广服务对象数量庞大、需求多样，因此，需要农技人员具有较强的职业技能，能够及时妥善地处理农技推广过程中出现的各种新问题。提高农业技术推广人员的职业技能，就需要加强培训。世界级大公司的员工培训正从"费用"演变为"投资"进而演变为"福利"。因此，领导应明确培训是单位给予员工最好的福利待遇，应重视员工的培训，这样既可提高员工的综合素质及，又可增强组织的综合竞争力[118]。

据调查，基层农业技术推广人员接受系统培训机会很少；培训时聘请的多为种植、养殖方面专家，农业经济理论、农村发展方面的相关专家很少，培训内容过窄。要制定详细的人力资源培训开发计划，使农技推广人员明确自身的发展前景和努力方向，以便更好地开发与推广农业科技。同时，建立农业技术推广人员职业化指标体系，指标中应涵盖：①农业技术推广专业知识和基本技能；②良好的职业道德、服务理念；③明确的职责范围；④严格的任职资格条件；⑤职业化的评价标准与专业化的职称职务评价体系；⑥固定的学术研究交流阵地；⑦完善的专业养成教育和专业培训体系；⑧稳定的专业团体组织等方面。

10.1.1.3 完善农业技术推广人员考核指标体系

动机是发起和维持个人进行某种活动的力量，决定了个人是否愿意发挥潜力进行这项活动，是人们内在的驱动力。农技推广需要持续地激发行为主体的行为动机，使其心理始终保持兴奋的状态，维持高昂的热情，需要有一套完整科学的考核指标体系，见表 10-1，以达到激励目的。其公式为 $F = \sum_{i}^{n} x_i \sum^{n} v_i x_0 i$。同时，推行农业技术推广人员包干责任制，每人负责 10 户以上农户的农业技术服务。年终，整合包保农户的反馈意见、个人述职报告、个人推广计划等材料，对农技推广人员进行考核。并且在包保过程中，要不定时、不定期地抽查，了解农技推广人员的在岗情况、服务效果，以达到考核的公正性。在掌握较详尽的材料基础上，对考核结果处在不同等级的农技推广人员实行奖惩。

表 10−1　农业技术推广人员考核指标

table Ⅹ−Ⅰ assessment indicators of agricultural extension workers

一级指标（X_i）	权重	二级指标（X_{0j}）	权重	分值（V_i）				得分（F）
				优秀	良好	一般	较差	
				100	80	60	40	
能力素质	0.2	专业技术水平	0.4					
		沟通协调能力	0.25					
		学习创新能力	0.15					
		执行能力	0.1					
		资源利用能力	0.1					
		工作积极性	0.3					
态度	0.1	服务意识	0.3					
		责任心	0.2					
		纪律性	0.1					
		团队精神	0.1					
业绩	0.7	技术采用率	0.2					
		科技入户率	0.2					
		计划完成率	0.2					
		粮食增产率	0.15					
		农民收入增长率	0.15					
		农民满意率	0.1					

10.1.2　加强农业技术需求主体建设

《中共中央、国务院关于积极发展现代农业扎实推进社会主义新农村建设的若干意见》中指出，建设现代农业，最终要靠有文化、懂技术、会经营的新型农民。美国著名经济学家舒尔茨在其《人的投资：人口质量经济学》一书中断言："改善人类福利的决定性的生产要素不是空间、能源和耕地，决定性要素是人口质量的改善和知识增进。"调查显示，经过自学、拜师和培训以及掌握2门以上技能的农民人均年收入为4758元，比未经拜师和培训的一般农民人均年收入2353元增加2405元，各专业户、私营企业主、车主、店主以及手工业人员，就业再教育程度高，其收入也高于其他农民[119]。教育在提高农民收入方面作用不容忽视，因此，要重视农民教育培训工作，各级政府要把农民培训活动作为一种福利，使广大农民平等地享受到各级各类的教育培训机会，提高农民爱科学、用科学的积极性。

10.1.2.1　巩固农村九年义务教育

农业是弱质产业，制约其发展的因素很多，其中科学技术对农业有极大的影响。因此，孙中山提倡科技兴农[120]。先进的农业科学技术运用到农业的生产实践中，可以提高农业产出率。根据孙翠清、林万龙（2008）的调查，农民对农村义务教育的平均满意度为 48.28%[121]，因此，要继续巩固农村九年义务教育，加大教育人力、物力、财力投入，尽可能地降低农村儿童失学率，提高农村义务教育的公众满意度。

10.1.2.2 强化农民培训

提高培训质量必须紧密结合当地实际，明确培训目标，突出培训重点。吉林省是农业大省，农业人口比重较大，并且农业人口的文化素质较低，科技素质较差。因此，各地应以实施"三项工程"为契机，技术培训的重点应放在发展现代农业的实用技术和市场经济理论上，培训的主要对象是农村党员、农村基层干部和种养殖大户等，以点带面，从而带动对广大农民群众培训工作的全面开展。随着工业化和城市化的发展，农村产业结构的调整，农村劳动力流动和转移机会的增加，农村中较高素质的青年农民大量流向城市和非农产业，留在农村的农民素质呈逆向发展态势[122]。加之，由于男性劳动力大量地从农业中转移到非农产业，众多的农村女性集中在农业生产领域，农业劳动力的文化、技术和管理水平发生结构性下降，女性已成为农村农业生产的主力，逐渐成为农业技术推广的服务对象[123]。农业技术推广要考虑到农业生产者素质下降及女性化的影响，重点推广特产和养殖技术。

要充分利用现代传播手段，把集中组织面授向电化教育延伸，由下乡讲课向结对帮扶延伸、由单纯讲授向咨询服务延伸、由基地试验示范向农户普及推广延伸，提高农民培训工作的实效性。

10.1.2.3 重视农民自身技术示范作用

农民自身技术示范作用对于技术传播扩散的意义非常重大，在技术推广的过程中，选择优秀的农户进行试验示范，在农业生产过程中加强管理，产生好的收益，一定能对周边的农户产生辐射和带动作用。通化市四道江村，一些农民使用了吉林平安种业公司开发的"平安24"豆种，在个别农户取得效益的示范带动下，通过农民间的互相传播，整个村就迅速使用了该种子。2007 年全国农民农业技术需求的调研结果显示，目前 50.9% 的农户采用农业技术的动因是因为看到别人用得好才采用。在掌握了某项新的农业技术后，68.2% 的农民会主动传授给他人，仅有 3.0% 的农民选择保密[124]。因此，在农业技术的推广过程中，农户已经成为推广的主体之一，因此，要充分发挥农民技术传播扩散主体的作用。

10.1.2.4 充分发挥农村能人作用

能人是指相对于其他人在思想意识、知识见解、社会关系、人品口碑、财富积累以及信息掌控量、责任心等方面具有比较优势的人。农村能人在带动农民脱贫致富、促进农村经济发展、推动农村各项社会事业全面进步方面，具有重要的作用。由于他们生活在当地，熟悉当地生产生活实际，因而，带领群众致富容易被认可。2009 年，通化市二密镇正岔村 13 户农民在能人鲁阳金的带领下，种植"金锋 2 号"夏白菜，110 亩获利 21 万元。因此，在进行农业技术推广过程中，要充分发挥农村能人的示范带动作用。首先，建立农村能人档案（有条件的可建立电子档案，进行信息化管理），将农技推广人员、种养能手、农村经纪人、农民企业家、外出务工经商优秀青年等乡土人才登记入册，重视农村能人的培养工作。二是为能人创业提供外部条件，对在某一产业积极性高、干的比较出色的能人，要给予扶持，发挥示范带动作用。三是率先向农村能人推广新技术，通过他们来有计划有步骤地推广技术。

案例 10 - 1

2006 年，吉林省前郭县海勃日戈镇的王永芹，在听完农业技术推广人员讲解后，就决定种植香瓜，在农技推广人员的指导下，当年 2 亩多地收入 1.4 万元，三年仅在种植香瓜一项上就增加收入 5.74 万元。自己增收后，又带动哥哥、弟弟及周边的亲属、朋友、邻里等种植，2007 ~ 2008 年两年间，海勃日戈镇种植香瓜 740 多公顷，累计增收 1380 多万元。

资料来源：调研整理

10.1.3 构建多维一体的农业技术推广模式

构建以国家农业技术推广体系为主导，大专院校、科研院所等创新主体与政府农技推广机构紧密结合，农业产业化龙头企业、农民合作经济组织等为辅，科研、教育与农业推广相互联系，上下连贯、主体协同、功能齐全、运行有序、结构开放的多元化农业技术推广体系[68]，见图 10 - 2。

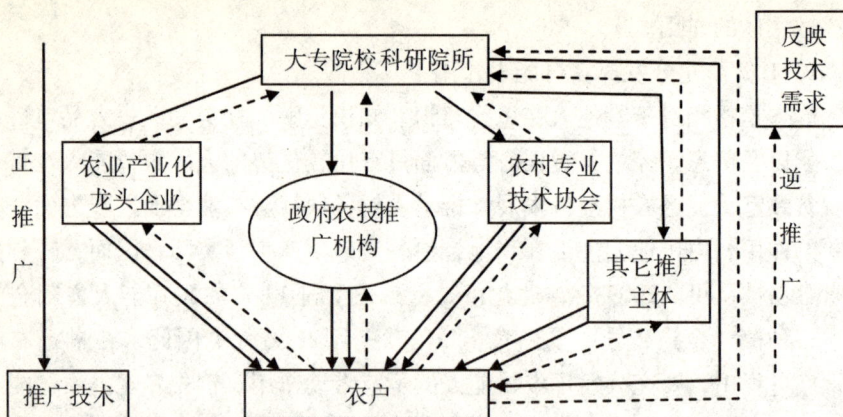

图 10-2　主体多元化农技推广体系运行框架

Fig. X-II operating framework of agricultural extension system in the diversification

10.3.1.1 公益性推广模式

农业技术推广的公益性体现在：一是行政管理方面的职能，包括防疫检疫、农业法、种子法、农业生产资料管理、农民负担监督管理等农业技法检查、农村公共事业管理；二是公益性服务的管理职能，包括病虫测报、品种改良、新技术推广、农产品质量监测、农村合作经济的指导和农村财务指导等[37][125]。对于基础性、公益性、受益面广的农业技术推广服务，如关系到国计民生的粮食作物技术推广、重大突破性的技术试验示范和公共性的农业信息服务、关键性技术的引进示范推广等[126]，必须由政府农业技术推广机构承担。

由于这些农业技术具有更多的公共产品性质，其受益面是整个社会公众，因而极易产生"搭便车"行为，导致市场失灵。因此，要提高公益性农业技术推广效率就需要引入市场竞争机制，将不同行政区域政府农业技术推广机构视为不同竞争主体，由上一级政府对所辖区域的各农技推广机构实行公开招标，选择服务的具体提供者，打破按行政区划均分推广资金和项目[127]。近几年国家和各省开展的大型公益性农民培训基地的选择，应该公开招标（示范基地应该招标，而不应该是现在的指定式）并设定相应指标，选择工作热情高，服务态度好的农技推广机构来承担技术培训和推广工作，而现在的做法基本是政府靠行政命令或个人关系的方式来选择地点。

10.3.1.2 市场化运作模式

私人物品具有竞争性和排他性的特征。农村私人物品一旦被人购买，他人就不能享受这一产品，私人品的消费利益被购买者独占，否则就会被剥夺享受这一产品的权力，消费群体之间互不影响消费福利，具有相对的消费独立性。市场型的农业技术推广服务内容主要包括高附加值和种养业的产前、产后服务，如蔬菜、瓜果、园艺产品、畜牧和水产品与农产品加工品等物化的农业技术和农产品，主要由农业产业化龙头企业（涉农企业）承担，通过聘请专家讲课或大规模培训，技术人员田间指导等方式来完成。

10.3.1.3 公益性与市场化混合型模式

混合品是介于公共物品和私人物品之间，它仅具有两种特性中的一种，即竞争非排他性或排他非竞争性。对于前者，通常物品以集体分配的形式出现，在集体内部，谁也不能限制别人消费，并可由私人部门生产或直接由公共部门提供，通过市场或国家预算分配，资金来源是销售收入或税收；后者是具有外部性的私人物品，由私人企业生产，通过市场分配，辅之补贴，资金来源是销售收入。公益性与市场化混合型的农业技术推广资金来源于各级政府财政拨款或是自筹经费，推广主体主要是农业科研、教育部门与农民合作经济组织，通过技术培训、成果转化、技术承包、技术开发、科技示范等方式与农民进行有效对接，为农民提供有效的科技服务。

如果农业技术对农业生产和农民增收的效果不明显，短期内不能见效益的，就由政府公益性职能承担，如粮食、玉米、大豆容易储存的，即使产量增加，卖不出去，农民自己储存也会使粮食保值增值；短期内效果明显，农民能够认识到农业技术所发挥的作用，由私人、市场提供；生产出来的不易储藏的产品，容易变质的所需要的技术，由企业推广并及时回收。

10.2 农业技术推广资源性要素建设

10.2.1 农业技术推广经费保障

中央财政、地方财政支农支出比重的下降，以及地方财政支农支出挪为他用，使得有限的农村公共品供给资金被侵吞，致使农村公共品供给资金出现严重不足的现象[128]。政府每增加1元农业科技投入，可减少农牧户9.35元投入；政府每增加1元公共投入于农村教育或农村基础设施建设上，可分别减少农牧户物质费用 6.64 元和 5.31 元[129]。因此，要增加农村公共品供给，特别是农业技术推广投资力度。

10.2.1.1 多方筹集推广经费

充足的推广经费是农业技术推广的有力保障。由于国家财力有限，政府应建立多元化的农技推广投入机制，鼓励民营资本、外资资本和工商业资本进入农业技术推广领域，通过多渠道筹措资金，解决农技推广经费短缺问题。鼓励农技推广部门开展技物结合服务、技术咨询、技术承包、信息服务等有偿服务，获取一定的经济收入以补偿具有公共物品属性的农业科技推广。在政府推广经费供给的基础上，要依靠家乡走出去的名人、能人、富人、家乡的企业家等的赞助，拓宽推广经费的来源渠道。

10.2.1.2 实行技术推广补贴政策

近年来，财政支农资金大幅度增加，但由于众多的从事粮食生产的农业群体以及庞大的粮食播种面积，即使是各种补贴逐年增加，但平均到每个粮农或者每亩粮田，占农民人均纯收入的比例很低。加之农业对自然的高度依存，面临较高的市场风险和农业技术采用风险。因此，要加大农业技术推广补贴力度，完善补贴政策。对种养户采用技术补贴的同时，对技术推广人员也应适当补贴，而实际上，有的县（市）农业技术推广机构人员下乡没有补助，即使有补助也少得可怜，难以调动工作积极性。

10.2.1.3 继续增加"三农"投入

2003～2007 年吉林省累计投入"三农"资金 825.3 亿元，年均增长 18.8%，是改革开放以来投入增加最多、增长速度最快的时期。其中：落实粮食直补、农资综合直补、良种补贴、农业增产技术补贴 109.2 亿元；落实农机购置补贴资金 4 亿元，支持农机大户和农机合作组织购买大型农机具；从 2005 年开始，每年安排农业产业化专项资金 2 亿元，通过贴息、补贴、奖励等形式引导金融资本和社会资金重点支持省级以上产业化龙头企业发展；从 2006 年开始，每年安排新农村建设启动资金 2 亿元，带动社会各方面投入达到 59.6 亿元。从国际经验看，一个国家进入工业化发展的中期阶段，由以农养工、以乡养城转为工业反哺农业，城市支持农村。德国农民收入的 40% 来自国家补贴，日本农民收入的 50%～60% 来自国家补贴[130]。发达国家的生产者补贴（PSE）达到了 51%，如日本、加拿大和美国的 PSE 分别为 75%、49% 和 42%，而三国的农业占 GDP 的份额则仅为 2.1%、2.3% 和 1.9%。美国政府每年对农民的补贴约为400亿美元，平均每100美元的农业产值中，有20～30美元来自政府补贴[131]。

10.2.1.4 加强农民教育培训经费投入

2003～2007年，吉林省共筹措1.2亿元专项资金用于农民技能培训，1.48亿元支持农村文化建设和农村中小学远程教育。但与庞大的需要进行教育培训的农民数量来说，还远远不够。日本的农业类大学对从事农业经营者提供必需的贷款，并优先到国外进修；学生的学费、住宿费全免，教材、伙食费由学生负担一部分；一部分学生由社区及农业团体发给奖学金[132]。因此，要加大财政对农村教育的投入，确保农村九年义务教育的完成，使更多的学生可升入高中或大学，这样学生毕业后再回到农村也是知识农民、现代农民。落实农村各项教育制度并纳入法制轨道，要依法加大各级政府对农村贫困地区基础教育的投入，提高财政支出中教育经费的比重。教育经费应由财政统一管理、统一支配使用，做到专款专用。设立教育基金，并实行市场化运作确保农村教师工资发放，改善教育设施，减免贫困学生的学费[133]。同时，要逐步建立以政府财政拨款为主，企业社会赞助为辅，受训农民适当负担的多元化投入保障体制。

10.2.2　农业技术推广人力保障

人力投入既能反映科技人力资源的整体状况，又能反映科技人员素质。目前，吉林省农村每万名农业人口中，农业技术人员只有6.6人，农科大学生只有1.2名，只相当于美国的0.58%，平均2000多个农业劳动力中才有1名农业技术推广人员，而美国平均不足400人就有1名。改变农业推广人力投入过低的局面，必须削减非专业农技推广人员，及时将农林类专业推广人员吸纳进来，充分发挥他们的专业优势，同时，鼓励广大科技工作者面向"三农"开展科学研究和科技攻关。2009年我国大学毕业生数量超过600万人，各级政府应制定相关优惠措施，鼓励大学生积极投身到农业发展和农村建设中去，充分发挥聪明才智。

10.2.3　农业技术推广科技源保障

农业新技术、新成果是农业技术推广的科技源保障，因此，农业产业化龙头企业、大专院校、科研院所等组织应加强技术创新能力，多出成果，快出成果，使农业技术推广工作有着充足的科技源。政府农业技术推广机构、农民合作经济组织等要有敏锐的市场预测能力，及时提供农业生产销售信息，及时与技术研发部门沟通，寻找好项目，积极地推广给农民。

10.3 农业技术推广环境性要素建设

10.3.1 加快农业信息化基础设施建设，提高农业信息服务水平

农业信息化是农业现代化的重要内容和农业科技的新产物，其对农业经济增长具有明显的拉动效应，技术推广扩散具有距离衰减效应，即随着距离的增加，扩散的强度逐渐降低[134]，快捷的信息化网络可以有效地降低距离的摩擦系数，可以大幅减少农技空间推广扩散的时间和成本。农业技术推广效率效益的提高，也有赖于农业信息化作用的充分发挥。

10.3.1.1 要兼顾不同主体的信息需求

农业技术推广过程也是一个农业信息需求与有效供给的过程，农业技术推广服务主体如公共服务组织（各级政府及农业信息中心、农业大专院校、农业科研院所等国家事业单位）、龙头企业（涉农企业）、农民合作经济组织及农户，同时也是农业信息需求主体。

公共服务组织需要了解各企事业单位、农民具体的需求信息；龙头企业（涉农企业）、农民合作经济组织需要国家政策法规信息、国内国际市场信息、科技信息、管理信息、社会环境信息以及金融信息等；农户需要农业自然资源信息、农业生产信息、农业科技信息、农业经济信息、农产品加工信息、农产品市场信息等。农业信息服务主体在充分了解需求主体的基础上，有针对性地进行搜集、生产、加工、传播，才能提高农业技术推广服务效率。

10.3.1.2 要建立农业信息需求主体间的良性功能互动机制

政府应充分发挥引导和协调功能，通过合理的制度安排和优惠的政策扶持引导农业信息服务主体积极参与，通过协调整合农业、国土、农机、交通、水利、气象、教育培训、邮电通讯等各类资源，提升农业信息服务的综合实力。各国家事业单位充分发挥教育优势、人才优势、研究开发优势，不断向社会输送大批农业科技人才和经营管理人才，加快科研成果转化效率，积极为农业信息服务体系的建设和完善出谋划策。龙头企业（涉农企业）通过实现自身信息化，包括生产过程的全面信息化以及经济管理决策的信息化，将农业的产

前、产中、产后用信息化手段动态地整合起来[135]，按照市场经济规律提供产品营销信息、产品技术咨询、培训、服务等有偿信息服务。农民合作经济组织要充分利用多种渠道、多方搜集信息，之后加以鉴别、筛选、提炼、综合、审核，使杂乱的信息有序化、规范化，为农户提供专业化的咨询服务，引导农民的生产和决策，减少农民生产经营的盲目性。同时，通过网络、报刊等多种途径发布农民的农副产品供给信息和农业生产资料、生活资料需求信息，及时帮助农民解决生产生活中的困难和问题。对于农户来说，要提高其信息接受能力，增强农民使用信息技术的积极性和主动性。

10.3.1.3 要加强农业信息资源数据库的建设

在完善现有的农业信息服务网络的基础上，通过规范的农业信息采集标准，加强包括农业自然资源信息、农业生产管理信息、农产品市场信息、农业实用技术及科研成果、农业政策法规信息等数据库的开发建设。在不断扩大现有数据库的同时，把农业信息视野扩展到农业及其相关的各个领域，收集各方面的信息，以充实现有数据库的内容，逐步建立起能够满足不同层次、不同对象需求的大型综合数据库。

10.3.2 完善农业技术推广金融支持服务体系

近年来，我国金融业对促进农业技术推广起到了积极作用。充分发挥金融在农业技术推广中的支持服务作用，需要做到以下几点：

一是做好农业技术推广的评估工作。金融企业在支持农业技术推广时，不仅要考虑贷款本息的回收问题，还要考虑到推广某一技术成果后对农民产生的经济效益与市场风险。因此，金融企业需要对拟推广的新项目进行评估。①适应性评估。由于各地的农业资源禀赋存在差异，采用某项技术成果需要考虑到该区域的资源禀赋。因此，金融企业对农业技术推广项目要进行适应性评估，对农民以科技项目申请投资、贷款和办理其他服务时，要从了解客户、了解经济活动内容、了解风险程度的角度，对科技项目的适应性，包括技术成熟性、环境适用性、操作可靠性、资源配套要求等方面进行比较、分析和测试，在此基础作出投融资的决策，并根据适应性评估的结果，采取贷与不贷、早贷与晚贷、多贷与少贷、单项放贷还是组合式放贷的对策[131]。②经济评估。在农民拟采用农业技术推广项目时，金融企业要就该项目的投资效益、社会效益、生态效益等方面进行经济评估，来确定项目的可行性，避免农民的利益受损。③市场评估。农民生产的产品面临着巨大的市场风险，避免"谷贱伤农""增产不增收"，金融企业要协助、指导农民做好产品销售市场的评估，考察农产品净收入与投入成本之间的制衡关系，从而增强农民推广使用农业技术成果的信心，增强金融企业提供贷款扶持的信心。

二是继续发挥小额信贷的积极作用。小额信贷是脱贫致富的一种现实的并具有巨大潜力的有效工具。近年来，特别是 2007 年《关于银行业金融机构大力发展农村小额贷款业务的指导意见》的出台，农村信用社加大了农户小额信用贷款的发放力度。迄今为止，全国农信社 90% 以上的营业网点开办了小额信贷业务，累计向 8000 多万农户发放小额信贷 9000 多亿元[136]。发挥小额信贷作用，首先要优化小额信贷环境，完善担保制度和风险管理预警机制，促使小额信贷健康良性发展。2007 年末，吉林省内农业发展银行、农业银行和农村合作金融机构涉农不良贷款余额共计 658.6 亿元，占全省银行机构不良贷款总额的 66.8%，全省农村合作金融机构还有 43 亿元的历年亏损挂账有待消化。其次加强小额信贷过程管理，加强贷款用途管理和贷后跟踪检查，务使小额信贷在促进农业发展、农民增收方面发挥最大作用。

三是充分发挥农村金融机构作用。大约只有 20% 左右农户能够从正规金融机构得到贷款，25% 左右农户能够从农村信用社获得贷款且均为小额短期贷款，难以满足农户发展规模经营和中长期投资的需求[137]。促进农业发展，采用农业新技术需要大量资金，鼓励农村金融机构（农村信用社、农村合作银行、农村商业银行、农村信用合作联社等）发放各种小额贷款，支持农民在农业生产和采用新技术上投资[138]。

四是积极发挥企业、个人、民间团体作用。合理的民间融资是促进农村金融市场建设和发展的有力措施之一。有经济实力的企业、个人、民间团体通过成立资金合作社发放小额贷款，解决广大农民生产需求，提高社会闲散资金在促进农业科技进步和农民增收方面的作用。

五是积极探索农业贷款与农业保险相结合的金融服务模式。凡是申请小额贷款的农户，鼓励参与农业保险，凡是参加农业保险的农户，在贷款上给予优先权和利率优惠，灾后获得的理赔资金要优先偿还农业贷款。

10.3.3 多方联动，建立完善的资源共享平台与协调运行机制

导致社区内"'创新农民'与'非创新农民'的区别不在于农民拥有的自然资本、物质资本、金融资本及人力资本的区别，而在于属于社会资本范畴的各种因素，主要包括社会网络、信息、互动、信任、经历与经验、兴趣、信

念、好奇心、压力、自助及合作等"[139]。农民教育培训是一项系统工程，在明确培训目的、培训内容和方法以及培训时间地点的前提下，既要充分调动农技推广机构、教育部门、培训机构、科技单位、共青团、妇联等各级组织协同作用，也要充分发挥网络教育和远程培训、农技110在资源共享、提高效率方面的优势，还要调动农业产业化龙头企业、农民合作经济组织等在提升农民素质方面的积极作用，继续发挥各级农广校、成人文化学校、农村职业中学等各类职业技术学校的作用。各级报刊、电台、电视台要制订计划，组织力量开辟和改善科普专栏，拿出显著版面黄金时间，刊出或播出生动活泼的文章和节目；电影音像部门，要有计划摄制科教影片和录像片；出版部门要安排好科普作品的创作和出版，精心选题，精心出版。同时，唯有多方联动，才能构筑起完善的农民素质提升网络，达到资源共享、协调运行的目的[140]。

10.3.4 完善土地流转制度

家庭经营土地面积是影响农民接受技术的重要因素，扩大农民的土地经营规模有利于农民接收先进的农业技术，加快农村土地流转有利于实现农民家庭经营结构的转变。2007年，吉林省土地流转面积26万公顷，占总耕地面积的6.5%，流转形式主要包括转包、转让、互换、租赁及土地入股等方式，但仍处于起步阶段。

10.3.4.1 坚持农民自愿原则

尊重农民在多种流转形式中的选择权，不同的流转形式要与一定地区内农业耕地资源禀赋相适应，也要与区域经济的发达程度、农民对不同流转形式的偏好相适应，要防止不顾农民意愿、片面追求土地流转速度的倾向，要从实际出发对土地流转的效率进行科学的评价[141]。

10.3.4.2 建立完善的农村土地流转支撑保障体系

首先健全农村土地流转法律法规。健全的法律法规是政府开展工作的有效依据和保障。我国先后出台了《中华人民共和国农村土地承包法》、《农村土地承包经营权证管理办法》、《中共中央关于推进农村改革发展若干重大问题的决定》等法律，吉林省出台了《吉林省农村土地承包经营管理条例》、《吉林省集体土地承包经营管理条例》等相应地方法规，但这些法律法规多指导性意见，少实施性意见，在处理农村土地承包经营过程出现的问题时，特别是法律法规中未能涉及的一些新问题，造成了土地流转纠纷处理上的困难。因此，以现有法律法规为依据，参照区域特点制订符合当地实际情况的管理条例，以此来稳定和完善土地承包关系。

其次建立完善的农村社会保障体系。目前，我国大部分地区的农地资源承担着社会保障功能，在农民过度依赖土地情况下，农地流转的交易成本昂贵，土地流转就十分困难。因此，要解决农民转出土地的后顾之忧，就必须建立完善的农村社会保障体系。

第三建立农村土地流转中介组织。中介组织是农村土地流转市场的有形载体，在降低流转的交易成本、规范流转程序、形成合理的流转价格等方面具有重要作用。因此，需要积极培育土地经营公司、土地评估事务所、土地银行、土地流转市场纠纷仲裁机构等中介组织，构建起规范的、公平的农村土地流转市场，以有效的竞争规则约束农村土地流转市场参与者的机会主义行为。

第四建立农村土地流转服务体系。县级农经部门成立农地流转管理办公室，负责农地流转的政策研究、方案制订、业务指导等工作；乡镇以现有的农村经济管理机构为依托，成立农地流转服务中心，负责农地流转的咨询服务，农地流转政策的宣传落实，农地流转规范合同的推广、指导、签定、登记、变更等，农地流转纠纷调解等工作。

第十一章

专题研究

11.1 农业产业化龙头企业畜产品品牌建设研究

摘　要：农业产业化龙头企业利用资本、技术、人才等优势，带动农户发展专业化、标准化、规模化、集约化生产，是现代农业产业体系的重要主体，是实现农业产业化经营的关键。龙头企业作为一种产业组织形式，其经营目的是追求利润最大化。不少龙头企业涉及到畜产品的生产、加工和销售等相关业务。本书分析了农业产业化龙头企业畜产品品牌建设的重要意义及存在的主要问题，从树立畜产品品牌意识、注重品牌命名与设计、加强品牌营销等方面提出了相应对策措施，最后提出龙头企业畜产品品牌建设需要注意的几个关键问题。

关键词：龙头企业；畜产品；品牌建设

引言

1950 年，世界广告大师 Ogilvy Levy 在《哈佛商业评论》上发表《产品与品牌》一文，标志着现代品牌理论研究的开始。20 世纪 90 年代，我国企业界、学术界开始重视对品牌的讨论与研究。1998 年，一些研究者开始探讨我国农产品品牌问题。陈清华认为，我国农产品品牌发展远远落后于工业产品，农产品中缺乏高市场占有率的国货精品和驰名商标[1]；张劲松认为，具有品牌的农产品受法律保护，便于公平竞争，稳定顾客[2]；郁怡汶认为，实施农产品品牌战略、创建农产品品牌是适应社会主义市场经济条件下农业产业化需求，实现产品立足本地、面向全国、走向国际市场的战略性举措[3]。

品牌是一种战略性资产和核心竞争力的重要源泉，是企业市场制胜的关键。世界著名市场战略家杰克·特罗特在分析未来市场品牌的意义时指出，有两类竞争者是成功的，一类是强有力的品牌、大的品牌，这类公司能够在全世界范围内谋求利益；另一类是专门化或者定位很好的品牌，这是一些小的竞争者[4]。截止到 2012 年底，我国共有农业产业化龙头企业 1253 家，在增加农民收入、带动区域经济和社会发展等方面发挥着重要作用。龙头企业作为一种产业组织形式，其经营目的是追求利润最大化，多数龙头企业涉及了畜产品的生产、加工和销售。加强龙头企业畜产品品牌建设，提高其市场竞争力尤为重要。

1 农业产业化龙头企业畜产品品牌建设的作用

1.1 降低消费者选择成本

由于畜产品品种繁多，消费者面临的可选择信息越来越多。消费者想获取某类产品相关信息需要一定的时间成本和信息成本。品牌作为产品的形象代言，其基本特征和所代表的信息集合相对固定，可以将企业经营者理念和产品相关信息更好地传播给受众。消费者利用品牌进行信息收集，择优决策，大大降低了选择成本。龙头企业加强畜产品品牌建设，可以降低消费者的选择成本，并使消费者形成稳定的品牌忠诚度。

1.2 增加企业利润，提高企业美誉度

品牌承载着生产者对产品质量的承诺，容易使消费者产生信任度和追随度，形成品牌美誉度，从而降低产品推介成本。品牌畜产品的价格一定高于均衡价格，为企业带来超额利润。海尔集团总裁张瑞敏指出，拥有品牌就拥有市场。品牌是企业的无形资产，如：双汇品牌价值 106.36 亿元，鄂尔多斯 56.83 亿元。龙头企业加强畜产品品牌建设，可以提高产品认知度，占据更多的产品市场，增加企业利润，推动企业良性发展。

1.3 增强农户可持续增收能力

龙头企业通过与农户实施订单农业，建立稳定的联结机制，各取所需，达到互赢。吉林华正农牧业开发股份有限公司的"华正"牌商标获中国驰名商标。华正品牌在吉林省肉类市场占有率位居第一，冻品销往国内 14 个省市，并出口香港。华正公司以合同契约的方式，与农户、牧业小区建立了利益联结机制，双方实行合同化管理，带动 2 万多农户增收。

1.4 促进区域经济和社会发展

品牌战略，昭示了企业技术水平、素质水平和诚信水平的不断提升，是企业持续发展和科学发展结合的体现，对推动地方经济和引导规范市场行为起到

了积极作用。国家级龙头企业贵州永红食品有限公司"牛头牌"产品畅销全国 29 个省、区、直辖市，2003 年以来，公司带动全县 1 万多农户饲养肉牛，推动了当地经济社会发展。

2 农业产业化龙头企业畜产品品牌建设存在的问题

2.1 品牌意识欠缺

现代农业发展的趋势必然是从初级产品竞争到品牌之间的竞争。目前，龙头企业生产经营的核心仍停留在简单的产品生产和经营上，忽视品牌建设。截止到 2009 年底，我国肉类行业历年来获得中国名牌产品共 49 个，获得中国商标品牌 37 个。多数畜产品品牌运作简单，没有充分挖掘品牌价值。目前美国品牌产品所创造的价值占 GDP 的比重达 60%，而在中国品牌产品占中国 GDP 的比重却不足 20%[5]。我国畜产品大多集中于初级领域，缺少精深加工，市场竞争力弱。

2.2 品牌建设处于初级阶段

由于畜产品品牌意识淡薄、品牌建设缺乏宏观引导，对品牌的形成、发展、传播和保护力度等扶持政策上的力度不够，造成品牌建设处于初级阶段。浙江大学 CARD 农业品牌研究中心发布了 2010 年中国农产品区域公用品牌价值评估报告，前 10 位的知名农产品品牌分别是寒地黑土、涪陵榨菜、烟台苹果、兰西亚麻、建三江大米、威海刺参、兴化大米、庆元香菇、射阳大米和金乡大蒜。2005 年 7 月，皓月牌牛肉被商务部评为"中国十大肉类畅销品牌"中唯一牛肉品牌，是我国最具市场竞争力品牌和清真第一品牌，然而皓月的品牌价值只有 50 亿人民币。这说明，中国大多数肉牛屠宰加工企业的规模偏小，品牌知名度较低，品牌建设任重道远。

3.3 知名品牌少

以 2012 年国家工商总局商标局在商标管理案件中认定并公布的 410 件驰名商标为例，畜产品驰名商标为 18 件，仅占总数的 4.4%。知名品牌少，制约着农业产业化龙头企业的快速发展。

3 农业产业化龙头企业畜产品品牌建设对策

3.1 树立品牌意识

随着农产品买方市场的形成，消费者的消费行为正在由过去的无品牌偏好向名牌消费转移。因此，龙头企业应树立品牌意识，把品牌当作开拓市场、增强核心竞争力的有力武器。美国林恩·阿普绍认为，"当一个企业非常清楚地知道他的企业、他的产品和所提供的服务在市场上、在消费者中间的影响力，以及这种影响力所造成的认知度、忠诚度和联想度，并能够采取适当的战略将品牌融入消费者和潜在消费者的生活过程时，他也就在一定的意义上培育了自己的品牌意识。"[6]

3.1.1 强化品牌使用意识

品牌可以引领企业制胜，国际著名营销大师米尔顿·科特勒在谈及中国制造业时指出："对于高品质产品进入发达市场时，在质量、价格方面的控制力不大，中国企业需要从品牌上获得30%的利润，而不是10%—15%的市场加工费。"[7]因此，龙头企业经营管理者要强化品牌使用意识，对品牌效用与价值、使用品牌的重要性达成共识，在畜产品生产经营活动中积极创立并使用品牌，使品牌成为企业产品的形象代言人。

3.1.2 加强品牌保护意识

品牌是一个商业名词，只有及时注册，取得商标专有权才能受到法律保护。中国人的商标意识淡薄，尤其是农产品的商标意识更差。因此，要及时对前景看好的畜产品品牌申请注册。《中华人民共和国商标法（2001 修正）》规定，自然人、法人或者其他组织对其生产、制造、加工、拣选或者经销的商品，需要取得商标专用权的，应当向商标局申请商品商标注册。注册商标的有效期为 10 年。注册商标有效期满，需要继续使用的，应当在期满前 6 个月内申请续展注册；在此期间未能提出申请的，可以给予 6 个月的宽限期。宽限期满仍未提出申请的，注销其注册商标。保持品牌的长久生命力就需要树立良好的品牌保护意识，杜绝假冒伪劣产品以次充好，混淆消费者视听。

3.1.3 树立品牌发展意识

龙头企业生产经营者要以发展的眼光对待畜产品品牌建设问题，牢固树立发展品牌、增加品牌深度、不断创新品牌的思想，以不断提高品牌的市场形象和品牌竞争力，使品牌的内在价值得到充分的发挥。只有不断地进行产品技术创新，提高产品的科技含量，满足消费者需求，保持高质量的品牌形象，并且通过高效的品牌推广策略，才能保持品牌的独立性，占据有利的市场地位。

3.2 注重品牌命名与设计

品牌命名和设计是品牌建设的重要环节，一个好的品牌名称，可以使产品一生节省数以百亿万计的美元，因为它本身就传递了某些意义，描述了产品的长处，可以被快速识别，并显著的将产品和其他竞争者区分开。[8]农业产业化龙头企业畜产品品牌命名与设计要突出以下特点：

3.2.1 生态性

生态性是指品牌名称要突出健康、安全、无公害、绿色、环保、天然等特性，迎合消费者返朴归真、田园生活的诉求，吻合城市消费者渴望自然、热爱绿色的文化心理。

3.2.2 可记忆性

易读易记是对品牌名称的最根本要求。可记忆性要求品牌名称简洁新颖独特，好念上口，能够给人们留下深刻的印象。通过调查研究表明，4 个字的品牌名称平均认知度为 11.3%，7 个字的品牌名称平均认知度只有 4.86%，所以，2 个音节或 3 个音节的品牌名称认知度较高。

3.2.3 有意义性

它是指充分体现产品功能给消费者带来的益处。品牌实质是文化，品牌要有文化内涵，有一定寓意，能引起消费联想。

3.2.4 可保护性

它是指品牌名称不能有侵权行为，不能选择有相同或相近已注册的品牌名称；同时品牌名称本身能注册，符合商标法的要求，受到法律保护。

3.3 加强品牌营销

品牌营销是指企业在引导商品或服务从生产者到达消费者和使用者过程中，通过创立品牌，实施品牌战略和策略，注重塑造品牌形象的营销活动。

3.3.1 畜产品品牌包装

品牌包装是将品牌个性外化为包装视觉效果，使品牌个性可感化和可识别化，它包括品牌名称、标志物、标准中英文字形、代表色、辅助色等。我国现有许多畜产品品牌包装粗陋陈旧，体现不出名牌企业的产品创新意识和现代意识。好的包装是品牌终身的广告，据国外一项统计资料表明有 50－60% 的消费者是受包装影响而产生购买兴趣，形成购买行为的。

3.3.2 畜产品品牌传播

随着现代媒体的发展，好酒不怕巷子深的时代已经一去不复返了，好酒也需巧宣传。对于畜产品品牌传播，首先要突出生态地域特色。如内蒙古畜产品品牌传播要突出草原绿色生态特色；吉林省要突出畜产品的饲养、来源及生产工艺流程的传播。其次要结合现代传播媒介，不拘形式。如：可借助房屋或庭院墙壁、广播电视、报刊杂志、电梯间或户外 LED 显示屏、路边广告牌、公交车内广告、因特网等，也可利用公关赞助形式或农博会的牛肉产品展览展销等形式传播。但选择媒介前要准确定位，即确定目标消费群体情况。根据潜在消费者人数、年龄、居住地、饮食偏好等，选择相应的传播形式。第三，加强网站建设，提高企业知名度。通过对第五批国家级农业产业化龙头企业的网站查询，发现不少龙头企业的网站建设比较落后，有的只有简单的企业介绍和联系方式，对畜产品的相关展示内容较少。此外，品牌传播范围要与营销网络的建设同步。不论选择何种传播模式，都应设计一句经典的广告宣传语；如果通过电视或者网络传播需再配以广告画面。

4 农业产业化龙头企业畜产品品牌建设应注意的问题

4.1 持续关注产品质量

苏丹红鸭蛋、三聚氰胺奶粉及牛奶、甲醛奶糖、瘦肉精、假牛肉、双氧水凤爪等食品安全事件的屡次出现，使人们更加关注食品安全问题，这为农业产业化龙头企业畜产品生产、加工、流通等方面是否安全提供了严肃而紧急的命题。因此，龙头企业在品牌建设的漫长过程中，一定要严把质量关，以质量取胜，以质量求生存和发展。

4.2 品牌的概念传播要符合实际

品牌传播的产品质量、公司的服务等要与实际相符。如与实际不符，夸大其词，只是炒作概念，大做广告宣传，消费者使用产品后，有一种被欺骗的感觉，消费者开始消费转移，公司利润下降，品牌就会夭折。

4.3 政府要大力支持

品牌建设只通过包装、宣传还不够，产品达到一定质量，品牌达到一定知名度，还需政府有关部门评定。政府部门应按照 ISO 国际食品标准体系加强管理。龙头企业也应以此为目标，对畜产品产源严格把关，对产品进行检测、分类、分级包装。各级政府应定期评出名牌产品，尤其是生态特色产品，无公害、绿色、有机产品等进行动态监管。各级政府应在努力支持畜产品品牌建设的同时，运用各种媒体，加大对名牌畜产品的宣传力度。

4.4 注重加强品牌资产要素的管理

品牌资产的积累是众多要素给消费者印象的综合，构成品牌资产的要素有很多，如：企业规模、资产、科技水平、产品质量、市场占有率、员工素质、企业文化、服务质量、品牌包装、品牌传播等。无论品牌的哪一个要素形象受损，都会影响品牌资产的积累和品牌知名度的提高。要想打造有支撑力的名牌畜产品，需要从各个方面去努力，加强品牌资产要素的管理。

4.5 要将主副品牌相结合

主品牌是副品牌的前提和基础，是副品牌赖以生存的源泉，脱离了主品牌，副品牌也就失去了生命力。副品牌从属于主品牌，是主品牌的补充、延伸和递进。两者相互联系，相互推进，相互交融。企业投入大量资源培育打造的是主品牌，而不是副品牌。相应地，广告受众、消费者识别、记忆及产生品牌认可、亲近和忠诚的主体也是主品牌。以吉林省为例，说明畜产品主副品牌的结合。吉林省早已熟知三大地域的特殊名词——长白山、黄金玉米带、科尔沁大草原。东部龙头企业以中外闻名的长白山作主品牌，中部的龙头企业主品牌在举世闻名的黄金玉米带做文章，西部的龙头企业的主品牌打科尔沁大草原的主意。不同的畜产品再附以突出产品特色、品牌个性的副品牌。为了取得良好的主副品牌相结合的效果，必须为副品牌合理定位。副品牌定位要切中目标消费者，创造产品的差异化优势，以强化产品形象，彰显产品个性。所以采用主副品牌相结合的策略，对于打造副品牌，宣传产品特色，无疑走了一个捷径。

参考文献

[1] 陈清华，吕瑞芝．对农产品品牌问题的思考 [J]．中国粮食经济，1998 (6)．

[2] 张劲松，何德文．浅谈农产品品牌 [J]．农村经济，1998 (11)．

[3] 郁怡汶，李震华，方永才．名优农产品品牌的创建与维护 [J]．农业科技管理，1998 (8)．

[4] 艾·里斯，杰克·特罗特．营销战 [M]．北京：中国财政经济出版社，2002 (1)．

[5] 国内很多企业缺乏品牌意识，教你如何做品牌．http://info.123cha.com，2012 - 03 - 08．

[6] 陈茂良．我国企业品牌营销及战略设计 [J]．中国商界，2008 (7)．

[7] 品牌塑造是工业品发展的必由之路，

[8] 品牌元素，http://www.docin.com．

11.2 美国农业合作社发展的成功经验及对我国的启示

摘 要：农民专业合作社是我国农业产业化发展过程中连接市场和农户的重要组织形式。本书在介绍美国农业合作社发展概况的基础上，通过总结其发展的成功经验，提出发展我国农民专业合作社的启示和建议。

关键词：美国；合作社；经验；启示

美国是一个农业发达的国家，农业现代化程度非常高，号称"农业世界冠军"。虽然农业人口仅占总人口的 2.5%，却生产了世界近 1/5 的粮食，一个农业劳动者可以为将近 80 个人提供营养食品。美国农业之所以能取得如此大的成就，很大程度上取决于美国农业合作社其强大的服务功能和庞大的规模组织遍及农业各领域的优势。由合作社加工的农产品占总量的 80%，供应的化肥、农药等占 44%，贷款占 40%。美国现有农业合作社 4000 多个，拥有 300 多万社员（很多社员同时加入几个合作社），年营业额达 1000 多亿美元，净利润达 20 多亿美元，已成为美国农业的一个重要经济实体。

1 美国农业合作社发展概况

美国农业是以家庭农场经营为主，家庭农场在美国占 90% 左右，所以在美国，农业合作社是由拥有共同所有权的农场主在非盈利的基础上为提供他们自己所需要的服务而自愿组织起来的经济组织，是自有自享的法人团体。美国农业合作社在农产品产销一体化经营中占有重要的地位，合作社以互助互利，为农场主提供服务并使其社员获利为宗旨，以产前和产后的供销领域为合作的重点，以社员为主要的服务对象，同时也对非社员提供服务，但收取一定费用，按美国法律规定对非社员的业务量不得超过社员的业务量，所得利润，按法律规定除必要的积累和股息外，以社员与合作社的业务交往量的大小按比例返还社员。合作社的财产为社员所有，社内事务由社员以民主的方式进行管理，采取"一人一票"制对社内重大事务进行表决，无论股金多寡和地位高低，所有社员的投票权力相等。[1]

1.1 合作社的组成

社员组建合作社是为了得到服务：供应物资、销售产品及其他的服务项目。合作社是农业劳动者的集体组织，它的社员必须与农事活动紧密相关。按照有关法律，"以农场主、种植者、畜牧和乳品生产者、干鲜果品生产者的身份从事农产品生产的人"才有资格成为合作社的社员。三个农场主即可成立一个合作社，但实际上每个合作社的社员数量很多，达1000人左右。合作社由社员、董事会、总经理和雇员四部分人组成，除了由董事长挑选和雇佣的经理（作为合作社的正式雇员时）可以脱产，负责处理合作社日常事务外，其余社员包括董事长在内都从事某种农业生产劳动。

1.2 合作社的分类

美国是跨区域合作社，其主要特点是跨区域合作与联合，以共同销售为主。美国合作社是从发展销售合作社，继而扩大到供应和食品加工，因此美国销售合作社较发达，规模大。按照服务功能可把合作社分为三类：1、销售合作社。它的主要功能是提供农产品加工和销售服务，同时为家庭农场主提供市场价格信息服务，这类合作社占总数的50%左右。2、供应合作社。它为农场提供农用化学制品、饲料、肥料、燃油、种子和其他物资。这类合作社占总数的40%左右，它们供应的农业生产资料占全国的29%。3、服务合作社。经营轧棉机、汽车运输、人工播种、仓储和烘干等业务。这类合作社占总数的10%左右。根据服务区域的不同，美国农业合作社也可分为基层农业合作社和区域农业合作社两类。

1.3 合作社的原则

1.3.1 用户受益原则

合作社的社员联合起来，是为了获得从其他途径得不到的服务，及时获得优质原材料、进入市场销售以及其他的互惠利益。统一行动赋予社员规模经济的好处和讨价还价的能力。社员从这些服务中的受益量与利用合作社的程度成正比。、

1.3.2 用户拥有原则

社员拥有合作社的财产，有责任根据使用程度向合作社提供资金，以保持合作社的正常经营并不断发展。3、用户控制原则。作为拥有者，合作社社员可控制它的活动。控制权通过年度和其他的社员会议投票或者间接通过选举的董事会行使。在大多数情况下，不论社员在合作社拥有的股权多少、与合作社的交易量多少，每个社员都只有一个投票权。为了保证投票的公正，社员额外的投票权常常有数量限制的，这为合作社全体社员的民主管理提供了保障。[2]只有社员才可以投票选举理事，批准合作社涉及法律和机构变更的重大事项。社员选举领导人，有权监督合作社向他们提供所需要的服务，从而保证合作社

集中精力服务社员，而不是为外来投资者赚得利润或其他目的。

2 美国农业合作社发展的成功经验及发展趋势

在美国，有几十年、上百年历史的农业合作社比比皆是，在其发展过程中已成为一种不可忽视的社会经济力量，并在国际上享有一定地位，具有一定的影响力，这其中有其成功的经验。

2.1 美国农业合作社的发展模式

美国农业合作社是在市场经济的推动下形成的，即市场推动模式，就是农民在共同的市场需求下，为了提高市场竞争力和组织化程度，获取合理的市场交易利益，自我联合起来组成自己的服务组织。这种合作组织发展模式是按照"民办、民管和民受益"原则运作，政府不干预合作社内部管理，政府与合作社的关系在法律上是平等的，政府的作用在于通过法律法规为合作社提供一个宏观的发展空间，使合作社在市场机制的作用下不断得到成长和壮大。

2.2 美国政府对农业合作社发展的支持

美国政府对合作社的支持表现在立法、资金、税收和信贷等方面。美国农业合作社是在一定的法律、制度规范下逐步发展壮大起来的。美国有较完备的合作社法律，从中央到地方还制定了专门的合作社法，形成了完善的合作社法律体系。合作社依法设立，《合作社法》中规定了设立的条件和程序，其运营也须依法进行，政府对合作社在销售领域的经济活动通过立法给予优先权和照顾。联邦和州级有关合作社的法律达85部，联邦政府每年用于农业合作社和农村社区发展的总投资额都很高。同时根据合作社的发展要求，组织研究出版包括服务、信息、研究有关合作社基本知识的书籍，内容涉及新建立合作社、组织管理合作社、处理财务问题、合作社的优劣势、发展时机等多个方面，并在互联网上免费提供这些资料和以极低的价格出售这些书籍，为农业合作社知识在农民中的普及起到了极大的推动作用。[3]政府还资助出版双月刊《农业合作社》、提供最新信息、共同探讨合作社面临的问题等。美国政府以提供非政府机构不能提供的服务为自己的责任，通过立法，政府每年都要投入大量的精力和财力，规定农业合作社发展局每年对全国农业合作社的运行情况进行统计，并收集存在主要问题和预测发展前景。政府也根据形式发展的需要，由政府出资建成一些服务机构，提供非政府机构难以提供的服务。鉴于农业合作社在美国农业中的特殊地位，美国政府对大多数农业合作社给予各种减免待遇，极大地鼓励了合作社的发展。合作社也交税，但计税基数很小，一般是先分配后计税。美国农业合作社所得税制度中，以"惠顾返还"、"资本股利分红"、"未分配盈利"等方式，让农业合作社享受更多的免税优惠，《国内税收法则》赋予合作社独立的税收主体地位，为合作社合理、有效地保护自己的经济利益以及进行民主自治创造了外部条件。[4]美国政府还建立了专门向农场主和农业合作社提供信贷支持的农业信贷合作体系，既向政府贷款，同时也向银行贷款，这对农业合作社的发展起到了至关重要的作用。

2.3 美国农业新一代合作社的产生与发展

美国新一代合作社产生于20世纪90年代的北达科他州，它是指以一个加工企业为核心，联合周围生产某一种或几种产品的农户组成合作社，主要发展加工业，以提高产品的附加值，增加农民收入为主要功能。同时也提高了合作社的竞争力和运行效率，改进了农产品的商品结构，推动了农业的发展。合作社与社员之间有一个"双向"合同，要求社员向合作社交售一定数量的产品，同时要求合作社收购这些产品，社员和合作社利益共享，风险共担。新一代合作社的业务范围涉及水产品加工业、肉牛屠宰加工、玉米加工、食用干豆加工、甜菜加工、猪肉加工等。其主要特征有：合作社的社员一般不能退股，只能将股份转让；不完全坚持一人一票制，表决权与投资额结合起来；允许非社员持股，但其股票没有投票权，对其报酬有最高限制；社员必须根据拥有的交易权股份规定的交易量向合作社提供农产品，而且质量上有严格要求；实行专家管理；利润主要按交易股权红利返还给社员。[5]新一代合作社成为美国合作社发展的一个热点和趋势。

3 美国农业合作社发展对我国的启示及建议

3.1 政府要正确引导和扶持农民专业合作社的发展

美国是高度发达的市场经济社会，合作社在经济上、政治上是独立的，政府并不以行政手段、经济手段进行控制和干预。而我国正处于由计划经济向社会主义市场经济体制过渡时期，各种利益关系相互交错，还存在一定程度上的部门之间的制约，加之农民的整体素质偏低，教育程度低于美国5~8年，单靠农民自己的力量办农民合作社，有许多困难。因此，在农民专业合作社发展的起步地区，需要政府的正确引导，在信贷、资金、政策等方面的扶持，这种发展模式可以概括为"民办官助"。随着社会主义市场经济体制的建立和完善，农民整体素质的提高，政府要明确工作定位，提供市场不能提供和难以提供的"公共产品"，解决市场不能解决的有关农民专业合作社发展的共同问题，为其发展提供良好的外部环境，即高效快捷的服务。同时，应当重视并充分运用法律手段来提升农民专业合作社的绩效。由于立法的缺失，我国目前仍有一些为现实所需要乃至已经大量存在的农民专业合作经济组织处于法律地位不明确的状态。[6]例如，作为农民专业合作经济组织的一种重要形式且于现实中大量存在的农村专业技术协会，我国既没有专门为其制定法律，亦没有全国性的法规对其性质、治理结构、权利义务等专门作出规定，致使其法律地位迄今仍不明确，缺乏规范化的运行机制。[7]

3.2 土地规模化经营，合作社分类管理

美国人均占有耕地0.61公顷，我国是0.09公顷，而且美国农业人口不到我国的1/100，美国农场主经营土地面积一般都在200公顷左右，实行完全机械化。而我国正处在由传统农业向现代农业转变的过渡时期，实现农业现代化首先要实现农业机械化，实行土地规模经营。在中国有两种模式可供选择，在经济欠发达地区，农村劳动力转移出去的较少，农民可组成土地合作社，由合作社组织农产品标准化生产，统一进入市场，农民收益实行按劳分配和按资分配相结合。[8]在经济发达地区，农村的大多数劳动力已经转移出去，农民可将土地入股合作社，成立土地股份公司，由善于农业经营者任公司经理，合作社按公司制运作，农民可取得股份收益，也可参加生产劳动获得工资性收益；当然土地规模经营要伴随土地流转制度的建立和完善，农村城市化、工业化的进程等配套措施同步推进。

3.3 农民专业合作社按区域分层次接受指导

我国传统的农业技术推广体系是由国家农业技术推广中心、省农业技术推广总站、市农业技术推广站、县农业技术推广站和乡镇农业技术推广站所构成，目前他们在发挥原有的功能上存在很多弊端，应该赋予他们新的职责和功能，把我国的农民专业合作社按服务区域分为若干层次，乡、县、省、全国，在目前的民办官助发展模式下，各个层次的农业技术推广站负责引导、扶持、服务于对应层次的合作社。在各个合作社之间进行协调组织，发挥桥梁纽带作用，使合作社形成有机的网络。

3.4 发展灵活多样的农民专业合作社

如今发展农民专业合作社的社会经济环境发生了很大的变化，国际合作社运动出现了许多新趋势。因此，我们不必完全按传统的理论和方法发展农民专业合作社，各地区的自然、经济社会、条件不同，农民专业合作社的建立和发

展也不可能采用统一模式，任何单一模式的农民专业合作社都不具有普遍性，要因地制宜地采取灵活多样的形式[7]。在组建性质上，可以是民办，也可以官民合办或民办官助，即可以是种养加大户牵头、村委会牵头、龙头企业牵头等领办；在组织类型上，可以是供应、销售、服务、加工，或者可以是他们部分或全部的综合，尤其应大力发展农产品加工合作社。在服务内容上，可以是单项的，也可以是多项的，可以办服务实体，也可以不办实体。只要能解决农民实际困难，增加农民收入，促进农村经济发展，缩小城乡差距，都应大胆尝试和创新。

主要参考文献：

[1] 金龙焕，等. 农村合作经济教程［M］. 北京：中国农业出版社，2003.

[2] 冯开文. 合作制度变迁与创新研究［M］. 北京：中国农业出版社，2003.

[3] 何琳. 美国农业合作社发展过程中政府工作定位及启示［J］. 农业经济，2005（2）：59–61.

[4] 殷瑞锋. 美国农业合作社所得税制度及启示［J］. 中国农民合作社，2010（9）：23–25.

[5] 杜吟棠. 合作社农业中的现代企业制度［M］. 南昌：江西人民出版社，2002.

[6] 卢代富，谭贵华. 美国农业合作社的形态法定化及其启示［J］. 法学论坛，2012（5）：142–148.

[7] 傅晨. 中国农村合作经济：组织形式与制度变迁［M］. 北京：中国经济出版社，2006.

[8] 李秉龙，薛兴利. 农业经济学［M］. 北京：中国农业大学出版社，2003.

11.3 基于知识链的高校知识服务链研究

摘　要：高校是知识创造与传播扩散的主体，文章从知识链的视角，界定了高校知识服务链的概念，并构建了几种高校知识服务链模式，提出了高校知识服务链良好运行及服务能力提升的对策措施。

关键词：知识链；知识服务链；高校

1 引言

美国教授迈克尔·波特（Michael E. Porter）于1985年在其著作《竞争优势》中首次提出"价值链理论"。该理论认为"每一个企业都是在设计、生产、销售、发送和辅助其产品的过程中进行种种活动的集合体，所有这些活动可以用一个价值链来表明。"2001 年，美国学者 C. W. Holsapple 和 M. Singh 利用价值链的思想分析了知识链中的知识活动，提出了系统的知识链模型概念[1]。知识链模型是由主要活动功能和辅助活动功能两部分组成。主要活动功能由知识获得、知识选择、知识生成、知识内化、知识外化五个阶段组成；辅助活动功能由领导、合作、控制、测量四个层次组成，表明了知识链的"产出"是各个阶段的知识"学习"活动的结果。李顺才等（2001）指出："知识链是基于知识流在不同市场主体间的转移与扩散而实现知识的集成、整合与创新的具有价值增值功能的网链结构模式"[2]。顾新（2003）指出"知识链是指以企业为创新的核心主体，以实现知识共享和知识创造为目的，通过知识在参与创新活动的不同组织之间流动而形成的链式结构"[3]。刘庆红（2011）认为"知识链是以满足最终用户知识需求为目标，通过链条中不同主体对知识人最初的形成，到知识共享、转移、创新，直到最终进行知识消费的整个过程，是由高等院校、科研院所、知识代理机构、生产企业和顾客等不同产学研知识创新主体所构成的，满足知识供需平衡的动态知识网络"[4]。

综合众多学者的观点，知识链具有如下特征：（1）知识链的构成主体多元化，包括高等院校、科研院所、知识服务机构、企业、产业内部各单一组织或部门以及用户等。（2）知识链是动态的网状结构，其中任何一个要素变化都会影响整个链条。（3）知识链是建立在知识形成、共享、转移、创新、消费等的知识流动基础上。知识扩散与创新能力越强的主体，其知识整合能力越强，市场竞争力越强。在稳定的知识链中，每个组织都会为知识链供给一定的知识，也会在自身有知识需求时从知识链中获取相应的知识[5]，知识链促进组织之间互利互惠，促进组织核心能力的形成与提升。

2 高校知识服务链问题的提出

知识经济的迅速发展，使得知识资本成为继资本、劳动之后，推动组织不断发展的"第三资源"。知识的获取及其有效利用能力成为制胜的核心要素之一，知识服务在当代信息社会中扮演着重要角色。

张晓林（2000）分析了现代信息环境和知识经济对传统图书情报工作的深层次影响，提出了将图书情报工作核心能力应定位于知识服务，并对知识服务的概念、形式和操作模式进行了系统阐述[6]。该文引起了国内外图书情报界的广泛关注，引发了对知识服务的研究热潮。阳林（2005）指出，狭义的

"知识服务"是指拥有第四类知识的机构或组织向社会公众提供的各种培训、资讯和咨询服务，是以灵活的服务模式充分利用和调动知识拥有者的智慧进行的对特定问题的分析、诊断和解决为标志的特殊服务；广义的"知识服务"是拥有各种知识的机构或组织向社会公众提供各种类型知识，并建立在服务功能和专门知识基础上的服务[7]。李大玲（2012）通过对 2000－2009 年万方数据的海量文献数据库进行检索，统计发现：目前知识服务的研究主要集中在图书馆学、情报学研究领域，在工业技术领域、医学和卫生领域有一定的研究和应用[8]。从知识链角度出发，高校的各种以实现组织目标为目的而开展的工作活动都需要进行优化，提高效率，而开展相应活动的部门如何提高知识服务能力，满足不同用户需求值得探讨。目前针对高校知识服务的理论研究与实践主要集中在图书馆方面，就高校教学活动、科研活动、日常行政活动等方面的专门知识服务研究很少，尚未对高校知识服务链开展系统研究。

高校是知识创造与传播扩散的主体，其学科优势、人才优势、信息优势和学术环境等优势决定了它是生产新知识新理论的沃土和温床[9]，人才培养中的知识传播和专门的知识传播，从事信息与技术咨询服务，加强把自己的创新成果向社会进行转移，在大学周边打造科技成果及科技型孵化器，是大学服务于经济社会发展的重要途径[10]。改革开放以来，各高校充分利用自身的丰富资源向社会提供着各种服务，成为区域创新的主力军，在国家和区域发展中发挥着越来越重要的作用，世界各国大学以及公共研究机构的研究者正在得到越来越多的专利、授权费用和权利金收入，甚至建立衍生公司，学术创业行为急剧增加[11]。高校将其知识资产转移和扩散到企业和社会其他领域，是强国、强省的重要途径，也是高校社会服务职能的实质所在[12]。深入剖析高校知识服务链，促进高校知识优势整合与有效配置，最大限度地发挥高校知识资源的作用，就成为了知识经济时代高校知识服务链良好运行与服务能力提升的新问题。

3 基于知识链的高校知识服务链剖析

高校知识服务链是高校以满足用户不同类型知识需求为前提，充分利用自身人力资源、教学科研仪器设备、图书、信息等资源，通过知识识别、知识捕获、知识加工、知识创新、知识传播扩散等知识内化与外化过程（见图 1），向用户提供教育培训、科学研究开发与成果转化、信息咨询、技术服务或开放图书馆等知识服务的链式结构，是高校知识创新的基础活动。根据知识链特征以及相关知识服务的流程，构建了如图 2 所示的高校知识服务链。

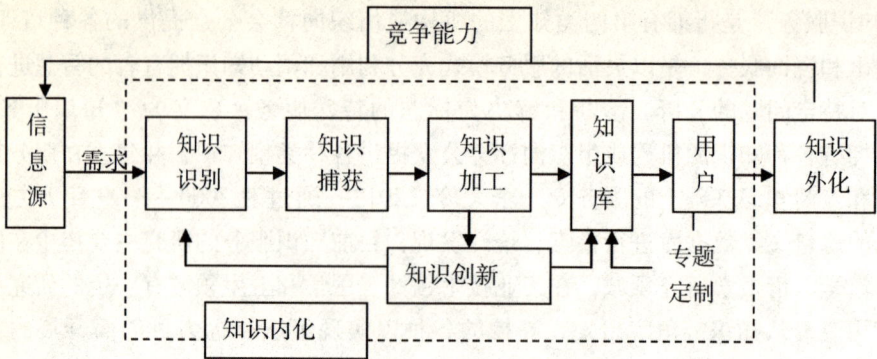

图1　知识内化、外化的链式结构

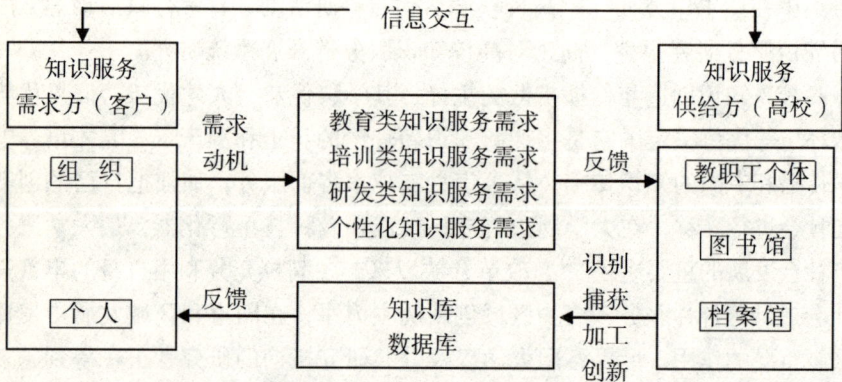

图2　高校知识服务链

3.1 教育培训式知识服务链

教育培训式知识服务链是指依托政府专项培训经费、企业培训资金、组织内部培训经费，高校充分利用自身的师资、教学科研设备、图书、信息等资源，由高校相关领域专家根据用户需求，采用直接面对用户，或建立知识库（数据库），或联合知识型企业、知识服务机构等共同建立知识库（数据库）等方式向用户提供知识服务，从而使其开拓视野，转变观念，掌握最新信息、技术、方法以解决相关问题的服务链，见图3。如在农业科技知识服务方面，高校充分利用自身教育资源优势，通过信息网络、校外基地、示范区、专家大院以及设在校部的培训机构，对广大农村干部和农民进行多层次、多渠道、多形式的培训，吉林省自2005年起启动"一村一名大学生"项目，每年从农村选拔 2000 名青年，到吉林农业大学、吉林大学农学部等涉农院校，进行大学专科学历教育，实行定向培养，使每个行政村都有一名有知识、懂技术、留得住、用得上的大学生。通过开展形式多样的送科技文化下乡等活动，普及科普知识；通过建立农村实用技术数据库和专家智能系统，提高培训水平。

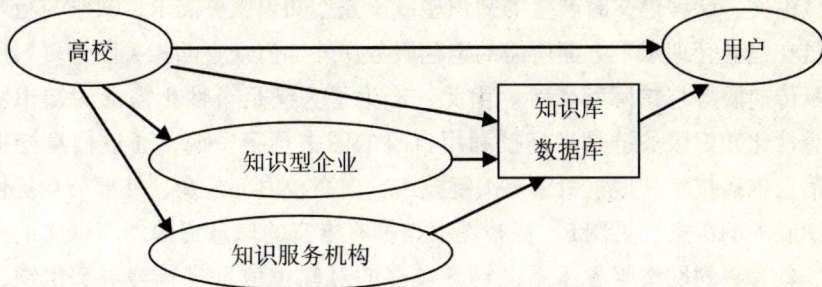

图3　高校教育培训式知识服务链

3.2 参考咨询式知识服务链

参考咨询式知识服务链是指高校聘请有经验的专家、教授直接或联合政府、科研院所、企业等相关人员组成咨询团，或开办咨询热线，或建立咨询中心（平台），针对用户生产生活中存在的问题开展知识服务，见图4。2006 年5 月22 日，吉林省在全国率先开通了"12316"新农村服务热线。热线开通以来，累计接听和回答农民电话200 多万个，提供技术咨询20 万人次，现场技术指导500 多项，仅帮助东丰、双辽、扶余等县（市）解决了1000 多亩水稻、15000 多亩绿豆、30000 多亩辣椒病虫害问题，为农民挽回直接经济损失7000 余万元，较好地解决农民所关心的生产技术、市场信息、政策咨询、法律服务等各方面问题。

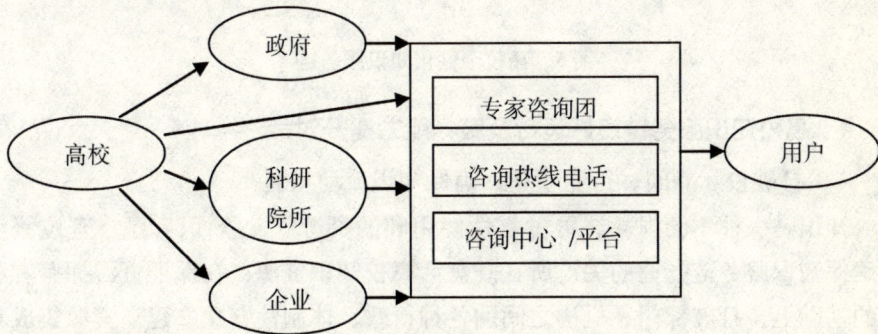

图4　高校参考咨询式知识服务链

3.3 个性化知识服务链

组织或个体对知识服务需求的类型、层次是不同的。针对高校内部公众来说，教师在开展教学与科研活动时需要相关的学科领域知识，学生在学习与撰写学位论文、课程论文时产生的知识型或研究型知识服务需求，教学与行政管理人员在提升管理水平方面所需的定题服务；外部公众查阅相关图书资料所需的文献传递服务与馆际互借等。由此，产生了为满足个性化需求的知识服务链。个性化知识服务链是指高校利用自身的图书档案资源，通过信息挖掘技术、信息推送技术、搜索引擎等关键技术，向高校内部公众、外部公众提供相关知识服务的链条，见图5。高校图书馆拥有丰富的信息资源、高素质的工作人员、较完善的网络服务体系，具备较强的对知识信息进行搜寻、组织、分析、整合的信息加工能力，能够根据创新主体的信息需求，利用专业技能，提供专业知识服务，满足创新主体自主创新的需求，发挥其独特的知识服务功能[13]，高校图书馆充分发挥其在科技查新、文献检索、文献传递、学科信息服务、教育培训等方面的重要作用，带动了吉林省教育、科技发展。

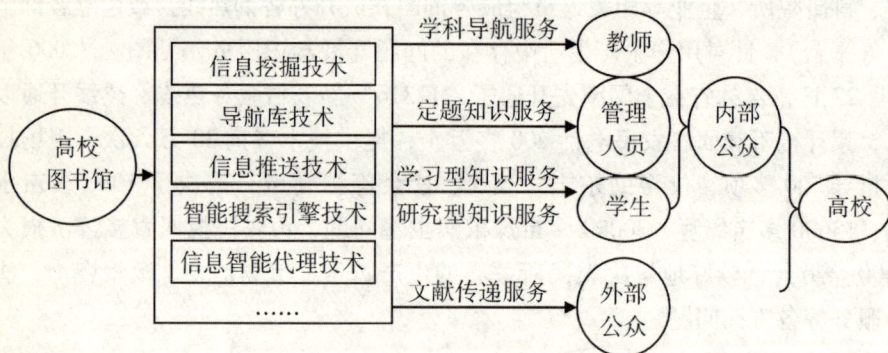

图5　高校个性化知识服务链

4　高校知识服务链良好运行及服务能力提升对策

4.1 打破校际隔阂、行业壁垒，确保知识流动畅通

知识是一种不会损耗、可重复性使用和的资源[14]，知识有序、有位流动是确保知识服务链畅通的关键所在。盘活高校知识资源，在保证资源拥有者利益的基础上，打破部门、机构之间的各种行政、体制性壁垒，建立资源集成和共享平台，组织知识联盟，提高知识投入回报率。

4.2 提高知识创新能力，形成知识优势

知识创新是新技术、新发明的源泉，是促进科技进步和经济增长的革命性力量。知识创新既有利于组织内部成员个体知识的生产与创造，又能促进组织对这些个体知识的交流与共享，从而提高组织知识交流与共享的效率。因此，高校应在知识链中，通过促进组织内部的知识共享与交流，提高组织内部的知识流动效率，提升组织学习与知识创新能力，以核心知识流促成自己的知识优势。同时，加强人力资本管理，稳定员工，避免组织核心知识向外流失，吸引高知识含量的员工加盟组织，获得足够的知识创新来源，保证高校知识创新的知识存量与流量。

4.3 加强政产学研用知识服务合作

孤立的知识链是不存在的，任何一个组织均呈辐射奖与外部众多组织发生基于知识流的密切联系，联系越广，知识流动的水平越高，越有效[15]。主体多元化决定了知识服务必须加强合作，准确定位，各司其职。政府要制定良好的扶持政策，如在知识产权归属、相关者利益分配、科研人员奖励、知识转移等方面做出具体划定，设立专项资金，促进知识服务的规范化、健康发展。企业要提高自主创新能力；高校要充分发挥学科、科技和人才优势，积极促进知识创造、转移速度。

4.4 促进高校图书馆间进一步合作

John Nesbit 强调知识具有合作增强的作用，整体的值要大于各部分之和[16]。知识服务具有开放性特点，不同高校可能通过共有或相近学科间的知识交流，使自身的知识供应链想到整合并组成国家知识供应链中特有的体系[17]。不同高校的图书馆加强合作，形成知识联盟，建立一支稳定的、高效的、专业化的知识服务团队，促进高校内部与外部知识资源融合，从而提升图书馆联盟的整体实力。

5 结论

在知识经济时代，高等教育与经济社会发展的关系更为密切，在提升区域竞争力、促进区域可持续发展方面起着至关重要的作用。因此，各级政府应制定良好的各项政策，加强本区域高校的各项投入，促进高校的可持续发展；高校要加强学科建设、课程建设、教师队伍建设，提供人才培养质量，为社会经济发展提供强有力的智力支持；通过制定合理的科研奖励政策，调动教师开展科研活动的积极主动性，增强选题与市场的契合度，促进科技成果转化为现实

生产力的速率；通过与政府或企业合作创办高新技术企业、创办大学科技园等形式，加强产学研合作，不断拓展高校的社会服务功能，提高科技成果转让水平及其商业应用价值。

参考文献

[1] C. W. Hosapple, M. Singh. the Knowledge Chain Model: Activities for Competitivenses [J]. Expert Systems with Applications, 20014 (20): 77 - 98.

[2] [14] 李顺才, 常荔, 邹珊刚. 基于知识链的知识扩散影响因素分析 [J]. 科技进步与对策, 2001 (6): 110 - 112.

[3] 顾新, 郭耀煌, 李久平. 社会资本及其在知识链中的作用 [J]. 科研管理, 2003, 24 (5): 44 - 48.

[4] 刘庆红, 王晰巍. 知识链创新协同要素及创新模式研究 [J]. 情报科学, 2011 (4): 511 - 514.

[5] 赵力焓, 石娟, 顾新. 知识链组织之间知识流动的过程研究 [J]. 情报杂志, 2010 (7): 70 - 73

[6] 张晓林. 走向知识服务: 寻找新世纪图书情报工作的生长点 [J]. 中国图书馆学报, 2000 (5):

[7] 阳林. 对知识服务业的营销思考 [J]. 商业时代, 2005 (18): 40.

[8] 李大玲. 2000 - 2009 年知识服务研究现状统计分析 [J]. 情报科学, 2012 (1): 68 - 71.

[9] 吴清. 关于加强高等院校知识产权管理与保护的若干思考 [J]. 研究与发展管理, 2000 (3): 45 - 47.

[10] 彭纪生, 孙文祥, 林伟等. 中国高校科技创新在社会经济发展中功能定位的思考 [J]. 研究与发展管理: 2006 (1): 109 - 115.

[11] 马彪, 刘伟. 高校知识服务能力评价研究——基于上海市理工科高校 2009 年科技统计数据 [J]. 科技管理研究, 2011 (22): 171 - 175, 190.

[12] 彭省临, 湛毅青, 周鹤林等. 高校服务地方经济社会发展的探索与实践——以中南大学科教兴湘行动为例 [J]. 现代大学教育, 2008 (1): 80 - 85.

[13] 王红玉. 区域自主创新中高校图书馆知识服务功能与实现策略 [J]. 河南财政税务高等专科学校学报, 2011 (12): 72 - 73.

[15] 李长玲. 知识供应链及其管理 [J]. 情报杂志, 2004 (11): 9 - 11.

[16] 约翰·奈斯比特著, 黄明坚译. 大趋势——改变我们生活的十个新方向 [M]. 北京: 中国社会科学出版社, 1984.

[17] 李作化. 知识供应链视角下的高校图书馆知识服务研究 [J]. 高校图书馆工作,

2009（2）：57-59.

11.4 系统论下的畜牧业技术推广体系要素优化配置研究

摘　要：畜牧业技术推广体系是我国农业技术推广体系中一支非常重要的力量，其健康有序发展，有利于提高畜牧业生产效率，提高生产经营者效益。文章从系统论的角度研究了畜牧业技术推广体系主体性要素、资源性要素和环境性要素的优化配置问题，针对各要素提出相应对策措施，以使各要素最终达到优化配置，提高系统的运行效率。

关键词：畜牧业技术推广；要素；优化配置

在自然界和人类社会中，事物都是以系统的形式存在的。系统论认为，系统是由若干要素以一定结构形式联结构成的、具有某种功能的有机整体。畜牧业技术推广体系是由物质（技术推广行为主体）、能量（技术推广传播）和信息（畜牧业技术及其相关知识）三大要素组成的一个开放系统，可以随时与外界进行物质、能量以及信息的交换。也可以说，畜牧业技术推广体系要素包括技术推广的主体性要素、资源性要素和环境性要素三部分。主体性要素包括政府、农业产业化龙头企业、农民合作经济组织、大专院校、科研院所、农民等参与技术创新及推广活动的行为主体；资源性要素是指技术创新及推广所需的经费、人力和科技资源；环境性要素包括畜牧业推广涉及的基础设施、市场环境、社会文化及制度环境等要素。

1 畜牧业技术推广主体性要素建设

根据系统论观点，对于畜牧业技术推广主体性要素来说，存在着推广人员知识和年龄结构老化、专业化程度不够，各推广主体协作不紧密，农户素质较低以及技术需求差异化明显等一系列问题。因此要想保持一种有序结构，需要推广人员不断提高自身专业化水平，农户不断吸收新知识、新信息、新技术或者新产品，畜牧业技术推广体系本身不断地根据自身变化和环境变化进行相应变革，以促使系统各要素重新组合，从而达到系统优化。

1.1 加强技术推广队伍建设

1.1.1 增强推广人员的职业技能

技术推广人员是技术传播扩散的主力军，其专业化程度对技术推广产生极为深远的影响。阿斯拉穆罕、雅各布等人的研究结果显示，大部分受访者认为，推广人员的专业程度对执行推广活动具有积极作用[1]。因此，应制定详细的畜牧业技术推广人员职业技能培训开发计划，积极开展各种理论与实践培训，提高其职业技能。2007年，吉林省组织举办了繁改员技能培训班，共培训1800多人，经过考试合格的人员由全国畜牧总站审核发证，实行持证上岗。这些经过系统培训的繁改员，在畜禽良种繁育工作中发挥了重要作用。

1.1.2 强化推广人员考核

推行畜牧业技术推广人员包干责任制，每人负责10户左右养殖户的技术服务。年终，整合包保农户的反馈意见、个人述职报告、个人推广计划等材料，对技术推广人员进行考核。并且在包保过程中，不定时、不定期地抽查，了解技术推广人员的在岗情况、服务效果。在掌握较详尽的材料基础上，对考核结果处在不同等级的技术推广人员实行奖惩。

1.2 加强畜牧业技术需求主体建设

美国著名经济学家舒尔茨在其《人的投资：人口质量经济学》一书中断言："改善人类福利的决定性的生产要素不是空间、能源和耕地，决定性要素是人口质量的改善和知识增进。"农村人口质量的改善和知识增进有利于农业先进技术的推广和利用，因此，需要通过不断的教育培训，增强农民技术需求能力。

一是继续巩固农村九年义务教育。根据孙翠清、林万龙的调查，农民对农村义务教育的平均满意度为48.28%[2]，因此，要继续巩固农村九年义务教育，加大教育的人力、物力、财力投入，尽可能地降低农村儿童失学率，提高农村义务教育的公众满意度。

二是强化培训。以重大项目为依托，紧密结合当地资源禀赋，明确培训目标，以点带面，分级培训，切实提高农民培训工作的实效性。如山东、河南等省的畜牧业技术推广，省级主要负责组织举办以市县级专家、技术指导员为主要对象的关键技术及管理措施培训；各示范县以县乡级农业部门管理干部、技术员、村干部、示范户为对象，通过举办各类生产管理技术培训班，提高其应用新技术、新知识的能力。

三是提高农民的技术需求。技术需求是推广的重要推力，因此，在充分的市场调研和走访农民基础上，畜牧业技术推广部门应通过各种方式提高农民的技术需求，以需求促进推广。

1.3 构建多维一体的畜牧业技术推广模式

根据 1 + 1 > 2 的系统优化理论，以整体为主对系统要素之间相互关系进行协调，使之局部服从整体，以此达到整体优化效应，以便产生更大功能。因此，应着力构建以满足农户实际需求为目的，以国家畜牧业技术推广体系为主导，大专院校、科研院所等创新主体与政府推广机构紧密结合，农业产业化龙头企业、农民合作经济组织等为辅，科研、教育与技术推广相互联系，上下连贯、主体协同、功能齐全、运行有序、结构开放的多元化技术推广体系[3]，见图 1。天津市逐步完善市区专家、技术指导员、科技示范户三级畜牧业技术推广示范服务体系，采取"科技人员直接到户、良种良法直接到场、技术要领直接到人"的农业技术传递模式，使主推的 10 项畜牧业技术入户率达到 100%。

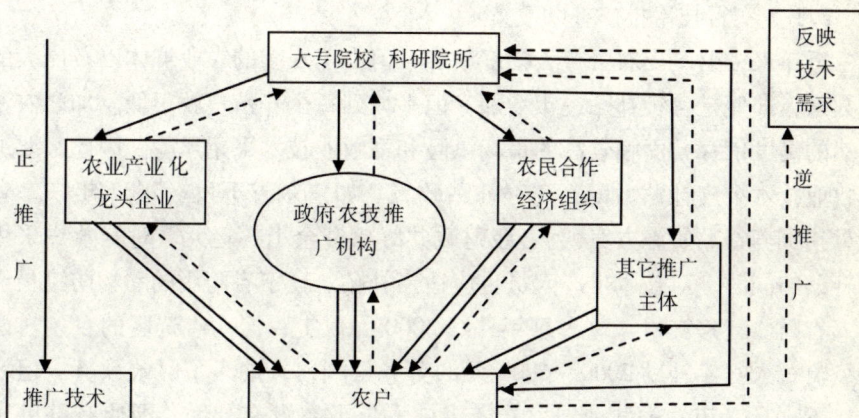

图 1　主体多元化畜牧业技术推广体系运行框架

2　畜牧业技术推广资源性要素建设

系统论认为，系统中各要素不是孤立存在着的，它们都处于系统中某一特定位置，起着特定作用，各要素之间相互关联，构成了一个不可分割的整体。资源性要素在畜牧业技术推广体系中发挥着重要的支撑保障作用。

2.1　畜牧业技术推广经费保障

2.1.1　增强畜牧业技术推广投资力度

我国农技推广总投资强度（农技推广经费占农业 GDP 比例）一直低于 0.5%，远不及工业化国家 30 年以前的水平；推广人员人均经费不到发展中国家的 15%；农民人均分享的农技推广投资为 7.3 元/年，不及低收入国家的一半[4]。我国农业技术推广体系是一个庞大的系统，总投资强度低，也就决定了畜牧业技术推广体系和其他推广体系一样面临着经费制约问题。因此，各级政府在财政预算和投入中应结合本省的实际情况，设立专项经费，以保证畜牧业技术推广的有力开展。

2.1.2 多方筹集推广经费

充足的推广经费是开展技术推广的有力保障。由于国家财力有限，因此，要鼓励民营资本、外资资本和工商业资本进入畜牧业技术推广领域，通过多渠道筹措资金，解决推广经费短缺问题。鼓励推广部门开展技物结合服务、技术咨询、技术承包、信息服务等有偿服务，获取一定的经济收入以补偿具有公共物品属性的畜牧业技术推广。

2.1.3 实行技术推广补贴政策

近年来，财政支农资金大幅度增加，但由于众多的农业群体以及庞大的养殖数量，即使是各种补贴逐年增加，但平均到每个养殖户就很低。加之农业对自然的高度依存，面临较高的市场风险和畜牧业技术采用风险。因此，要加大畜牧业技术推广补贴力度，完善补贴政策。如广东省下发《2007 年广东省能繁母猪饲养补贴实施方案》，各级财政共筹措资金 1.3 亿元。对养殖户采用技术补贴的同时，对技术推广人员也应适当补贴。辽宁省聘用的动物防疫员经费列入省财政转移支付，每人每年补贴 2000 元以上；河南省选聘的乡、村两级防疫员每人每年补助 2000－6000 元的劳务报酬，并纳入了财政预算。但实际上，不少县（市）畜牧业技术推广机构人员下乡没有补助，即使有补助也少得可怜，难以调动工作积极性。

2.2 畜牧业技术推广人员保障

人力投入既能反映科技人力资源的整体状况，又能反映科技人员素质。我国平均每 7000 头牲畜只有 1 名兽医，在我国农村每万名农业人口中，农业技术人员只有 6.6 人，农科大学生只有 1.2 人，只相当于美国的 0.58%，平均 2000 多个农业劳动力中才有 1 名农业技术推广人员，而像美国这样的发达国家平均不足 400 人中就有 1 名[5]。改变农业推广人力投入过低的局面，必须削减非专业农技推广人员，及时将农林类专业推广人员吸纳进来，充分发挥他们的专业优势

2.3 畜牧业技术推广科技源保障

畜牧业新技术、新成果是畜牧业技术推广的科技源保障，因此，农业产业

化龙头企业、大专院校、科研院所等组织应加强技术创新能力，多出成果，快出成果，使畜牧业技术推广工作有着充足的科技源。政府技术推广机构、农民合作经济组织等要有敏锐的市场预测能力，及时提供畜牧业生产销售信息，及时与技术研发部门沟通，寻找好项目，积极地推广给农民。

3 畜牧业技术推广环境性要素建设

千差万别的系统，尽管其属性不同，但在整个环境中，各个系统间存在着相互影响而又相互合作的关系。协同力为正时，可促进系统内部各系统之间的协同作用；协同力为负时，会破坏系统中子系统间的协同作用，造成系统混乱或无序[6]。要使畜牧业技术推广体系深入健康发展，就必须使系统处于良好状态。

3.1 加快农业信息化基础设施建设，提高农业信息服务水平

农业信息化是农业现代化的重要内容和农业科技的新产物，其对农业经济增长具有明显的拉动效应，技术推广扩散具有距离衰减效应，即随着距离的增加，扩散的强度逐渐降低[7]，快捷的信息化网络可以有效地降低距离的摩擦系数，可以大幅减少畜牧技术空间推广扩散的时间和成本。

政府应充分发挥引导和协调功能，通过合理的制度安排和优惠的政策扶持引导农业信息服务主体积极参与；各国家事业单位充分发挥教育优势、人才优势、研究开发优势，不断向社会输送大批农业科技人才和经营管理人才；龙头企业（涉农企业）通过实现自身信息化，将农业的产前、产中、产后用信息化手段动态地整合起来[8]，按照市场经济规律提供有偿信息服务；农民合作经济组织要充分利用多种渠道、多方搜集信息，为农户提供专业化的咨询服务，引导农民的生产和决策，减少农民生产经营的盲目性。同时，通过网络、报刊等多种途径发布农民的畜产品供给信息和牧业生产资料需求信息，及时帮助农民解决生产生活中的困难和问题。辽宁省充分利用现代网络技术，面对面地指导生产者解决养殖过程中出现的问题。2007 年，畜牧兽医在线网上仅视频交流指导、专家咨询栏目两个专栏的点击率达到 10 万人次。

3.2 完善技术推广金融支持服务体系

近年来，我国金融业对促进技术推广起到了积极作用。充分发挥金融在技术推广中的支持服务作用，需要做到以下几点：

3.2.1 充分发挥农村金融机构作用

大约只有 20% 左右农户能够从正规金融机构得到贷款，25% 左右农户能

够从农村信用社获得贷款且均为小额短期贷款，难以满足农户发展规模经营和中长期投资的需求[9]。促进农业发展，采用畜牧业新技术需要大量资金，鼓励农村金融机构（农村信用社、农村合作银行、农村商业银行、农村信用合作联社等）发放各种小额贷款，支持农民在农业生产和采用新技术上投资[10]。

3.2.2 积极发挥企业、个人、民间团体作用

合理的民间融资是促进农村金融市场建设和发展的有力措施之一。有经济实力的企业、个人、民间团体通过成立资金合作社发放小额贷款，解决广大农民生产需求，提高社会闲散资金在促进农业科技进步和农民增收方面的作用。

3.3 多方联动，建立完善的资源共享平台与协调运行机制

既要充分调动技术推广机构、教育部门、培训机构、科技单位、共青团、妇联等各级组织协同作用，也要充分发挥网络教育和远程培训、农技110在资源共享、提高效率方面的优势，还要调动农业产业化龙头企业、农民经济合作组织等在提升农民素质方面的积极作用，继续发挥各级农广校、成人文化学校、农村职业中学等各类职业技术学校的作用。各级报刊、电台、电视台要制订计划，组织力量开辟和改善科普专栏；电影音像部门，要有计划摄制科教影片和录像片；出版部门要安排好科普作品的创作和出版，精心选题，精心出版。唯有多方联动，才能构筑起完善的农民素质提升网络，达到资源共享、协调运行的目的[11]。

3.4 积极组建农民牧业合作经济组织，规避风险

采用畜牧业新技术面临着许多不可预知的风险，推广畜牧业技术时，积极引导农民组建合作经济组织，规避风险。农民合作经济组织的成立，可以提高农民的组织化程度。农民依托合作经济组织与市场对接，增强了规避市场风险、技术风险的能力，有效地降低了市场交易费用，从而使农民获得更多的经济利益[12]。

4 结语

畜牧业技术推广体系中各个要素是相互影响、密切协作、不可分割的有机整体。根据系统论观点，政府应发挥其在政策、资金、法律法规等方面的支持扶持作用，农业科研院所应充分发挥其科研优势，农业院校发挥教育优势，推广部门发挥技术推广优势，通过密切合作，各司其职，构建政府、农业科研、教育、推广多方协作模式，既发挥农业科研、教育单位技术开发的能力，又发挥推广服务部门找市场、找用户的优势，从而保证科研、教育单位集中力量从

事科研开发，提高科研成果的市场转化率。

培养大批高素质的新型农民，是促进农村社会经济发展的关键因素之一。要把农民教育培训工作作为一种福利性的事业去做，提高教育培训工作者的责任心和责任感。

参考文献

［1］M. Aslam Khan, M. Yaqoob, Ahtasham Gul. Impact of Professional Factors on the Working Efficiency of Agriculture Extension Field Staff in Punjab ［J］. Journal of Agriculture & Social Sciences, 2005.

［2］孙翠清，林万龙. 农户对农村公共服务的需求意愿分析——基于一项全国范围农户调查的实证研究 ［J］. 中国农业大学学报：社会科学版，2008，(3)：134－143.

［3］邵喜武，郭庆海. 农业科技推广体系建设论纲 ［J］. 农业经济，2009，(1)：82－83.

［4］胡瑞法，李立秋. 农业技术推广的国际比较 ［J］. 科技导报，2004，(1)：26－29.

［5］邵喜武，郭庆海. 我国农村科普市场的需求分析及路径选择 ［J］. 农业经济，2006，(2)：74－76.

［6］郑永敏. 农业推广协同和发展理论 ［M］. 杭州：浙江大学出版社，2008.

［7］方维慰，李同升. 农业技术空间扩散环境的分析与评价 ［J］. 科技进步与对策，2006，(11)：48－50.

［8］李应博. 中国农业信息服务体系发展研究 ［M］. 北京：中国经济出版社，2006.

［9］梁红卫. 发展农民专业合作社打破农户融资困境 ［J］. 经济纵横，2009，(5)：76－78.

［10］邵喜武，郭庆海. 吉林省新农村建设的基础制约因素及路径选择 ［J］. 吉林农业大学学报，2007，(1)：113－118.

［11］王海艳，付兴奎，邵喜武. 耗散结构理论关涉下的新型农民素质提升策略分析 ［J］. 农业经济，2009，(12)：63－65.

［12］邵喜武，海青，王海艳. 新型农民合作经济组织服务模式及其运行机制研——以吉林省为例 ［J］. 社会科学战线，2010，(5)：80－85.

11.5 中国农机化技术推广体系建设研究

摘　要：农机化技术推广体系是我国农业科技推广体系的重要组成部分，在提高农业机械化水平、农业节本增效方面发挥着重要作用。本书总结了我国农机化技术推广体系取得的成就，分析了制约我国农机化技术推广体系建设的主要因素，并提出相应对策措施。

关键词：农机化；推广体系；制约因素；对策

引言

推进农业机械化对于提高土地产出率、资源利用率和劳动生产率，增强农业综合生产能力、抗风险能力和农产品市场竞争力，促进农业技术集成化，改善农业生产条件、农村生态环境和农民生活质量具有明显的作用。我国陆续颁布了《中华人民共和国农业机械化促进法》（2004）、《农业机械安全监督管理条例》（2009）、《国务院关于促进农业机械化和农机工业又好又快发展的意见》（2010）等政策法规，农业机械化法律法规政策体系框架基本形成，为农机化快速健康发展提供了强有力的政策环境。

农机化技术推广是提高农业机械化水平的主要途径。2011 年 8 月，农业部副部长张桃林在全国农机化技术推广工作会议上表示，"十二五"期间将以基层农机化技术推广机构为重点，建立起机构健全、责任明确、运行高效、服务到位、支撑有力、充满活力的适应现代农业发展需要的农机化技术推广体系。2012 年中央一号文件指出："加快农业机械化，促进农业技术集成化、劳动过程机械化，充分发挥农业机械集成技术、节本增效、推动规模经营的重要作用。"因此，加强农机化技术推广体系建设，提高农机化服务效率十分重要。

1 我国农机化技术推广体系建设成就

1.1 落实农机购置补贴政策，农机装备水平不断提高

财政部、农业部于 2004 年共同启动实施了农机购置补贴政策，截至 2012 年 8 月末，全国共实施中央财政农机购置补贴资金 142.9 亿元，补贴农机具 405.2 万台（套），受益农户 311.7 万户。农机购置补贴等强农惠农政策的实施，大大地调动了农民购买和使用农机具的热情。各级农业机械化主管部门、推广机构加强了新机具的推广，促进了农机装备水平的迅速提升。全国农机总动力由 2005 年的 68397.8 万千瓦增加到 2010 年的 92780.5 万千瓦，大中型拖拉机由 2005 年的 139.6 万台增加到 2010 年的 392.2 万台，小型拖拉机由 2005 年的 1526.9 万台增加到 2010 年的 1785.8 万台，农用排灌柴油机由 2005 年的 809.9 万台增加到 2010 年的 946.3 万台，见表 1。

表1　全国农业机械情况

年份	农用机械	农用大中型拖拉机			小型拖拉机			农用排灌柴油机	
	总动力 （万千瓦）	数量 （万台）	动力 （万千瓦）	配套农具 （万部）	数量 （万台）	动力 （万千瓦）	配套农具 （万部）	数量 （万台）	动力 （万千瓦）
2005	68397.8	139.6	4293.5	226.2	1526.9	14660.9	2465.0	809.9	6034.0
2006	72522.1	171.8	5245.3	261.5	1567.9	15229.1	2626.6	836.4	6148.8
2007	76589.6	206.3	6101.1	308.3	1619.1	15729.2	2733.0	861.5	6282.8
2008	82190.4	299.5	8186.5	435.4	1722.4	16647.7	2794.5	898.4	6561.7
2009	87496.1	351.6	9772.6	542.1	1750.9	16922.7	2880.6	924.9	6795.5
2010	92780.5	392.2	11167.0	612.9	1785.8	17278.4	2992.5	946.3	6959.2

资料来源：中国统计年鉴2011

1.2 大力推广先进适用的农机化技术，农机化作业水平提高

经过多年的示范推广，以保护性耕作、免耕播种、机械化秸秆还田、机械深松等一批先进适用的农机化生产技术得到广泛应用，促进了农机化作业水平的快速提高。全国耕种收综合机械化水平由2005年的35.90%提高到2010年的52.28%。全国保护性耕作实施面积达到433.33万公顷；机械化播种、免耕播种、秸秆还田、节水灌溉面积分别达到0.34亿公顷、0.11亿公顷、0.29亿公顷、0.12亿公顷。2008年吉林省改变传统的耕作模式，率先在全国实施农机深松。五年来投入中央和省市财政深松作业补贴6亿元以上，累计完成深松作业面积433.33万公顷以上。

1.3 强化农机化技术研发与示范推广工作，农机化技术水平大幅提升

国家科技支撑计划、公益性农业行业科研专项和地方科技项目不断加强对农机化技术研发和转化支持力度。"十五"期间，中央财政直接投入的农机化科技攻关资金为2800万元，"十一五"期间达到1.4亿元。在全国112个农业机械化示范区，实施了主要农作物生产机械化技术示范、保护性耕作技术示范、旱作节水示范等项目，已基本建成相对稳定的机械化示范基地16.67万公顷左右，拥有农机专业合作社2831个，入社人数9.86万人，累计服务面积327.07万公顷。各地也建立了一批农机化示范基地，促进农机化科技成果转化。2007年吉林省启动实施了全程农机化示范区建设工程，六年来共投入中央和省级财政建设资金21.06亿元。示范区建设共扶持发展农机大户和农机专业合作组织5000余个，建设标准化场库50万平方米，建成玉米、水稻全程农

机化示范工程 80 万公顷以上，示范区内综合机械化水平达到 70% 以上。

1.4 继续加强基层农机化推广体系改革与建设，农业机械化服务水平增强

各地区认真落实了《国务院关于深化改革加强基层农业技术推广体系建设的意见》，继续加强基层农机化推广机构建设、队伍建设、设施条件建设和制度建设。截止 2009 年年底，我国基层农机化技术推广机构 16721 个，实有人员为 69304 人，大专及以上学历 29336 人，占总人数的 42.3%；中级及以上职称 15673 人，占总人数的 22.6%。在乡镇及区域农机化技术推广机构中，由县农业部门管理的 3102 个，由乡镇政府管理的 5994 个，双重管理的 5135 个。建立推广责任制度的乡镇或区域性推广机构 7444 个，建立推广责任制度的县级推广机构 1654 个。

2 我国农机化推广体系建设的制约因素分析

2.1 农机技术风险的不可预知性

农业是弱势产业，受自然因素、市场因素影响较大，对于一个理性的农民来说，其经营目的是追求经济利益最大化，农业技术采用与否取决于农民对采用该技术风险的权衡和是否能带来预期的收益。因为，改变传统的生产方式必然增加生产成本，产生不可预知的风险。同样，某一农机新技术的采用既可能带来利益，也可能带来农民既得收益上的损失。采用农机化新技术是对传统农业作业方式的挑战，面临着一定的技术风险和收益风险的。

2.2 农民经济基础弱，农机技术采用成本高

2010 年农村居民人均纯收入 5919.01 元，生活消费支出占总支出的 62.7%。1998－2010 年的 13 年间，我国三种粮食平均成本中，每公顷物质与服务费用由 2934.30 元增加到 4687.35 元，化肥费用由 966.45 元增加到 1664.10 元，农药费由 123.75 元增加到 335.85 元，机械作业费由 305.70 元增加到 1274.10 元；每 50 公斤主产品平均出售净利润由 10.62 元增加到 26.20 元，其中 2000 年负增长，2002 年仅获利 0.64 元，见表 2。

表2　中国三种粮食平均成本收益情况（单位：元/公顷）

	1998	2000	2002	2004	2006	2008	2010
物服费	2934.3	2743.1	2839.8	3001.8	3371.3	4316.7	4687.4
化肥费	966.45	860.55	859.05	1071.6	1302.2	1777.4	1664.1
农药费	123.75	121.8	130.5	173.25	242.25	309.15	335.85
机械费	305.70	342.75	356.7	473.7	700.95	1034.6	1274.1
每50公斤主产品平均出售净利润	10.62	-0.44	0.64	23.48	18.59	20.79	26.20

数据来源：《全国农产品成本收益资料汇编》

对于经济基础薄弱的农民来说，在传统农业经营成本已经很大的情况下，购买农业机械负担很大；另外，购买农业机械需要承担相应的油费、公路使用费、维修费，成本很大。仅油价上涨一项来看，未上涨前，农作物耕、种、收等各环节的农机作业每公顷耗柴油基本在25.5升左右，每公顷油耗成本在186元左右。油价上涨后，每公顷柴油成本将增加12.9元。以每公顷地一年经耕、种（小麦）、收（小麦）、耕、种（玉米）、收（玉米）90次作业计算，每公顷地每年农机作业仅柴油成本就增加78元。

2.3 政府行为与农户需求之间断层

长期以来，中国农村公共品的供给是由政府决定的，农技推广机构属于政府的事业单位，执行政府的农技推广职能。在推广初期，在经济较为落后、人员素质较为低下、领导和技术人员素质较高的情况下，行政命令式推广方式提早增加创新采用人数的方法极其有效。但在技术推广中后期，一旦这种行政措施撤离，或者农民产生抵抗情绪后，扩散曲线开始减退到达图1所示的T1点时，行政干预等外部因素影响下的技术传播效率要明显低于农民自传播。由于缺乏主动了解农民及市场的技术需求，推广活动通常是带任务、带指标进行，因此技术推广与农民技术需求之间存在脱节的问题。根据走访调查，技术培训多是培训机构根据参加人员情况自行确定，事前未征求农民意见。同时，农机技术供需信息渠道不畅，农机服务质量信息反馈机制尚不健全，阻碍了农机新技术的推广应用，制约了农机技术的潜力发挥，影响了农机技术成果转化。

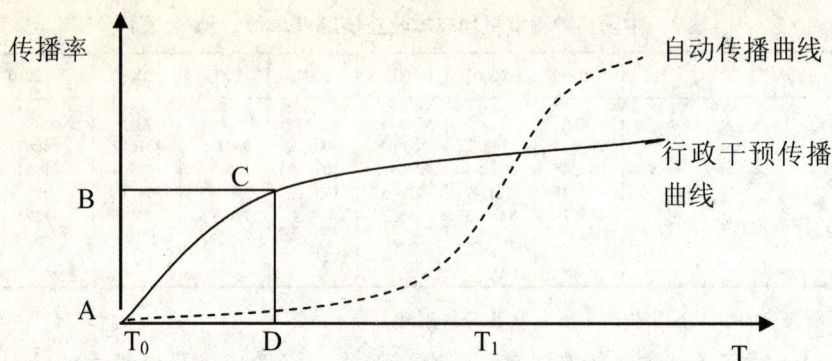

图1 行政影响下的 S 曲线

2.4 农机化技术推广投入不足

一是基层农机化推广条件建设不足。在全国 9000 多个乡级农机推广（独立站和区域站）机构中，没有电话的占 52.1%，没有培训教室的占 85.9%，没有基本检测仪器设备的占 95.9%，没有示范样机的占 80.3%。基层农机化推广机构设施简陋，制约着农机化新技术传播的速率。

二是基层农机化推广经费短缺。据农业部农机化司的调查统计，县以下推广机构中财政全额拨款的仅占 76.3%；在财政全额拨款的这些机构中，财政仅保证人员经费的机构占 52.7%，超过 50% 的基层农机化推广机构没有推广工作经费的支持。经费短缺严重影响了农机化推广人员的工作积极性，造成推广队伍不稳定，已经成为农机化新技术推广的主要障碍之一。

三是基层农机化推广队伍整体素质偏低。在全国基层种植业技术推广机构中，专业技术人员占总推广人员的 73.5%；在全国基层畜牧业技术推广机构中，专业技术人员占总推广人员的 84.8%；在全国基层水产技术推广机构中，专业技术人员占总推广人员的 71.6%；而基层农机化技术推广机构中，专业技术人员仅占总推广人员的 48.9%，整体素质偏低。

3 我国农机化技术推广体系建设的路径选择

3.1 加强政策扶持引导

充分发挥农机化扶持政策的作用，调动农民应用农机化新技术的积极性。

一是制定购机贷款政策。农民可采取土地、房产等不动产抵押贷款购买农业机械，或者五户联保贷款，也可利用粮食直补、农机购置补贴资金担保贷款。农机企业或销售商可采取分期付款形式支持农民购机；农机企业可开通租赁业务，拓宽业务范围，实行租赁经营，帮助无力购机的农民使用农业机械进行生产。政府借鉴"家电下乡"模式，或利用财政资金直补，或利用旧机具折价，或向农户提供无息贷款鼓励农民购机。

二是制定燃油补贴政策。借鉴城市交通运输油补政策，制定符合农村及农民生产实际情况的农机田间作业燃油补贴政策。燃油补贴直接向从事农业机械作业的农民和农业生产经营组织发放，降低直接从事农业机械作业的农民和农业生产经营组织的作业成本。农机管理部门要做好农机作业用油供油计划，采取加油卡的形式，直接落实到每台作业机械。同时，允许农民凭信用证赊购农机作业用油。

3.2 加强农机化技术推广体系建设

一是要构建起以国家农机化推广体系为主导，大专院校、科研机构等技术创新主体充分参与，农机企业、农机专业合作社等为辅，教育、科研与农机推广相互联系，上下贯通、主体协作、运行有序的"一主多元"的农机化技术推广体系，增强农机化技术推广活力。

二是多方筹集推广经费。由于国家财力有限，地方政府应建立多元化的农机化推广投入机制，鼓励民间资本、外资和工商业资本进入农机化技术推广领域，解决推广经费紧缺问题。在政府提供推广经费的基础上，要依靠家乡走出去的名人、能人、富人、家乡的企业家等的赞助，拓宽推广经费的来源渠道。

三是改善农机化工作环境。依靠筹集的经费，购置相关仪器设备，如农机设备检测仪器、计算机、电话；兴建、改建或扩建农机化培训教室。积极与农机企业洽谈，采取企业捐赠的形式获得相应的农业机械样机，提高培训的实效。

四是加强农机化技术推广队伍建设。各级政府要结合阳光工程等各类农民教育培训项目，定期组织农机化相关知识培训，完善知识结构；农机企业要不断邀请农机化推广人员入厂参观学习，提高农机人员的实际操作能力；大专院校要积极开展农机化推广人员的学历教育，提高农机人员的学历水平。

五要以农民本位为指导思想，以农业生产实际需求为导向，以提升劳动生产率为出发点和落脚点，结合不同区域资源禀赋，因地制宜确定重点推广技术。

3.3 组建农机专业合作社

中型、大型农业机械购置费用相对较高，对于经济基础较弱或者耕地相对较少的农户来说，鼓励其购买农业机械是很不现实的。因此，有必要积极引导农民组建专业合作社，以此带动大型、复式、高性能农机和先进农业技术的推广应用，鼓励农民联户合作经营，提高土地产出率。

3.4 加强农机化教育培训

3.4.1 加强农机化学校建设。一是内练功夫。农机化学校应加强自身建设，拓宽教育培训领域。对校内教师定期培训，提高教师素质。除了拖拉机驾驶、联合收割机、农机修理培训外，学校要针对本地区农机化发展的具体情况和农民的需求，有针对地开展农机新技术、新品种的短期培训，如挖掘机操作培训、翻斗机操作培训、柴油发电机组培训等等。二是与相关高校开展联合办学，提高学生知识视野。

3.4.2 强化培训。一是农机化推广机构以重大项目为依托，紧密结合当地资源禀赋，定期开展农机新技术的教育培训，提高农机化技术推广的实效性；二是农机化学校要充分利用自身教育优势，通过校企合作，加强学生的技能培训；三是农机企业可利用现场操作示范的形式，提高农民采用农机新技术的热情；四是新闻媒体应开辟相应栏目宣传引导农民采用农机新技术。

3.4.3 重视农民自身技术示范作用。农户已经成为推广的主体之一，农民自身技术示范作用对于技术传播扩散的意义非常重大，在技术推广的过程中，选择优秀的农户进行试验示范，以示范带动推广。

参考文献：

[1] 中华人民共和国农业部. 2011 中国农业科技推广发展报告 [M]. 北京：中国农业出版社，2012.3

[2] 刘伟，赵尊庆，王立涛. 农机化服务与作业成本探析 [J]. 现代化农业，2012 (8)：50－54.

[3] 油价上涨对农业生产的影响，http://www.pingdu.gov.cn

[4] 农业部：十二五建成相对完善农机化技术推广体系，新华网，2011 年 9 月 1 日

[5] 杨敏丽. "十二五"中国农业机械化发展形势分析 [J]. 中国农机化，2011 (1) 9－14，22.

[6] 邵喜武，郭庆海. 基于技术生命周期的农业技术信息高效传播 [J]. 情报科学，2012 (3)：364－367.

[7] 邵喜武，王海艳. 系统论下的畜牧业技术推广体系要素优化配置研究 [J]. 中国畜牧杂志，2011 (8)：20－23，27.

11.6 基于技术生命周期的农业技术信息高效传播

摘　要： 农业技术具有研发、引入、成长、成熟和退化等生命周期。文章从技术生命周期角度分析了农业技术信息传播特点及主要影响因素，提出提高农业技术信息传播效率的对策措施，即结合技术的生命周期规律，制订详细的传播计划，增强农民抵御技术风险能力，同时，要努力创造利于农业技术信息高效传播的良好的内外部环境。

关键词： 技术生命周期；农业技术信息；高效传播

1　引言

雷蒙德·弗农、哈维根据产品生命周期理论提出技术生命周期理论。该理论认为，技术是一种特殊产品或商品，具有自身生命循环和向外转移倾向的特点。弗农认为，工业制成品从发明研制到进入市场销售，都要经历成长、成熟、饱和与衰退等不同阶段，他由此而将体现在产品上的技术也划分为引入、成长、成熟与衰退四期。1984 年哈维在其《技术转移过程中技术生命周期的运用》一文中将技术生命周期划分为技术开发阶段、验证阶段、应用启动阶段、扩张阶段、成熟阶段和退化阶段六个阶段。农业技术作为技术产品的一种，也具有生命周期。为了便于阐述观点，本书综合前者研究结论，将技术生命周期划分研发阶段、引入阶段、成长阶段、成熟阶段和退化阶段等五个阶段。

作为农村先进生产力代表的农业技术是农业发展的技术基础，是农业现代化的重要内容和标志。建设现代农业，推进农业产业化与现代化进程，就需要加快农业技术创新，建立完善的农业技术信息传播体系。结合技术的生命周期规律，有计划、有步骤地进行技术信息传播，可以提高传播效率。

2　技术生命周期下的农业技术信息传播特点

在技术生命周期的影响下，农业技术信息传播大致经历了由成长到衰退的钟形曲线。

2.1 技术研发阶段农业技术信息传播特点

由于技术产品尚处于研究开发试验阶段，技术本身还不够完善，多数采用者对产品尚处于混然不知的状态，只有极少数聪明、有远见、敢于冒风险、有一定资本的决策者采用该技术产品。因此，农业技术仅限于 2.5% 创新采用者（多为有一定资本实力的企业组织），信息仅限于少数人之间传播，传播速度特别慢，受众非常少。

2.2 技术引入阶段农业技术信息传播特点

在创新采用者的影响下，许多人开始挖掘技术产品，少数高层技术型人员或素质较高、具有冒险意识的农民开始接受该农业技术产品。在此阶段，主要以印发宣传单（科普画册、画报）为传播手段，通过农村能人、农业科技示范户进行试点，此时的农业技术信息传播仅在小范围进行，农业技术只限于 13.5% 少数采用者，信息传播速度较慢，受众较少。

2.3 技术成长阶段农业技术信息传播特点

在此阶段，由于更多的传播媒介开始介入农业技术信息传播，如广播电视、期刊杂志、因特网等，农业技术信息传播速度较快，在先期技术采用者获利的影响下，较多的中期采用者开始采用该技术。农业产业化龙头企业、农民合作经济组织也开始逐步介入农业技术信息传播中，以充分发挥其在农业技术增产、增效中的重要作用。

2.4 技术成熟阶段农业技术信息传播特点

在技术成熟阶段，技术产品研发者获得了更多的利润，投入农业技术信息传播的资金流、物质流相应增加，通过召开现场会或与政府技术推广部门合作，稳定顾客群。34% 晚期采用者开始加入，农业技术信息传播处于鼎盛时期，但逐渐显现出减缓趋势。

2.5 技术衰退阶段农业技术信息传播特点

由于相关技术产品的不断开发引入，该项技术产品研发者获利越来越少，对该技术产品的后续发展缺少投入，因此 16% 的落后采用者获利也越来越少。加之，各传播媒介也渐渐失去对该项农业技术的关注，此项技术逐渐退出市场，被其他相关产品所取代。

Proportion of technology adopters

innovators	early adopters	middle adopters	late adopters	laggards	technology adopters
2.5%	13.5%	34%	34%	16%	

R&D　　introduction　　growing　　mature　　degradation　technology life cycle

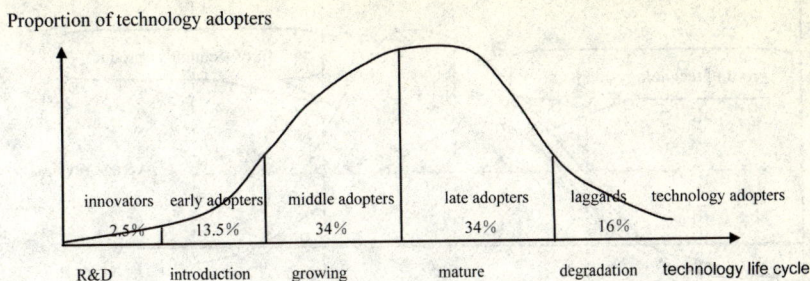

图1　技术生命周期中技术采用者分类及其分布

Fig 1 the classification and distribution of technology

adopter based on the technology life cycle

3　技术生命周期中农业技术信息高效传播的影响因素

3.1 技术采用高风险与低收益并存

在经济学范围内，构成市场最主要的主体基本是"使自我满足最大化的理性主体"，即它们追求的是自身利益最大化，或者说追求货币收入最大化或效用最大化的"经济人"。就一个经济理性的农民来说，其经营是以经济利益最大化为目标的，农业技术运用与否取决于农民对采用该项技术风险的权衡和是否能带来预期收益。调查发现，任何农民都想致富，但改变传统的生产方式和经营项目必然带来成本的增加和风险的增大，农民害怕采用新技术后带来的收益不如以前。如果运用某项新的农业技术能够为农民带来更大的净收益，而风险相对较低，那么该项技术得到采用的可能性就越大。

在技术研发阶段，技术采用者由于需要支付技术使用费（技术转让费）或者承担相应的市场风险，因此，此阶段，技术采用者收益为负。在技术引入阶段，少量技术采用者，由于采用技术手段不成熟，收益较小甚至为负。在技术成长阶段，由于技术已经成熟，技术采用者风险降低，而此时技术采用者数量还不多，收益明显增加。在技术成熟阶段，由于众多的技术采用者占有了相当数量的市场份额，因此收益逐渐下降。在技术衰退阶段，由于技术产品在市场上已经老化，不能适应市场需求，技术采用落后者获利空间越来越小，见图2。由于技术本身具有生命周期，存在着较大的风险，农民采用技术的收益得不到有效保障，制约着农业技术信息的高效传播。

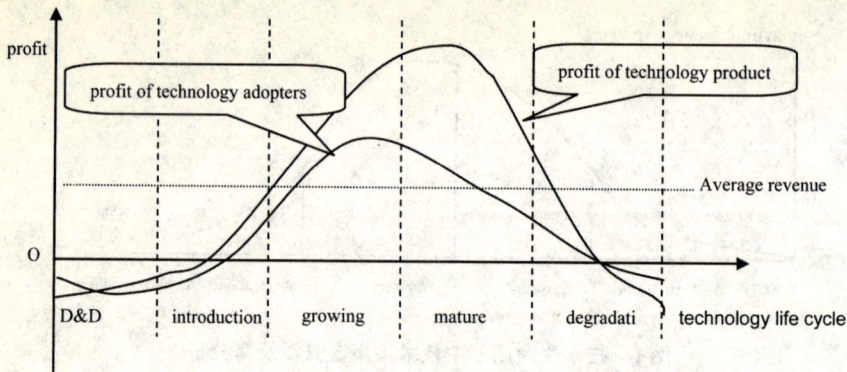

图2　基于技术生命周期理论的技术采用者收益曲线

Fig 2 the yield curve of technology adopters based on the technology life cycle

3.2 经济基础较弱

在我国目前的土地家庭承包制度下，单纯经营土地这一项目的收入是较低的，而随着经营项目增多，其收入也相对增加。家庭经营时间延长，其家庭积累也不断增多。如果根据比较效益原理，放弃某个项目，增加一个新项目，采用新技术的成本投入就不是障碍因素了，因此家庭收入较高的农民要比家庭收入较低的农民容易接受新技术。

图3说明农民在不同产量和消费水平状态下对农业技术创新的态度。在 X 点时，农民 A 此时的产量水平接近于维持生存所需要的最低消费需求。对其而言，采用新技术所带来的风险意味着一旦这种试验失败，全家人的生存将受到威胁，因此，农民 A 可能不敢冒产量降到维持家庭生存所必需的最低消费需求水平以下的风险来进行技术创新；而农民 B 的产量大大超过最低消费需求线，接近于由社会文化因素确定的向往的消费水平，因而，农民 B 比农民 A 更欢迎技术的变革1。因此，较弱的经济基础，就决定了农民在采用技术时的谨慎。

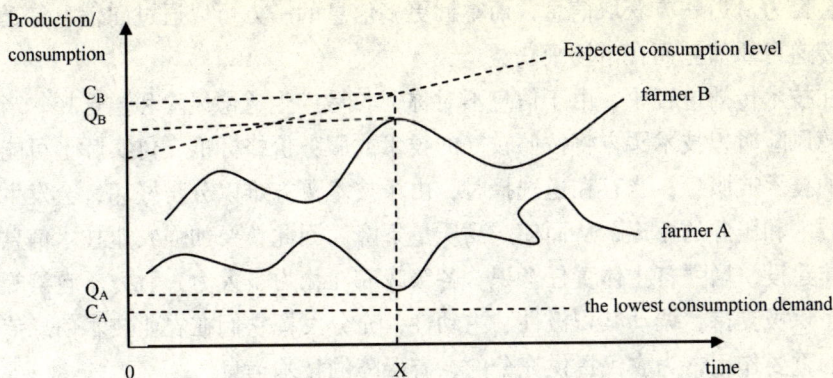

图3　不同产量及消费水平对农民技术创新的影响

Fig 3 the influence of different production and consumption
level to the farmers' technological innovation

3.3 农业技术供给与需求脱节

长期以来，农业科研、推广传播基本上是以提高农作物特别是粮食作物的产量为主要目标，是建立在"地区目标群体的社会经济条件具有完全同质性"这一假设基础之上的，推广传播目标单一，未能充分发挥推广传播的作用，自然不能同农户的生产需求相适应2。农业技术供给与需求脱节，成为制约农业技术信息高效传播的又一重要因素。

4　基于技术生命周期的农业技术信息高效传播策略

4.1 依据技术生命周期特点有效传播

由于技术具有生命周期特点，因此，在农业技术推广传播过程中，要根据技术产品的成长——退化规律，制订详细的计划，以使农业技术信息传播落到实处，降低农民采用技术的风险。

4.2 重视各农业技术信息传播主体建设

在市场经济活动中，各类人员对有关信息的了解是有差异的。掌握信息较充分的人员，往往处于较有利的地位；而信息贫乏的人员，则处于较不利的地位。20世纪70年代，美国经济学家约瑟夫·斯蒂格利茨、乔治·阿克尔洛夫和迈克尔·斯宾塞开始关注和研究这一现象，进而提出信息不对称理论。信息不对称理论认为：市场中卖方永远比买方更了解有关商品的各种信息；缺少信息就意味着决策时将面临更大的不确定性，因此，买卖双方中拥有信息较少的一方会努力从另一方获取信息，而掌握更多信息的一方可以通过向信息贫乏的一方传递可靠信息而在市场中获益。

在技术传播过程中，由于信息不对称，容易产生道德风险和逆选择。当存在道德风险时，技术买方将按照较好的技术或服务价格标准支付实际上可能是较差的技术或服务；当存在逆选择时，由于技术买方难以分辨好坏，会发生对好的技术和服务的驱逐，从而使产品质量下降。因此，要加强农业技术信息传播主体建设，增强各主体责任意识，各级政府在物力、人力、财力、政策等方面给予积极支持，调动其积极性、主动性，充分发挥它们在农业技术信息传播方面的重要作用，为农民提供充分的、有保障的技术信息3。

4.3 加强农业技术信息传播客体建设

农业技术信息传播的终极目的是提高农业技术采用率，切实为"三农"服务。在一定的前提条件下，提高农民学习技术的成功率是保证技术传播的最为有效的途径4。因此，农业技术信息传播客体建设至关重要。

一是改变农民对农业技术的抉择行为，增加农民采用农业技术的积极性。

二是对农民采用新技术而产生的使用成本进行补贴，增加农民采用新技术的净收益。蓝莓等小浆果营养价值远高于苹果、葡萄、橘子等水果，在美国等发达国家已经形成产业规模，市场前景巨大。但根据对吉林省蓝莓产业的不完全调查，单个农民没有种植蓝莓的，他们认为蓝莓投资成本大，收益风险过高，不愿涉足蓝莓生产5。因此，可以通过补贴或者实行订单式生产，降低农民的市场风险

三是关注农民弱势地位，通过教育培训，提高其信息使用能力。1970 年，美国传播学者蒂奇纳、多诺霍和奥里恩在《大众传播流动和知识差别的增长》论文中提出了"知识沟假设"，认为："随着大众传媒向社会传播的信息日益增多，处于不同社会经济地位的人获得媒介知识的速度是不同的，社会经济地位较高的人将比社会经济地位较低的人以更快的速度获取这类信息。而且，这两类人之间的知识差距将呈扩大而非缩小之势。"因此，针对农业技术传播中的知识沟现象，在农业技术信息传播工作中有必要对农民中利用农业技术传播媒介的弱势群体给予特别关注，避免其弱势地位与其采用农业技术能力低的状态形成恶性循环6。

4.4 建构纵横有序的农业技术信息传播渠道

国内著名的乡村社会学家蔡宏进认为，优良的农业科学知识及技术通常是

由专家或研究人员研究出来的，这些知识或技术虽也有直接传达给农民者，但相对较少，多半都经由朋友或邻居等非正式的社会关系网、商业性的零售商或推销员、政府机关或农会等推广人员、大众传播媒体（如电视、收音机或杂志等）路径间接地传达给农民7。因此，政府应充分发挥引导和协调功能，通过合理的制度安排和优惠的政策扶持引导农业信息服务主体积极参与，通过协调整合农业、国土、农机、交通、水利、气象、教育培训、邮电通讯等各类资源，提升农业信息服务的综合实力。各国家事业单位充分发挥教育优势、人才优势、研究开发优势，不断向社会输送大批农业科技人才和经营管理人才，加快科研成果转化速率，积极为农业信息服务体系的建设和完善出谋划策。龙头企业（涉农企业）通过实现自身信息化，包括生产过程的全面信息化以及经济管理决策的信息化，将农业的产前、产中、产后用信息化手段动态地整合起来8，按照市场经济规律提供产品营销信息、产品技术咨询、培训、服务等有偿信息服务。农民合作经济组织要充分利用多种渠道、多方搜集信息，之后加以鉴别、筛选、提炼、综合、审核，使杂乱的信息有序化、规范化，为农户提供专业化的咨询服务，引导农民的生产和决策，减少农民生产经营的盲目性。同时，通过网络、报刊等多种途径发布农民的畜产品供给信息和牧业生产资料需求信息，及时帮助农民解决生产生活中的困难和问题9。

5 结语

农业技术是一种特殊的产品，具有明显的生命周期，农民接受技术的心理非常复杂。因此，在研发、推广传播某项技术之前，要充分考虑到农民在接受技术过程中的特点和规律，要对农民的需求进行实地调研，充分了解农民所需，而且在推广传播技术时，不能只考虑是否完成了任务，而应该站在农户的角度，考虑推广传播的技术是否能够满足农民扩大再生产、增加农民收入的实际效用，关注农民所在区域的资源禀赋，走典型示范辐射推广之路，提高农民采用新技术的积极性，以达到农业技术的效用最大化。

参考文献：

[1] 李华. 中国农村：公共品供给与财政制度创新 [M]. 北京：经济科学出版社，2005，9.

[2] 田静. 农业技术推广的主要问题及对策 [J]. 重庆工商大学学报（自然科学版），2006（2）：104 – 107.

[3] 王海艳，邵喜武. 吉林省农业科技服务信息化建设研究 [J]. 情报科学，2010

(12)：1804－1808.

[4] 黄志坚，吴健辉，方文龙. 基于系统动力学的农业技术传播分析 [J]. 科技管理研究，2009 (4)：159－160，166.

[5] 邵喜武，郭庆海，李亚东. 中国蓝莓产业发展的现状与展望J]. 农业经济问题，2008 (2)：35－38.

[6] 付少平. 农业技术传播中的知识沟现象分 [J]. 科学学与科学技术管理，2002 (12)：13－16.

[7] 杨书成，杨振兴，贾新宇. 信息传播技术与农业推广 [J]. 山西农业科学，2011，39 (6)：608－610.

[8] 李应博. 中国农业信息服务体系发展研究 [M]. 北京：中国经济出版社，2006 (12)，82.

[9] 邵喜武，王海艳. 系统论下的畜牧业技术推广体系要素优化配置研究 [J]. 中国畜牧杂志2011 (8)：21－23，27.

研究结论

　　农业技术推广是一项系统工程，随着社会的进步和人民生活水平的提高，对农产品的数量和质量会有更高的需求，这对农业技术推广工作就提出了更高的要求。农业技术推广工作要从远处着眼，近处着手，不能一蹴而就，战略上要有规划，战术上要有方法和策略。农业技术推广实行诱制性制度变迁和强制性制度变迁相结合，也就是自下而上和自上而下推广相结合，既要充分发挥政府农技推广机构的积极作用，又要发挥农民的主动性。农业技术推广不能搞一刀切，要结合当地资源禀赋、产业特色，有针对性地进行技术推广。

　　成立农业技术推广综合指挥办公室，隶属财政部门，对各个农业推广主体进行基本的功能定位。政府农技推广机构是农业技术推广的重要主体，主要承担公益性技术推广职能。农业产业化龙头企业是一种以自身利益为基本出发点的产业组织行为，通过技术推广，回收农户生产的产品，在推广的区域和对农户的选择上，龙头企业结合自身做出选择；生产资料公司是通过技术服务达到销售农业生产资料的目的，追求利益最大化，所以，龙头企业和生产资料公司主要承担市场化技术推广职能。大专院校和科研院所进行技术推广主要以政府财政支持的项目为载体，通过项目经费支撑农业科学研究和技术推广，从这一角度来说，大专院校和科研院所农业技术推广是公益性行为，但在研究过程中科研人员获得的专利，进行科技成果有偿转化又是市场化行为。农民合作经济组织进行技术推广既有内部创新技术的公益性推广也有外部引进技术的有偿服务。所以，大专院校和科研院所、农民合作经济组织农业技术推广是公益性和市场化相结合的推广行为。大专院校、科研院所、农业产业化龙头企业、农民合作经济组织、农业生产资料公司等是农业技术推广体系中不可或缺的推广主体，是政府推广机构农业推广功能的必要的、有益的补充，因此，需要建立各主体分工明确、协调一致的工作体系。

农业技术推广体系中各个推广主体是相互影响、密切协作、不可分割的有机整体。根据螺旋模型理论，政府应发挥其在政策、资金、法律法规等方面的支持扶持作用，农业科研院所应充分发挥其科研优势，农业院校发挥教育优势，农业推广部门发挥技术推广优势，通过密切合作，各司其职，构建政府、农业科研、教育、推广多方协作模式，既发挥农业科研、教育单位技术开发的能力，又发挥推广服务部门找市场、找用户的优势，从而保证科研、教育单位集中力量从事科研开发，提高科研成果的市场转化率。

农业技术是一种特殊的产品，具有明显的市场风险，农民在接受技术的心理是非常复杂的，既想过上富裕生活，又害怕风险，积蓄又很有限，所以不敢轻易接受技术。农业技术推广是做农民的工作，需要了解农民，知道农民需求。在研发、推广某项技术之前，要对农民的需求进行实地调研，充分了解农民所需，做到心中有数，工作才能有的放矢。营销界倡导站在顾客的角度搞营销，这是营销的最高境界。农业技术推广人员在推广技术时，不能只考虑是否完成了推广任务，而应该站在农户的角度，考虑推广的技术是否能够满足农民扩大再生产、增加农民收入的实际效用，关注农民所在区域的资源禀赋，以达到农业技术的效用最大化。推广技术，想农民之所想，急农民之所急，未雨绸缪，农业技术就更加实用，农户的风险就会降低。加之多方都能保护农民这一弱势群体，农民的担心就少了，接受技术时心理就会踏实，与农业技术人员的配合和合作的热情就会高涨，从而达到多赢的效果。同时，在产前、产中、产后不断与农户互动交流，搞清农户的实际需求，有针对性地提供技术指导和服务。既要满足农户的模糊需求，也要满足农户具体化的需求，同时还要创造新的需求。通过不断刺激农民产生新需求，达到推广新技术的目的。

任何新生事物的出现，不可能立即让人们接受，尤其是先进的农机具和新技术。经济基础决定了农民采用技术的态度和行动，农民讲究的是实惠，实践中即使是先进的东西，宣传得也很到位，如果农民没有亲眼目睹实实在在的效益，就很难让他们去使用。因此，要走典型示范辐射推广之路，提高农民采用新技术的积极性。

培养大批高素质的新型农民，是促进农村社会经济发展的关键因素之一。只有把庞大的农村人力资源转化为巨大的人力资本，充分调动农民的积极性、主动性、创造性，使农民形成"讲科学、爱科学、用科学"的良好习惯，从而形成持续推动建设新农村的力量源泉，进而推动我国农业现代化的稳步实现。农业技术推广范围将由传统的种植、养殖技术推广向提升农民素质、塑造新型农民、提高农民创业能力等方面扩展延伸。要把农民教育培训工作作为一种福利性的事业去做，提高教育培训工作者的责任心和责任感。

参考文献

[1] 吴德进. 我国农业科技服务体系构建问题 [J]. 中国物价, 2009 (10): 49~52.

[2] 王晓明, 王春雨. 科技挖潜: 我国粮食主产区增产找到新支点 [N]. 经济参考报, 2008 - 10 - 10, 第8版.

[3] 农业部: 我国粮食单产较低 与国际水平差距较大, http: //www. china. com. cn, 2008 - 10 - 31.

[4] O. Pipy Fawole. Poultry Farmers Utilization of Information in Lagelu Government Area, Oyo State of Nigeria. International Journal of Poultry Science 5 (5): 499 - 501, 2006.

[5] Joseph U. Agbamu. Agricultural Research - extension Linkage Systems: An International Perspective. Agricultural Research & Extension Network, 2000 (6): 106a.

[6] Anne W. van den Ban. Different Ways of Financing Agricultural Extension. Agricultural Research & Extension Network, 2000 (6): 106b.

[7] Jim Hanson, Richard Just. Evaluating a Publicly Funded, Privately Delivered Agricultural Extension System in Honduras. Working Paper 2003 - 04, Deparment of Agricultural and Resource Economics, University of Maryland College Park, Maryland.

[8] Edward Ntifo - Siaw, Robert A. Agunga. A Comparative Study of Management Effectiveness Under the Training and Visit and General Systems in Ghana. Journal of Agricultural Education. 1992 (4): 35.

[9] 高启杰. 农业推广模式研究 [M]. 北京: 北京农业大学出版社, 1991.

[10] 高启杰等. 推广经济学 [M]. 北京: 中国农业大学出版社, 2001.

[11] 张广胜. 影响农技推广信息传播的制约因素及其对策 [J]. 农业图书情报学刊, 2001 (6): 64~66.

[12] 卢敏. 农业推广学 [M]. 北京: 中国农业出版社, 2005 (10).

[13] 相重扬. 贯彻农业法 建设农技推广新体系 [J]. 农业职业教育, 2004 (2): 4~5, 24.

[14] 王洪宇, 杨哲林, 张芳. 基层农技推广的发展方向与体系建设 [J]. 安徽科技, 2003 (12): 25~26.

[15] 高启杰. 农业推广的发展趋势与推广学的理论体系 [J]. 古今农业, 2007 (4): 17~23.

[16] 程静, 王云峰. 农业技术推广体系探索与创新 [J]. 陕西农业科学, 2005 (5): 123~126.

[17] 马春艳. 技术专家办企业的农业生物技术推广模式探讨 [J]. 经济问题, 2007 (3): 70~72.

[18] 谢永坚. 黑龙江省农业技术推广体系现状及对策 [J]. 黑龙江农业科学, 2004 (6): 31~33, 60.

[19] 张克云, 王德海, 刘燕丽. 农村专业技术协会的农业科技推广机制—对河北省国欣农研会的案例分析 [J]. 农业技术经济, 2005 (5): 55~60.

[20] 李桂丽, 李侠, 张粉婵. 重塑农业科技成果推广体系 [J]. 农业经济问题 1999 (12): 38~41.

[21] 符仕, 王君. 市场经济背景下农业科技推广风险形成过程及其后果 [J]. 作物研究, 2007 (2): 88~91.

[22] 袁纪东, 廖允成, 李海成. 对完善中国农业技术推广体系的思考 [J]. 中国农学通报, 2005 (6): 470~472.

[23] 张东伟, 朱润身. 试论农业技术推广体制的创新 [J]. 科研管理, 2006 (3): 141~144.

[24] 谢方, 徐志文, 王礼力. 重建一个纯公益性的农业技术推广体系 [J]. 农村经济, 2005 (5): 98~101.

[25] 祁永忠. 刍议农业技术推广的现状、问题及对策 [J]. 青海农技推广, 2004 (2): 7~8.

[26] 殷英. 21世纪农业推广人员素质的新理念 [J]. 农业科技管理, 2005 (2): 37~38.

[27] 姚麒麟, 蒋正坤, 汤剑平等. 重塑农业科技队伍新形象为农业结构调整作出新贡献 [J]. 上海农业学报, 2001, 17 (4): 106~109.

[28] 张玉珍, 尹振君. 关于农技推广队伍现状的调查及分析 [J]. 农业科技管理, 2007 (1): 79~80.

[29] 周新庄. 对基层农业技术服务体系创新的分析 [J]. 新疆农垦经济, 2005 (5): 44~46.

[30] 兴连娥. 我国农技推广体系建设问题及措施 [J]. 农业科技管理, 2005 (2): 39~40.

[31] 田静. 农业技术推广的主要问题及对策 [J]. 重庆工商大学学报 (自然科学

版), 2006 (2): 104~107.

[32] 陈娟, 秦自强. 我国农业科技推广体系现状、问题及对策 [J]. 四川农业大学学报, 2007 (6): 195~198.

[33]《中国农业技术推广体制改革研究》课题组. 中国农技推广: 现状、问题及解决对策 [J]. 管理世界, 2004 (5) 50~57, 75.

[34] 李忠国. 对新形势下农技推广体系创新的思考 [J]. 中国农技推广, 2004 (1): 9~11.

[35] 李艳军. 公益性农技推广的市场化营运: 必要性与路径选择 [J]. 农业技术经济, 2004 (5): 42~45.

[36] 吴春梅. 公益性农业技术推广机制中的政府与市场作用 [J]. 经济问题, 2003 (1): 43~45.

[37] 谢方, 徐志文, 王礼力. 重建一个纯公益性的农业技术推广体系 [J]. 农村经济, 2005 (5): 98~101.

[38] 孙贵荒. 对发展农村技术经济合作组织的建议 [J]. 农业经济, 2004 (10): 21~22.

[39] 李秀峰, 朱增勇, 王川. 国家农业科技成果推广平台设计初探 [J]. 计算机与农业, 2003 (12): 13~14.

[40] 李传忠. 凸现农业科技推广公益性 建设双轨推广体制 [J]. 科教兴农, 2006 (2): 59~61.

[41] 李冬青. 试论在农技推广中与农民进行有效沟通 [J]. 中国农技推广, 2004 (2): 23~24.

[42] 杨永德. 基层农业技术人员再教育与农业技术推广相结合运行模式的实践 [J]. 广西农学报, 2003 (5): 21~24.

[43] 张进忠, 刘保国, 吴宏伟. 当前农业技术推广体系存在的问题及对策刍议 [J]. 中国农学通报, 2005 (9): 430~433, 458.

[44] 瞿印礼. 做大做强农民科技经纪人队伍 [J]. 农业经济, 2004 (6): 22~24.

[45] 曹建国, 孟德. 建立以农户为中心的农户需求型农技推广运行机制 [J]. 中国农技推广, 2005 (10): 10~12.

[46] 张东伟, 程国栋, 朱润身. 论农业技术推广的制度创新 [J]. 农村经济, 2006 (5): 98~100.

[47] 卓亚男, 吴淑琴等. 改革政府农技推广机构的几点拙见 [J]. 农业经济, 2004 (5): 52.

[48] 蒋和平, 张春敏. 对改进我国农业技术推广工作的建议 [J]. 农业科技管理, 2005 (4): 13~15.

[49] 邵喜武，郭庆海．农业产业化龙头企业技术推广的理论及其应用研究 [J]．工业技术经济，2005（4）：37~39.

[50] 熊彼特．经济发展理论 [M]．上海：商务印书馆，1990，P98.

[51] 丁娟．创新理论的发展演变 [J]．现代经济探讨，2002（6）：28~29.

[52] Roy Rothwell, Walter Zegveld．Reindustrialization and Technology , Longman Limited Group , 1985, P. 65.

[53] 周元，王海燕，赵刚等．中国区域自主创新研究报告：2006~2007 – 区域自主创新的理论与实践 [M]．北京：知识产权出版社，2007，3，P9.

[54] 朱广其．我国农业技术创新的主体、模式及对策 [J]．农业现代化研究，1997（5）：132~135.

[55] 黄顺基．自然辩证法概论 [M]．北京：高等教育出版社，2004.

[56] 许国志．系统科学 [M]．上海：上海科技教育出版社，2000.

[57] 郑永敏．农业推广协同和发展理论 [M]．杭州：浙江大学出版社，2008（8）.

[58] 罗伟雄，丁振京．发达国家农业技术推广制度 [M]．北京：时事出版社．2001（5）：14.

[59] 于文博．国外知识农业发展与中国的对策研究 [J]．世界地理研究，2000（4）：47~50.

[60] 黄天柱．中国农业科技推广体系改革与创新 [M]．北京：中国农业出版社，2008（6），131.

[61] 苑鹏，国鲁来，齐莉梅等．农业科技推广体系改革与创新 [M]．北京：中国农业出版社，2006（7），133~139.

[62] 农业部软科学委员会办公室．推进农业结构调整与建设现代农业 [M]．北京：中国农业出版社，2005（6）：79.

[63] 郭丛杰，陈雷．抗战前南京国民政府农业推广政策 [J]．历史档案，2008（1）：115~119.

[64] 全国农业技术推广服务中心．前进中的中国农技推广事业：中国农业技术推广工作回顾与展望 [M]．北京：中国农业出版社，2001（1），1.

[65] 夏敬源．中国农业技术推广改革发展30年回顾与展望 [J]．中国农技推广，2009（1）：4~14.

[66] 中华人民共和国农业部．2008年中国农业科技推广发展报告 [M]．北京：中国农业出版社，2008（11）：11~23，147~153.

[67] 高启杰．农业推广组织创新研究 [M]．北京：社会科学文献出版社，2009.9，223.

[68] 邵喜武，郭庆海．农业科技推广体系建设论纲 [J]．农业经济，2009（1）：82~83.

[69] 孟志伟．加强公益性农技推广体系建设的途径和方法［J］．安徽农学通报，2009（3）：6～9.

[70] 黄武．论公益性农技推广的多种实现形式［J］．农村经济，2008（9）：98～102.

[71] 谭卫国，李静，吴奇东．新农村建设下农民增收困境的思考［J］．当代经济，2007（10）.

[72] 樊启洲．农业技术推广体制改革研究［D］，华中农业大学，2000.

[73] 黄季焜，胡瑞法，智华勇．基层农业技术推广体系30年发展与改革：政策评估和建议［J］．农业技术经济，2009（1）：4～10.

[74] 胡瑞法，李立秋．农业技术推广的国际比较［J］．科技导报，2004（1）.

[75] 蒋和平，孟俊杰．我国农业技术推广的现状及改善对策［J］．农业科技管理，2007（10）：61～64.

[76] 刘亚军，林宏，顾明等．梨树县新型多元合作农技推广模式的探索［J］．农业科技管理，2009（3）：79～81.

[77] 蒋和平，崔凯．农业科技园区：成效、模式与示范重点［J］．农业经济问题，2009（1）：9～14.

[78] 王济民，刘春芳，申秋红等．我国农业科技推广体系主要模式评价［J］．农业经济问题，2009（2）：48～53.

[79] 刘东．新型农村科技服务体系的探索与创新［M］．化学工业出版社：北京，2008，10，第60页.

[80] 黄亚钧，郁义鸿．微观经济学［M］．北京：高等教育出版社，2000（2004重印），91.

[81] 王芳，过建春，栾乔林．从交易费用理论角度论农村新型合作经济组织［J］．华南热带农业大学学报，2007（3）：61～64.

[82] 邵喜武，郭庆海．农业产业化龙头企业技术推广的理论及其应用研究［J］．工业技术经济，2005（2）：37～39.

[83] 张越杰，邵喜武．吉林省农业产业化龙头企业技术推广的实证分析［J］．农业经济问题，2004（12）：65～68.

[84] 丁振京，孙丽敏．龙头企业农业科技推广经济学分析［J］．农业经济学，2001（8）：94～96.

[85] 张连文，李岩等．吉林省德惠市北方种业公司 公司加农户 推广新技术［J］．吉林农业：下半月，2009（6）：25.

[86] 李民，朴日．吉林磐石市初步形成了公司＋基地＋农户的产业格局［N］．吉林日报，2005－08－10.

[87] 邵喜武，崔明花．"公司＋农户"模式的实证分析［J］．农业经济，2005（2）：

41～42.

[88] 邵喜武，郭庆海．吉林省农业产业化龙头企业技术推广的对策研究［J］．吉林农业大学学报，2004（5）：582～585.

[89] 侯保疆．我国农民专业合作组织的发展轨迹及其特点［J］．农村经济，2007（3）：123～126.

[90] 中国农村合作组织的历史变迁，http；//www.sc3n.com.

[91] 吉林省农民专业合作经济组织蓬勃发展．国研网，http：//www.drcnet.com.cn，2009－10－16.

[92] 农业增效 农民增收 吉林农民专业合作经济组织蓬勃发展．中华人民共和国国家工商行政管理总局，http：//www.saic.gov.cn，2009－10－23.

[93] 王守臣副省长在全省农民专业合作社工作会议上的讲话，http：//grain.jl.gov.cn

[94] 郭庆海．我国农民合作经济组织产业分布差异解析［J］．农业经济问题，2007（4）：87～90.

[95] 朱晓东．新型农民合作经济组织产生与发展的制度经济学分析［J］．飞迪论文网．

[96] 年小山．品牌学．理论部分［M］．北京：清华大学出版社，2003（3），51.

[97] 莫少颖．农民合作经济组织运作机制研究［J］．改革与战略，2009（10）：84～87.

[98] 孔祥智，郭艳芹．现阶段农民合作经济组织的基本状况、组织管理及政府作用——23省农民合作经济组织调查报告［J］．农业经济问题，2006（1）：54～59.

[99] Bruce L. Anderson, Brian M. Henehan. What Gives Cooperatives a Bad Name. Presentation at the NCR 194 Meeting, October 29, 2003

[100] 保罗·斯图伯特．品牌的力量［M］．北京：中信出版社，2000，12.

[101] 邵喜武，郭庆海，王海艳．新型农民合作经济组织服务模式及其运行机制研究［J］．社会科学战线，2010（5）：48～53.

[102] 白志礼，范秀荣，穆养民．陕西农村科技试验示范基础运行模式与发展探讨［J］．西北农林科技大学学报（社科版），2003（6）：31～34.

[103] 高翔，张俊杰．建立大学农业科技推广体系的思考与实践［J］．研究与发展管理，2003（2）：94～98.

[104] 胡俊鹏，高翔，张显等．浅析大学农业技术推广创新体系的形成与发展［J］．中国农学通报，2005（7）：412～415.

[105] 石明山，郑原驰．吉林星火科技专家大院助农民走上致富路［N］．科学时报，2008－8－5.

[106] 柴剑峰．新农村建设下科技特派员制度推广模式的选择分析［J］．科学学与科学技术管理，2007（1）：128～132.

[107] 郑原驰等. 打造科技示范平台 [N]. 吉林日报, 2008-11-14, 第8版.

[108] 王海艳, 邵喜武. 东北文化对现代农村科普的影响 [J]. 农业经济, 2006 (7): 23~24.

[109] 吴跃辉. 试论省级农科院的作用 定位和发展对策 [J]. 农业科技管理, 2005 (1), 19~21.

[110] 张峭, 徐磊. 中国新型农民培训体系研究 [J]. 经济问题, 2009 (6): 89~91, 95.

[111] 邵喜武, 郭庆海, 李亚东. 中国蓝莓产业发展的现状与展望 J]. 农业经济问题, 2008 (2): 35~38.

[112] 李华. 中国农村: 公共品供给与财政制度创新 [M]. 北京: 经济科学出版社, 2005, 9.

[113] 于合龙, 陈桂芬, 董旭初. 基于贝叶斯网的专家系统平台的开发与应用 [J]. 黑龙江大学自然科学学报, 2008 (8): 492~497.

[114] Dhara S. Gill. Reframing Agricultural Extension Education Services in Industrially Developed Countries: A Canadian Perspective [J], Rural Economy Staff Paper, 1996.

[115] M. Aslam Khan, M. Yaqoob, Ahtasham Gul. Impact of Professional Factors on the Working Efficiency of Agriculture Extension Field Staff in Punjab [J]. Journal of Agriculture & Social Sciences, 2005.

[116] George R. McDowell. The Agricultural Establishment: Giving Farmers Too Much of What They Want and Not Enough of What They Need [J]. The magazine of food, farm and resource issues, 2004.

[117] 邓世勇, 朱启臻. 民国乡村建设派思想及其初中对现代农技推广工作的启示 [J]. 中国农技推广, 2004 (1): 10~11.

[118] 邵喜武, 王海艳, 佟国光. 现代企业领导激励艺术的新思考 [J]. 工业技术经济, 2009 (4): 40~42.

[119] 喻国良. 开发农村人力资源是解决"三农"问题的战略途径 [J]. 财经界, 2008 (5): 118~119.

[120] 汪志国. 孙中山对农业、农村、农民问题的思考 [N]. 光明日报, 2004-03-16, B3版.

[121] 江时强, 王军民. 农村公共产品视野下的农民收入增长 [J]. 财政研究, 2009 (4).

[122] 邵喜武, 付文, 周国福, 郭庆海. 新农村建设中吉林省农村科学的现状分析 [J]. 农业经济, 2008 (4): 69~70.

[123] 商春荣. 农业科技推广中的性别差异 [J]. 广东农业科学, 2008 (10): 160~163.

[124] 李艳华.浅论农民在农业技术创新中的作用 [J]，农业科技管理，2009 (4)：25～27.

[125] 唐莉娜，陈德松.新时期农业推广工作的若干思考 [J].福建农林大学学报（社会科学版），2001，4 (4)：16～18.

[126] 蒋和平，孟俊杰.我国家农业技术推广的现状及改善对策 [J].农业科技管理，2007 (3)：61～64，67.

[127] 倪浩，刘志民.国内农村科技服务体系现存模式评析与目标模式探索 [J].生产力研究，2009 (15)：32～34.

[128] 李燕凌.农村公共产品供给效率论 [M].北京：中国社会科学出版社，2007，8.

[129] 朱晶.农业公共投资 竞争力与粮食安全 [J].经济研究，2003 (1).

[130] 邵喜武，赵贵玉.城乡发展的差距与对策 [J].农业科技管理，2005 (6)：93～94.

[131] 廖有明.农业科技推广与金融支持 [M].北京：中国金融出版社，2009 (1)，24.

[132] 彭干梓，夏金星.职业教育具有纯公共产品性质 [J].职教论坛，2002 (12)：4～5.

[133] 邵喜武，郭庆海.我国农村科普市场的需求分析及路径选择 [J].农业经济，2006 (2)：74～76.

[134] 方维慰，李同升.农业技术空间扩散环境的分析与评价 [J].科技进步与对策，2006 (11)：48～50.

[135] 李应博.中国农业信息服务体系发展研究 [M].北京：中国经济出版社，2006 (12)，82.

[136] 朱思爽，钟红涛."小额信贷"热的冷思考 [J].中国农村信用社，2009 (2)：64～67.

[137] 梁红卫.发展农民专业合作社 打破农户融资困境 [J].经济纵横，2009 (5).

[138] 邵喜武，郭庆海.吉林省新农村建设的基础制约因素及路径选择 [J].吉林农业大学学报，2007 (1)：113～118.

[139] 叶敬忠.农民发展创新中的社会网络 [J].农业经济问题，2004 (9)：37～42.

[140] 王海艳，付兴奎，邵喜武.耗散结构理论关涉下的新型农民素质提升策略分析 [J].农业经济，2009 (12)：63～65.

[141] 郭庆海.推进农村土地流转的基本原则 [J].新长征，2008 (11)：14～15.

后　记

　　而立之年，我获得了人生中最重要的学习机会——师从郭庆海教授。虽难以望其项背，亦想象他那样博学多识。目标之于人就是要促使人不断地挑战自我、完善自我，做得更好。经年累月的苦思苦想苦学苦做之后，专著《多元化农业技术推广体系建设研究》定稿并即将出版，久压心中的一块巨石终于落地，顿时轻松。

　　《多元化农业技术推广体系建设研究》是在我的博士论文基础上修改完善的。这本著作的开端可追溯到十年前，2001 年，我开始攻读硕士学位，在导师郭庆海教授的指导下，于 2004 年完成了《农业产业化龙头企业技术推广研究》的硕士论文，并获得硕士学位。2004 年 9 月至 2005 年 7 月，有幸在清华大学经济管理学院做访问学者，其间聆听了著名经济学家、企业家的讲座和院士、著名学者、政府高官的报告，学习硕士和博士研究生的课程。沐浴在知识海洋中，徜徉在学术殿堂里，我如饥似渴。水木清华，久入芝兰之室，大师们的渊博学识、高尚师德、严谨的工作态度，于无形中提高了我的知识水平，丰富了我的知识结构，陶冶了我的道德情操。满载收获，我回到了原先的工作岗位。一年的清华学习，开启了我人生和事业的新篇章，使我对人生有了更新的思索，对事业有了更高的追求。"更高、更快、更强"成了我的座右铭。

　　2005 年，我开始攻读博士学位，再次得到郭庆海教授的垂爱。导师认为，农业技术推广体系建设问题值得深入研究。题目确定后，在农业部、吉林省科技厅、吉林省哲学社会科学基金规划办、吉林省教育厅、长春市科技局等软科学项目资助下，在全省范围内做了大量实地调研，掌握了丰富的第一手材料。2006 年，在美国加州大学进行科研访问和学习期间，我了解了美国的教育科研农业推广机制以及大学教授的具体推广工作的开展情况，为我研究国外农业技术推广及其经验提供了有益的帮助。2010 年，我有幸成为吉林省农业委员会评选出的全省 30 位农民创业培训指导专家之一，吉林省工业与信息化厅评选出的创业培训专家。此后，有更多的机会与广大农民、农业技术推广系统的干部和技术推广人员零距离接触。在给延边州、松原市、长春市、白山市、四平市等地区农业技术推广系统的技术人员、管理人员、种养大户和广大农民、合作社理事长、乡村干部等对象授课过程中，更加了解了基层农业技术推广人员的农业技术推广工作方式、管理机制，获取了农民、合作社对农业技术需求的相关信息。这些经历都为本书的写作提供了丰富的资料，搭建了框架，拓宽了思路，使我顺利完成论文通过答辩。事实证明，导师的高瞻远瞩拓宽了我的研究视野，给我的科研提供了新的发展契机。依托博士论文研究内容，我发表了第一署名论文 20 篇，主持省级项目 8 项，获得省级科研奖励 10 项。虽然我的论文被评为校级优秀博士论文，但是我的职称是副教授，不符合申报省级优秀博士论文的条件，还是感觉有些遗憾！

研究生求学过程虽没有大风大浪，却也不是一帆坦途。在本书创作过程中，也有江郎才尽、几天也理不清思路的时候。每每这时候，彷徨徘徊，曾想过放弃；同时，不能放弃的声音在心底深处屡屡响起。我深知：哀乐之巅写人生。个体的成长就潜伏在喜怒哀乐的此消彼长中，事业的成熟往往就在柳暗花明的瞬间惊喜中。我确信：面壁十年图破壁，难酬蹈海亦英雄。数载寒窗苦读、亲力亲为，必会在勤劳的滋润下结出硕果，即使没有预期的那样美好，也无悔。

人生天地之间，若白驹之过隙，忽然而已。2012，不惑之年，或许他人早已没有疑惑，而我却处在惑的挣扎中，正心、修身、齐家、治国、平天下，哪样我做到了？做到了什么程度？追求了什么？坚持了什么？静心思索，可叹只为天地一蜉蝣，沧海之一粟，仍不可随波逐流，得过且过，必苦心求索，粉身碎骨不稍变兮，心挫伤志更强。

会当凌绝顶，一览众山小。想要超越他人或保持竞争优势，就必须提高自身的核心竞争力。科研的瓶颈期，我做了人生另一个重要决定——进入吉林大学博士后科研流动站，师从沈颂东教授，开始了新的科研征途。与此同时，我的著作入选教育部《高校社科文库》，并得到教育部资助这样一个发展良机。《高校社科文库》是教育部为推动全国高校哲学社会科学的繁荣发展，由其下高等学校社会科学发展研究中心组织各高等院校共同建立的一个学术著作出版平台。《高校社科文库》始终坚持"广泛动员、集中征集、严格评审、精心编校"的原则，通过资助优秀学术专著出版，推动学术交流，为众多哲学社会科学的优秀科研成果进入公众的视野，提供了一个展示的平台。目前在全国各高校和学术界已经产生了一定的影响。即使我的著作不是最好的，却是我的心血所在。几年来，我细心地呵护着她，看着她一天一天地成长，我的许多时间和精力都已融入到她的身体里，我的诸多追求因她而变得更加明晰。

书稿的顺利完成，得益于导师郭庆海教授的悉心指导。桃李不言，下自成蹊。郭老师渊博的学识、严谨的治学态度、崇高的人格如春风化雨，润物无声，使我受益匪浅；郭老师敏捷的思维、开阔的思路、优秀的学者风范，使我如沐春风，这必将对我现在及未来事业的发展产生深远的影响。同时，还要感谢导师郭庆海教授于百忙中为我作序，这无疑是对我的莫大鼓舞和鞭策。

感谢吉林农业大学校领导、科研处等相关职能部门领导及同事的支持和指导。感谢经济管理学院领导和老师对我工作和生活给予的关心和帮助。感谢吉林省农业委员会农业产业化处，吉林省长春市、松原市、辽源市、白城市、白山市、延边州、通化市、四平市等相关部门；感谢吉林、山东、安徽、河南等农业产业化龙头企业；感谢广大农民，正是他们的积极配合，使我的论文有了第一手材料的支撑，不致于陷入"无米之炊"的尴尬境地。感谢家人对我工作的大力支持。蓬生麻中，不扶而直，感谢有这样一个宽松的环境让我得以更好地发展，有机会获得吉林省高校"双百人才"和吉林省"拔尖创新人才"荣誉称号。想要感谢的太多，不一一赘述。我会以此为动力，鞭策自己更好地前行！

在著作即将出版之际，感谢教育部的专家评委对书稿的评审和肯定，使本著作入选教育部高等学校社会科学发展研究中心《高校社科文库》，并得到了资助。本著作的出版得到了吉林省普通高等学校人文社会科学重点研究基地项目（201029）和吉林省科技厅软科学研究项目（20110670）的资助。宋悦、赵鸣鸣、陈博为本书的出版做出了很大的努力，正是因为有了上述人的支持与帮助，才使本书得以顺利出版，在此一并致谢！

邵喜武

2013 年 2 月 28 日于长春

图书在版编目（CIP）数据

多元化农业技术推广体系建设研究 / 邵喜武著. --
北京：光明日报出版社，2013.3
（高校社科文库）
ISBN 978 - 7 - 5112 - 4157 - 3

Ⅰ.①多… Ⅱ.①邵… Ⅲ.①农业科技推广—体系—
研究—中国 Ⅳ.①S3-33

中国版本图书馆 CIP 数据核字（2013）第 054918 号

多元化农业技术推广体系建设研究

著　者：邵喜武　著			
出 版 人：朱　庆		终 审 人：孙献涛	
责任编辑：宋　悦		责任校对：罗　中	
封面设计：小宝工作室		责任印制：曹　净	

出版发行：光明日报出版社

地　　址：北京市东城区珠市口东大街 5 号，100062

电　　话：010 - 67078252（咨询），67078870（发行），67078235（邮购）

传　　真：010 - 67078227，67078255

网　　址：http：//book. gmw. cn

E - mail：gmcbs@ gmw. cn　songyue@ gmw. cn

法律顾问：北京市洪范广住律师事务所徐波律师

印　　刷：北京楠萍印刷有限公司

装　　订：北京楠萍印刷有限公司

本书如有破损、缺页、装订错误，请与本社联系调换

开　　本：690 ×975　1/16

字　　数：261 千字　　　　　印　张：14.75

版　　次：2013 年 3 月第 1 版　印　次：2013 年 3 月第 1 次印刷

书　　号：ISBN 978 - 7 - 5112 - 4157 - 3

定　　价：38. 50 元